teach® yourself

## spanish verbs
maría rosario hollis
series editor
paul coggle

For over 60 years, more than 40 million people have learnt over 750 subjects the **teach yourself** way, with impressive results.

be where you want to be with **teach yourself**

For UK order queries: please contact Bookpoint Ltd, 130 Milton Park, Abingdon, Oxon OX14 4SB. Telephone: +44 (0) 1235 827720, Fax: +44 (0) 1235 400454. Lines are open 9.00–18.00, Monday to Saturday, with a 24-hour message answering service. You can also order through our website madaboutbooks.com.

For USA order queries: please contact McGraw-Hill Customer Services, P.O. Box 545, Blacklick, OH 43004-0545, USA. Telephone: 1-800-722-4726. Fax: 1-614-755-5645.

For Canada order queries: please contact McGraw-Hill Ryerson Ltd, 300 Water St, Whitby, Ontario L1N 9B6, Canada. Telephone: 905 430 5000. Fax: 905 430 5020.

Long renowned as the authoritative source for self-guided learning – with more than 30 million copies sold worldwide – the *Teach Yourself* series includes over 300 titles in the fields of languages, crafts, hobbies, business, computing and education.

*British Library Cataloguing in Publication Data*: A catalogue entry for this title is available from The British Library.

*Library of Congress Catalog Card Number*: on file

First published in UK 1994 by Hodder Headline Ltd., 338 Euston Road, London, NW1 3BH.

First published in US 1994 by Contemporary Books, a Division of the McGraw Hill Companies, 1 Prudential Plaza, 130 East Randolph Street, Chicago, IL 60601 USA.

This edition published 2003.

The 'Teach Yourself' name is a registered trade mark of Hodder & Stoughton Ltd.

Copyright © 1994 Hodder & Stoughton
Advisory Editor: Paul Coggle

Typeset by Transet Limited, Coventry, England.
Printed in Great Britain for Hodder & Stoughton Educational, a division of Hodder Headline Ltd., 338 Euston Road, London NW1 3BH by Cox & Wyman Ltd, Reading, Berkshire.

| Impression number | 10 9 8 7 6 5 4 3 2 |
|---|---|
| Year | 2007 2006 2005 2004 2003 |

# contents

| | |
|---|---|
| **introduction** | **1** |
| aim of this book | 1 |
| how to use this book | 1 |
| **how verbs work** | **2** |
| what is a verb? | 2 |
| I, you, he, she, it …: person | 2 |
| past, present, future …: tense | 4 |
| what is tense? | 4 |
| auxiliary verbs | 4 |
| simple and compound tenses | 5 |
| participles | 5 |
| regular and irregular verbs | 6 |
| formation and use of tenses | 7 |
| the present | 7 |
| the imperfect | 7 |
| the perfect and past definite | 8 |
| the pluperfect | 9 |
| the past perfect | 9 |
| the future | 10 |
| the future perfect | 10 |
| indicative, subjunctive, imperative …: mood | 11 |
| the indicative mood | 11 |
| the conditional | 11 |
| the subjunctive mood | 12 |
| the imperative mood | 14 |
| the active and passive voice | 14 |
| transitive and intransitive verbs | 15 |
| reflexive verbs | 17 |
| modal verbs | 19 |
| the verb *gustar* | 19 |
| **verb tables** | **21** |
| **Spanish–English verb list** | **223** |
| **English–Spanish glossary** | **263** |

# introduction

## Aim of this book

The aim of this book is to offer you the opportunity to improve your command of Spanish by focusing on one aspect of language learning that invariably causes difficulties – verbs and the way they behave. Whether you are a complete beginner or a relatively advanced learner, you can consult this book when you need to know the form of a certain verb, or you can increase your command of Spanish by browsing through. Whatever your approach, you should find *Teach Yourself Spanish Verbs* a valuable support to your language learning.

## How to use this book

**Read the section on verbs and how they work.** This starts on page 2.

**Look up the verb you want to use in the verb list at the back of the book.** You will need what is known as the *infinitive*, the equivalent to the *to ...* form in English (e.g. **venir** *to come*).

The verbs have been allocated a number between 1 and 200. If the number is in **bold print**, the verb is one of the 200 presented in the verb tables; if it is not among the 200, the reference number (in ordinary print) will direct you to a verb that behaves in the same way as the verb you want to use.

**Turn to the verb(s) referred to for details of your verb.** If you are not sure which verb form to use in a given context, turn to the relevant section of 'What are verbs and how do they work?'

The examples listed with the 200 verbs show basic uses of the verb, some idioms and figurative expressions and, lastly, words sharing the same origin.

# 1 What is a verb?

It is difficult to define precisely what a verb *is*. Definitions usually include the concepts of actions, states and sensations. For instance, *to play* expresses an action, *to exist* expresses a state and *to see* expresses a sensation. A verb may also be defined by its role in the sentence or clause. It is in general the key to the meaning of the sentence and the element that can least afford to be omitted. Examine the sentence:

*My neighbour works excessively hard every day of the week.*

The elements *excessively hard* and/or *every day of the week* can be omitted with no problem whatsoever. In an informal conversation even *My neighbour* could, with a nod in the direction of the neighbour in question, be omitted. It would, however, not be possible to omit the verb *work*. The same is true of the verb in Spanish sentences – you could not take **trabaja** out of the following sentence.

Mi vecino trabaja mucho            *My neighbour works hard*
   todos los días de la semana.      *every day of the week.*

# 2 I, you, he, she, it ...: person

You will recall that the form of the verb given in dictionaries, the *to ...* form in English, or the **-ar**, **-er**, **-ir** form in Spanish, is called the infinitive. However, the verb is normally used in connection with a given person or persons known as personal pronouns (e.g. *I work, she works*). Traditionally, these persons are numbered as follows:

| | | |
|---|---|---|
| First person singular | **yo** | *I* |
| Second person singular | **tú** | *you* (familiar) |
| | **usted, Vd** | *you* (polite form) |
| Third person singular | **él, ella** | *he, she* |
| First person plural | **nosotros, nosotras** | *we* (masc./fem.) |
| Second person plural | **vosotros, vosotras** | *you* (familiar, masc./fem.) |

|  |  |  |
|---|---|---|
| | ustedes, Vds | *you* (polite form) |
| Third person plural | ellos, ellas | *they* (masc./fem.) |

In Spanish the verb is normally used without the personal pronouns:

Creo que es difícil.          *I think that it is difficult.*
¿En qué piensas?          *What are you thinking about?*

The ending of each verb form indicates who is performing the action:

| | | | |
|---|---|---|---|
| leo | *I read* | leemos | *we read* |
| lees | *you read* | leéis | *you read* |
| lee | *he/she reads* | leen | *they read* |

Personal pronouns are used only for emphasis in Spanish:

Yo creo que es difícil. ¿Y          *I think it is difficult. And*
qué crees **tú**?          *what do **you** think?*

**Tú** is the informal form used mainly to address a member of the family, a child, a friend or an animal. It is becoming increasingly used even among people who do not know each other.

**Vosotros, vosotras** is the informal form used for addressing more than one person. If all the persons addressed are female, **vosotras** is used; otherwise it is **vosotros**, even if there is only one male present in a predominantly female group. Again the informal form is widely used in Spanish.

**Usted, ustedes** are the formal forms, singular and plural. Although the informal forms are in widespread use, it pays to be a bit cautious and to use the polite form when you first start conversing with complete strangers, especially in business contexts. By guided by what the Spanish themselves use to address you. **Usted** and **ustedes** are normally written in their abbreviated forms: **Vd.** and **Vds.**

## South American usage

The **vosotros, vosotras** forms are not used in South America. **Ustedes** is used both formally and informally. However, the distinction between **tú** and **usted** is made in South America. The written abbreviations for usted and ustedes are **Ud.** and **Uds.**

# 3 Past, present, future ...: tense

## a What is tense?

Most languages use changes in the verb form to indicate an aspect of time. These changes in the verb are traditionally referred to as *tense*, which may be *present*, *past* or *future*. It is, of course, perfectly possible to convey a sense of time without applying the concept of tense to the verb. Nobody would, for instance, have any trouble understanding:

*Yesterday I work all day.*
*Today I work hard.*
*Tomorrow I work for only one hour.*

Here the sense of time is indicated by the words *yesterday*, *today* and *tomorrow* rather than by changes to the verb *work*. But on the whole, you should make changes to the verb form (making use of *tense*) to convey a sense of time:

| | |
|---|---|
| *He works hard as a rule.* | = Present tense |
| *I worked for eight hours non-stop.* | = Past tense |

In most languages, this involves adding different endings to what is called the *stem* of the verb. In the examples above, the stem is *work*. You add -*s* to make the third person singular present form of the verb; -*ed* is added to make the past tense, whatever the person. In Spanish, the same principle applies. To form the stem, you remove the -**ar**, -**er** or -**ir** from the infinitive; for example, the stem of **hablar** is **habl-**. You then add the appropriate endings.

## b Auxiliary verbs

A verb used to support the main verb, for example, *I **am** working, you **are** working* is called an *auxiliary* verb. *Working* tells us what activity is going on; *am/are* tell us that it is continuous.

The most important auxiliary verbs in English are *to be*, *to have* and *to do*. You use *do*, for example, to ask questions and to negate statements:

***Do** you work on Saturdays?*
*Yes, but I **do** not work on Sundays.*

Spanish does not use **hacer** (*to make, do*) as an auxiliary for asking questions or for negating statements, but **haber** (*to have*) is used to form compound tenses, as you will see below.

## c Simple and compound tenses

Tenses formed by adding endings to the verb stem are called *simple* tenses, for example:

> *I worked in a factory last summer.*

The ending *-ed* has been added to the stem *work* to form the simple past tense.

English and Spanish also have *compound* tenses where an auxiliary verb is used as well as the main verb, for example:

> *I have worked in a factory every summer for five years.*

The auxiliary verb *to have* has been introduced to form what is usually known as the perfect tense.

## d Participles

In the above examples of compound tenses, the auxiliary verbs *to have* or *to be* are used with a form of the main verb known as a *participle*. The *past participle* is used to form the perfect tense in both Spanish and English:

| | |
|---|---|
| he estudiado | *I have studied* |
| he comido | *I have eaten* |
| he salido | *I have gone out* |

In English, the *present participle* is used to form the continuous tenses:

> *I am **working, eating** and **sleeping***
> *I was **working, eating** and **sleeping***

The present participle (**participio de presente**) or gerund (**gerundio**) is used in Spanish, too, to form the present and past continuous tenses:

**correr**

| | |
|---|---|
| Estoy corriendo | *I am running* |
| Iba corriendo | *I was running* |

It is also used in construction such as these.

**trabajar**

| | |
|---|---|
| Le vi trabajando. | *I saw him working.* |

**andar**

| | |
|---|---|
| Siguieron andando. | *They went on walking.* |

## 4 Regular and irregular verbs

All European languages have verbs which do not behave according to a set pattern and which are referred to as *irregular* verbs.

In English, the verb *to work* is regular because it conforms to a set pattern. The verb *to be*, however, does not.

Fortunately, many Spanish verbs are regular, forming their tenses according to a set pattern. There are three groups of verb which are identified by their type of conjugation and endings. Here they are with the model verb in each type:

- **-ar** trabajar
- **-er** comer
- **-ir** vivir

Irregular verbs (ones which do not behave like those in the three groups listed above) have to be learned individually. Many of the verbs in the Verb Tables in this book have some irregularity. But many of the so-called irregular verbs are more or less regular in their behaviour. Sometimes the irregularity is a change in the vowel of the stem of the verb, whenever the stem – rather than the ending – carries the stress (cer**ra**r → c**ie**rra, ped**i**r → p**i**de, cos**ta**r → c**ue**sta, etc.). Here are some common examples of each of the four types of vowel change:

| e → ie | e → i | o → ue | u → ue |
|---|---|---|---|
| cerrar *to close* | pedir *to ask* | costar *to cost* | *jugar *to play* |
| entender *to understand* | corregir *to correct* | probar *to try* | |
| divertir *to amuse* | reír *to laugh* | dormir *to sleep* | |
| preferir *to prefer* | | morir *to die* | |
| * **jugar** is the only verb in this category. | | | |

Sometimes the irregularity is merely a change in spelling to maintain consistency of pronunciation: bus**ca**r → bus**qu**é, pa**ga**r → pa**gu**é. These verbs present an abnormality that recurs constantly and creates a pattern that is quite easily learnt.

Other verbs are totally irregular. They simply present no logical explanations for their forms:

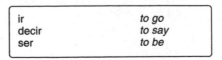

| ir | *to go* |
| decir | *to say* |
| ser | *to be* |

# 5 Formation and use of tenses

## a The present

To form the present tense, simply take off the **-ar**, **-er** or **-ir** part of the infinitive to find the stem; then add the endings:

| **-ar** verbs | **-er** verbs | **-ir** verbs |
|---|---|---|
| trabaj**o** | com**o** | viv**o** |
| trabaj**as** | com**es** | viv**es** |
| trabaj**a** | com**e** | viv**e** |
| trabaj**amos** | com**emos** | viv**imos** |
| trabaj**áis** | com**éis** | viv**ís** |
| trabaj**an** | com**en** | viv**en** |

The present tense (**presente**) is used:

• to indicate an action that occurs at a present time.

> Veo un pájaro.    *I see a bird.*

• to refer to regular activities or ongoing states.

> Toco el piano todas las    *I play the piano every evening.*
> tardes.

• in certain circumstances, to refer to the future, or the past.

> Mañana voy a Londres.    *I go/am going to London*
> *tomorrow.*

In Spanish, there is also a present continuous tense which is formed with the verb **estar** + present participle.

> Estoy trabajando.    *I am* (at this moment) *working.*

## b The imperfect

| **-ar** verbs | **-er** verbs | **-ir** verbs |
|---|---|---|
| trabaj**aba** | com**ía** | viv**ía** |
| trabaj**abas** | com**ías** | viv**ías** |
| trabaj**aba** | com**ía** | viv**ía** |
| trabaj**ábamos** | com**íamos** | viv**íamos** |
| trabaj**abais** | com**íais** | viv**íais** |
| trabaj**aban** | com**ían** | viv**ían** |

The imperfect (**pretérito imperfecto**) is used:

• to refer to an ongoing state, or a repeated or continuous action in the past:

| | |
|---|---|
| Comía a las dos. | *I used to eat at 2 p.m.* |
| Vivíamos en Madrid. | *We lived in Madrid* |

• to refer to an action which was in progress when something else happened. In this case, the verb referring to the new action is in the past definite tense:

| | |
|---|---|
| Hablaban de ti cuando llegué. | *They were talking about you when I arrived.* |

The verbs **ser** (*to be*), **estar** (*to be*), **tener** (*to have*) and the impersonal form of **haber** (*to have*) (**había** *there was*), are those most frequently used when describing the past:

| | |
|---|---|
| El hotel estaba enfrente de la iglesia. | *The hotel was opposite the church.* |
| Había muy pocos turistas. | *There were very few tourists.* |

### c The perfect and past definite

The perfect (**pretérito perfecto**) is a compound tense formed by the relevant form of the present tense of the auxiliary verb **haber** with the past participle of the main verb.

| -ar verbs | -er verbs | -ir verbs |
|---|---|---|
| **he** trabaj**ado** | **he** com**ido** | **he** viv**ido** |
| **has** trabaj**ado** | **has** com**ido** | **has** viv**ido** |
| **ha** trabaj**ado** | **ha** com**ido** | **ha** viv**ido** |
| **hemos** trabaj**ado** | **hemos** com**ido** | **hemos** viv**ido** |
| **habéis** trabaj**ado** | **habéis** com**ido** | **habéis** viv**ido** |
| **han** trabaj**ado** | **han** com**ido** | **han** viv**ido** |

The perfect tense is used to refer to completed actions carried out in the past, but associated in some way with the present.

| | |
|---|---|
| Él no ha comido todavía. | *He has not eaten yet.* |
| No he estado nunca en Francia. | *I have never been to France.* |

The use of the perfect tense does sometimes overlap with the use of the past definite (**pretérito indefinido**), generally used to refer to actions in the past separated from the present.

| | |
|---|---|
| Hemos dicho que no. | *We have said no.* |
| Dijimos que no. | *We said no.* |

## d The pluperfect

The pluperfect (**pretérito pluscuamperfecto**) is a compound tense and is formed by the relevant form of the imperfect tense of the auxiliary verb **haber** with the past participle of the main verb.

| **-ar** verbs | **-er** verbs | **-ir** verbs |
|---|---|---|
| **había** trabajado | **había** comido | **había** vivido |
| **habías** trabajado | **habías** comido | **habías** vivido |
| **había** trabajado | **había** comido | **había** vivido |
| **habíamos** trabajado | **habíamos** comido | **habíamos** vivido |
| **habíais** trabajado | **habíais** comido | **habíais** vivido |
| **habían** trabajado | **habían** comido | **habían** vivido |

It is used in English to express an action in the past that was completed before another one was started.

| | |
|---|---|
| Cuando llegó ya te habías ido. | *When he arrived you had already left.* |

## e The past perfect

The past perfect (**pretérito anterior**) is a compound tense formed by the relevant form of the past definite tense of the auxiliary verb **haber** with the past participle of the main verb.

| **-ar** verbs | **-er** verbs | **-ir** verbs |
|---|---|---|
| **hube** trabajado | **hube** comido | **hube** vivido |
| **hubiste** trabajado | **hubiste** comido | **hubiste** vivido |
| **hubo** trabajado | **hubo** comido | **hubo** vivido |
| **hubimos** trajado | **hubimos** comido | **hubimos** vivido |
| **hubisteis** trajado | **hubisteis** comido | **hubisteis** vivido |
| **hubieron** trabajado | **hubieron** comido | **hubieron** vivido |

The past perfect indicates a past action that has occurred before another past action:

| | |
|---|---|
| Apenas hubo cenado se acostó. | *As soon as he had had his supper he went to bed.* |

## f The future

The future tense (**futuro imperfecto**) is formed by adding the appropriate endings to the full verb.

| -ar verbs | -er verbs | -ir verbs |
|-----------|-----------|-----------|
| trabajaré | comeré | viviré |
| trabajás | comerás | vivirás |
| trabajará | comerá | vivirá |
| trabajaremos | comeremos | viviremos |
| trabajaréis | comeréis | viviréis |
| trabajarán | comerán | vivirán |

The future tense has three main uses:

• to express an action or state which will occur in the future.

Estaré hasta que cierren.     *I shall stay until closing time.*

• to express probability.

Tendrás hambre.     *You will* (no doubt) *be hungry.*

• in the second person it can be used as an imperative or as an obligatory order.

Irás a casa.     *You'll go home.*

## g The future perfect

The future perfect tense (**futuro perfecto**) is a compound tense formed by the relevant form of the future tense of the auxiliary verb **haber,** and the past participle of the main verb.

| -ar verbs | -er verbs | -ir verbs |
|-----------|-----------|-----------|
| **habré** trabajado | **habré** comido | **habré** vivido |
| **habrás** trabajado | **habrás** comido | **habrás** vivido |
| **habrá** trabajado | **habrá** comido | **habrá** vivido |
| **habremos** trabajado | **habremos** comido | **habremos** vivido |
| **habréis** trabajado | **habréis** comido | **habréis** vivido |
| **habrán** trabajado | **habrán** comido | **habrán** vivido |

The future perfect indicates a future action that will have been completed by a certain time in the future:

Cuando llegues ya habré     *I will have finished by the time* <br> acabado.     *you arrive.*

Note that the verb in the **cuando** clause is in the subjunctive (see below). It can also indicate probability, surprise or even hesitation:

Habrá salido ya.                   *He must have left already.*

## 6 Indicative, subjunctive, imperative ...: mood

The term *mood* is used to group verb phrases into three broad categories according to the general kind of meaning they convey.

### a The indicative mood

This is used for making statements or asking questions of a factual kind.

*We are not going today.*
*Does he work here?*
*Crime does not pay.*

All the tenses you have just been looking at are in the indicative mood.

### b The conditional

This is sometimes regarded as a tense and sometimes as a mood in its own right. It is often closely linked with the subjunctive and is used to express conditions or possibilities.

*I would accept her offer, if ...*

In Spanish, the present conditional (**potencial simple**) is formed by adding the appropriate endings to the full verb.

| -ar verbs | -er verbs | -ir verbs |
|---|---|---|
| trabajaría | comería | viviría |
| trabajarías | comerías | vivirías |
| trabajaría | comería | viviría |
| trabajaríamos | comeríamos | viviríamos |
| trabajaríais | comeríais | viviríais |
| trabajarían | comerían | vivirían |

The present conditional indicates a future or present action as advice, a suggestion, aspiration, politeness, possible or impossible wishes:

| Deberías estudiar más. | *You should study more.* |
| Podríamos ir mañana. | *We could go tomorrow.* |

If the verb in the main clause is in the past, and the verb in the subordinate clause refers to the future, you must use the conditional.

| Me dijiste que vendrías. | *You told me that you would come.* |

The conditional perfect (**potencial compuesto**) is formed with the conditional of **haber** and the past participle.

| -ar verbs | -er verbs | -ir verbs |
|---|---|---|
| **habría** trabajado | **habría** comido | **habría** vivido |
| **habrías** trabajado | **habrías** comido | **habrías** vivido |
| **habría** trabajado | **habría** comido | **habría** vivido |
| **habríamos** trabajado | **habríamos** comido | **habríamos** vivido |
| **habríais** trabajado | **habríais** comido | **habríais** vivido |
| **habrían** trabajado | **habrían** comido | **habrían** vivido |

The conditional perfect is used to express what might have happened or what might have been done.

| Me habría gustado cenar con ellos. | *I would have liked to have dinner with them.* |

### c  The subjunctive mood

This is used for expressing wishes, conditions and non-factual matters.

*It is my wish that John be allowed to come.*
*If I were you ...*

The use of the subjunctive in English is rare nowadays, but it is still frequently used in Spanish. There is a subjunctive form for all the tenses, many of which are given on the next page.

The present subjunctive is often introduced by verbs of hoping and doubting, together with **que** (*that*):

| Espero que te guste. | *I hope (that) you like it.* |
| Dudo que ellos vengan. | *I doubt (whether) they will come.* |

| -ar verbs | -er verbs | -ir verbs |
|---|---|---|
| **Present** | | |
| trabaje | coma | viva |
| trabajes | comas | vivas |
| trabaje | coma | viva |
| trabajemos | comamos | vivamos |
| trabajéis | comáis | viváis |
| trabajen | coman | vivan |
| **Imperfect** | | |
| trabaj-ara/ase | com-iera/iese | viv-iera/iese |
| trabaj-aras/ases | com-ieras/ieses | viv-ieras/ieses |
| trabaj-ara/ase | com-iera/iese | viv-iera/iese |
| trabaj-áramos/ ásemos | com-iéramos/ iésemos | viv-iéramos/ iésemos |
| trabaj-arais/aseis | com-ierais/ieseis | viv-ierais/ieseis |
| trabaj-aran/asen | com-ieran/iesen | viv-ieran/iesen |
| **Perfect** | | |
| haya trabajado | haya comido | haya vivido |
| hayas trabajado | hayas comido | hayas vivido |
| haya trabajado | haya comido | haya vivido |
| hayamos trabajado | hayamos comido | hayamos vivido |
| hayáis trabajado | hayáis comido | hayáis vivido |
| hayan trabajado | hayan comido | hayan vivido |
| **Pluperfect** | | |
| hub-iera/iese trabajado | hub-iera/iese comido | hub-iera/iese vivido |
| hub-ieras/ieses trabajado | hub-ieras/ieses comido | hub-ieras/ieses vivido |
| hub-iera/iese trabajado | hub-iera/iese comido | hub-iera/iese vivido |
| hub-iéramos/iésemos trabajado | hub-iéramos/iésemos comido | hub-iéramos/iésemos vivido |
| hub-ierais/ieseis trabajado | hub-ierais/ieseis comido | hub-ierais/ieseis vivido |
| hub-ieran/iesen trabajado | hub-ieran/iesen comido | hub-ieran/iesen vivido |

It is also used in negative expressions indicating doubt or uncertainty.

No creo que sea necessario.   *I don't think it is necessary.*
*but*
Creo que es necesario.   *I think it is necessary.*

The imperfect and pluperfect subjunctive have two forms which are used interchangeably. The imperfect is frequently dependent on a clause which contains a verb in the conditional.

Nos gustaría que vinieses.   *We would like you to come.*

It is used after **si** (*if*) to introduce an idea which is unlikely to occur.

> Si hubiese algún problema     *If there were any problem I*
>     te llamaría.               *would call you.*

Certain verbs indicating advice, suggestion or command require the subjunctive:

> Te sugiero que no salgas.     *I suggest you don't go out.*

The subjunctive is often used after **antes** (*before*), **cuando** (*when*), **en cuanto** (*as soon as*), **después** (*after*), etc.

> En cuanto vuelvas.           *As soon as you get back.*

### d The imperative mood

This is used to give directives or commands.

> *Give me a hand.*
> *Help Sharon with her homework.*

Because we have only one version of the second person (you) in English, we have only one form of the second person imperative. However, as Spanish has polite and informal forms of the second person, the imperative is more complex. It is further complicated by the fact that the negative version is quite different from the affirmative version. This means that there are *eight* versions for giving someone a command in Spanish (familiar singular, polite singular, familiar plural, polite plural – and all these again in the negative!).

There are actually only two forms of the imperative, those relating to the second person (**tú** or **vosotros/vosotras**). The rest, including the negative forms, are expressed by using the appropriate form of the subjunctive:

> habla   *do speak*        no hables   *do not speak*
> hablad   *speak, all of you*    no habléis   *do not speak*
> ¡Que lo hagan ellos mismos!   *Let them do it themselves!*

## 7 The active and passive voice

Most actions can be viewed in one of two ways:

> *The dog bit the postman.*
> *The postman was bitten by the dog.*

In the first example the dog is clearly the initiator of the action and the postman receives or suffers the action. This type of sentence is referred to as the *active voice*.

In the second example, the postman occupies first position in the sentence even though he is the object of the action. The subject, the dog, has been relegated to third position (after the verb) and could even be omitted. This type of sentence is referred to as the *passive voice*.

In Spanish the passive voice is formed by the appropriate tense of the verb **ser** and the past participle of the verb concerned.

| | |
|---|---|
| La canción ha sido cantada. | *The song has been sung.* |
| Peter ha sido besado. | *Peter has been kissed.* |
| El agua ha sido bebida. | *The water has been drunk.* |

Note that the past participle must agree in number and gender with the subject of the verb.

| | |
|---|---|
| Don Juan es amado. | *Don Juan is loved.* |
| Carmen es amada. | *Carmen is loved.* |

A model of a verb in the passive is given on the next page.

Note, however, that wherever possible Spanish speakers prefer to use a reflexive verb rather than the passive (see Section 9).

## 8 Transitive and intransitive verbs

To a large extent the verb you choose determines what other elements are used with it. With the verb *to occur*, for instance, you say what occurred but you do not have to provide any further information.

*The accident occurred.*

With a verb like to *give*, on the other hand, you state *who* or *what* did the giving and also have to state *who* or *what* was given:

*Steve gave a compact disc.*

It is admittedly just possible to say *Steve gave* in the sense that he made a donation, but this is a very special use of *give*. With this verb it would also be very common to state the recipient of the giving:

*Steve gave a compact disc to Kate.*

# ser amado *to be loved*

## INDICATIVE

| Present | Imperfect | Perfect |
|---|---|---|
| soy amado/a | era amado/s | he sido amando/s |
| eres amado/a | eras amado/a | has sido amado/a |
| es amado/a | era amado/a | ha sido amado/a |
| somos amados/as | éramos amados/as | hemos sido amados/as |
| sois amados/as | erais amados/as | habéis sido amados/as |
| son amados/as | eran amados/as | han sido amados/as |

| Future | Pluperfect | Past Definite |
|---|---|---|
| seré amado/a | había sido amado/a | fui amado/a |
| será amado/a | habías sido amado/a | fuiste amado/a |
| será amado/a | había sido amado/a | fue amado/a |
| seremos amados/as | habíamos sido amados/as | fuimos amados/as |
| seréis amados/as | habíais sido amados/as | fuisteis amados/as |
| serán amados/as | habían sido amados/as | fueron amados/as |

| Future Perfect | Past Perfect |
|---|---|
| habré sido amado/a | hube sido amado/a |
| habrás sido amado/a | hubiste sido amado/a |
| habrá sido amado/a | hubo sido amado/a |
| habremos sido amados/as | hubimos sido amados/as |
| habréis sido amados/as | hubisteis sido amados/as |
| habrán sido amados/as | hubieron sido amados/as |

## CONDITIONAL / SUBJUNCTIVE

| Present | Present | Imperfect |
|---|---|---|
| sería amado/a | sea amado/a | fu-era/ese amado/a |
| serías amado/a | seas amado/a | fu-eras/eses amado/a |
| sería amado/a | sea amado/a | fu-era/ese amado/a |
| seríamos amandos/as | seamos amados/as | fu-éramos/ésemos amados/as |
| seríais amados/as | seáis amados/as | fu-erais/eseis amados/as |
| serían amados/as | sean amados/as | fu-eran/esen amados/as |

| Perfect | Perfect | Pluperfect |
|---|---|---|
| habría sido amado/a | haya sido amado/a | hub-iera/iese sido amado/a |
| habrías sido amado/a | hayas sido amado/a | hub-ieras/ieses sido amado/a |
| habría sido amado/a | haya sido amado/a | hub-iera/iese sido amado/a |
| habríamos sido amados/as | hayamos sido amados/as | hub-iéramos/iésemos sido amados/as |
| habríais sido amados/as | hayáis sido amados/as | hub-ierais/ieseis sido amados/as |
| habrían sido amados/as | hayan sido amados/as | hub-ieran/iesen sido amados/as |

## GERUND / PAST PARTICIPLE / IMPERATIVE

| GERUND | PAST PARTICIPLE | IMPERATIVE |
|---|---|---|
| siendo amado/a | ser amado/a | sé amado, sé amada |
| | | sed amados, sed amadas |

or even better:

> *Steve gave Kate a compact disc.*

In the above examples a *compact disc* is said to be the *direct object* of the verb *to give* because it is what is actually given. *To Kate* or *Kate* is said to be the *indirect object*, since this element indicates who the compact disc was given to.

Verbs which do not require a direct object are said to be *intransitive*.

| | |
|---|---|
| *to die* | The old man died. |
| *to wait* | I waited. |

Verbs which *do* require a direct object are said to be *transitive*:

| | |
|---|---|
| *to enjoy* | Noeline enjoys **a swim**. |
| *to need* | Gary needs **some help**. |

Because many verbs can be used either with or without a direct object, depending on the precise meaning of the verb, it is safer to talk of transitive and intransitive uses of verbs:

| Intransitive | Transitive |
|---|---|
| He's sleeping | He's sleeping a deep sleep. |
| I'm eating. | I'm eating my dinner. |
| She's writing. | She's writing an essay. |

## 9 Reflexive verbs

The term *reflexive* is used when the initiator of an action (or *subject*) and the sufferer of the action (or *object*) are one and the same:

> *She washed herself.*
> *We enjoyed ourselves.*

Many more verbs are used reflexively in Spanish than in English, so it is important to understand the concept. For instance, Spanish says the equivalent of *The door opened itself* where English simply says *The door opened*.

| La puerta se abrió. | *The door opened.* |
|---|---|
| Se cayó del caballo. | *She fell off her horse.* |

Reflexive verbs can be recognized by the addition of **-se** after the infinitive: **lavarse** (*to wash oneself*), **caerse** (*to fall*), **irse** (*to go away*). They have the same endings as other verbs in their groups but are always preceded by a reflexive pronoun:

| me | nos |
|----|-----|
| te | os |
| se | se |

| lavarse | caerse | irse |
|---------|--------|------|
| me lavo | me caigo | me voy |
| te lavas | te caes | te vas |
| se lava | se cae | se va |
| nos lavamos | nos caemos | nos vamos |
| os laváis | os caéis | os vais |
| se lavan | se caen | se van |

Spanish often uses a reflexive verb where English would use the passive.

| Se me dijo que … | *I was told that …* |
|---|---|
| Se ha bebido el agua. | *The water has been drunk* |
| Se mató al asesino. | *The murderer was killed.* |
| Se le vio en el mercado. | *He was seen in the market.* |

When a verb is used reflexively there is often a change of meaning:

| divertir *to amuse* | divertirse *to enjoy oneself* |
|---|---|
| dormir *to sleep* | dormirse *to go to sleep* |
| entender *to understand* | entenderse *to be understood, to agree* |
| ir *to go* | irse *to go away* |
| levantar *to raise, lift* | levantarse *to get up* |
| parecer *to seem* | parecerse *to look like each other* |
| poner *to put* | ponerse *to put on (clothes), to become* |
| volver *to turn, go back* | volverse *to turn round, to become* |

Certain reflexive verbs, such as **hallarse** (*to find*), **quedarse** (*to remain*), **verse** (*to see*) are often used where English uses the passive:

| Se halló engañado. | *She was deceived.* |
|---|---|
| Se quedaron atónitos. | *They were astonished.* |
| El ladrón se vio encarcelado. | *The thief was imprisoned.* |

The reflexive pronoun **se** is also used in impersonal constructions where *one, we* or *you* might be used in English:

| | |
|---|---|
| ¿Se puede entrar? | *Can one come in?* |
| Si se estudia, se aprenderá. | *If you study, you will learn.* |

## 10 Modal verbs

Verbs used to express concepts such as *being able to, knowing how to, wanting to, having to, must* and *should* are known as modal verbs and are followed in Spanish by the infinitive. Here are some examples:

| | |
|---|---|
| No **podemos** ir contigo a la playa. | *We can't go with you to the beach.* |
| No **sé** tocar la guitarra. | *I can't play the guitar (= I don't know how to).* |
| **Quiero** ver al gerente. | *I want to see the manager.* |
| Ahora **tengo que** volver a la casa. | *I have to go home now.* |
| **Debes** hacerlo en seguida. | *You must do it at once.* |
| **Deben de** llegar tarde. | *They must have arrived late.* |
| No **debes** comer tanto. | *You shouldn't eat so much.* |

## 11 The verb *gustar*

To say *I like something* you use the verb **gustar**. This verb behaves quite differently from most other verbs as it uses only the third person forms. If what you like is *singular*, or if you like *doing* something, you use **gusta**, and the present tense looks like this:

| | | | |
|---|---|---|---|
| **Me gusta** | *I like … or I like it* | **Nos gusta** | *We like (it)* |
| **Te gusta** | *You like (it)* | **Os gusta** | *You like (it)* |
| **Le gusta** | *He/she likes/you like (it)* | **Les gusta** | *They/you like (it)* |

Here are some examples:

| | |
|---|---|
| Me gusta el café pero no me gusta el té. | *I like coffee but I don't like tea.* |
| No le gusta escribir cartas. | *She doesn't like writing letters.* |
| ¿No os gusta cocinar? | *Don't you (plural) like cooking?* |
| Les gusta ir al cine. | *They like going to the cinema.* |

If what you like is *plural* you use **gustan**:

> Me gustan las naranjas.     *I like oranges.*

Other tenses are used in the same way:

> Me gustaría ver tu casa.    *I'd like to see your house.*
> ¿Te gustaba leer?    *Did you enjoy reading?*
> Les ha gustado la película.    *They liked the film.*

It can be helpful to think of **gustar** as meaning *to please*.

> Me gusta el café.    *Coffee pleases me.*
> ¿Te gustaba leer?    *Did reading please you?*

There are a few other verbs which follow the same pattern as **gustar**. Common ones include:

| | | |
|---|---|---|
| **encantar** | Me encanta el fútbol. | *I love football.* |
| **apetecer** | ¿Te apetece beber algo? | *Do you fancy something to drink?* |
| **doler** | Me duele la cabeza. | *My head hurts/I've got a headache.* |

**verb tables**

On the following pages you will find the various tenses of 200 Spanish verbs presented in full, with examples of how to use them.

Sometimes only the first person singular form is given. Tenses for these verbs are given in full in the section on verbs and how they work (pp. 2–20). You should also check back to this section if you are not sure when to use the different tenses.

| Abbreviations used in this book | | | |
|---|---|---|---|
| aux. | auxiliary | LA | Latin America |
| col. | colloquial | m. | masculine |
| fem. | feminine | r. | reflexive |
| imp. | impersonal | tr. | transitive |
| intr. | intransitive | | |

# 1 acertar *to guess, be right* tr./intr.

## INDICATIVE

| Present | Imperfect | Perfect |
|---|---|---|
| acierto | acertaba | he acertado |
| aciertas | acertabas | has acertado |
| acierta | acertaba | ha acertado |
| acertamos | acertábamos | hemos acertado |
| acertáis | acertabais | habéis acertado |
| aciertan | acertaban | han acertado |

| Future | Pluperfect | Past Definite |
|---|---|---|
| acertaré | había acertado | acerté |
| acertarás | habías acertado | acertaste |
| acertará | había acertado | acertó |
| acertaremos | habíamos acertado | acertamos |
| acertaréis | habíais acertado | acertasteis |
| acertarán | habían acertado | acertaron |

| Future Perfect | Past Perfect |
|---|---|
| habré | hube acertado |

## CONDITIONAL / SUBJUNCTIVE

| Present | Present | Imperfect |
|---|---|---|
| acertaría | acierte | acert-ara/ase |
| acertarías | aciertes | acert-aras/ases |
| acertaría | acierte | acert-ara/ase |
| acertaríamos | acertemos | acert-áramos/ásemos |
| acertaríais | acertéis | acert-arais/aseis |
| acertarían | acierten | acert-aran/asen |

| Perfect | Perfect | Pluperfect |
|---|---|---|
| habría acertado | haya acertado | hub-iera/iese acertado |

| GERUND | PAST PARTICIPLE | IMPERATIVE |
|---|---|---|
| acertando | acertado | acierta, acertad |
| | | acierte (Vd), acierten (Vds) |

**Si acierta, ganará el premio.** *Is she guesses right, she'll win the prize.*
**Acertó a la primera.** *He guessed it / got it right first time.*
**Lo has acertado.** *You've got it right. You've hit the nail on the head.*
**No sé si acertaremos.** *I wonder if we'll get it right.*
**No aciertas el modo de hacerlo.** *You don't seem to have found the right way to do it.*

**el acertijo** *riddle*
**acertadamente** *correctly*
**el acierto** *good shot, success*

**con acierto** *successfully*
**acertado/a** *correct, right, sensible*
**acertador(a)** *good guesser*

# acordar *to agree, correspond* tr. **2**

## INDICATIVE

| Present | Imperfect | Perfect |
|---|---|---|
| acuerdo | acordaba | he acordado |
| acuerdas | acordabas | has acordado |
| acuerda | acordaba | ha acordado |
| acordamos | acordábamos | hemos acordado |
| acordáis | acordabais | habéis acordado |
| acuerdan | acordaban | han acordado |

| Future | Pluperfect | Past Definite |
|---|---|---|
| acordaré | había acordado | acordé |
| acordarás | habías acordado | acordaste |
| acordará | había acordado | acordó |
| acordaremos | habíamos acordado | acordamos |
| acordaréis | habíais acordado | acordasteis |
| acordarán | habían acordado | acordaron |

| Future Perfect | Past Perfect |
|---|---|
| habré acordado | hube acordado |

## CONDITIONAL          SUBJUNCTIVE

| Present | Present | Imperfect |
|---|---|---|
| acordaría | acuerde | acord-ara/ase |
| acordarías | acuerdes | acord-aras/ases |
| acordaría | acuerde | acord-ara/ase |
| acordaríamos | acordemos | acord-áramos/ásemos |
| acordaríais | acordéis | acord-arais/aseis |
| acordarían | acuerden | acord-aran/asen |

| Perfect | Perfect | Pluperfect |
|---|---|---|
| habría acordado | haya acordado | hub-iera/iese acordado |

## GERUND          PAST PARTICIPLE          IMPERATIVE

| GERUND | PAST PARTICIPLE | IMPERATIVE |
|---|---|---|
| acordando | acordado | acuerda, acordad |
| | | acuerde (Vd), acuerden (Vds) |

**Han acordado firmar el tratado.** *They have agreed to sign the treaty.*
**Los colores acuerdan.** *The colours match.*
**Se acordó hacerlo.** *It was agreed to do it.*
**Acordaron salir temprano.** *They agreed to leave early.*
**acordarse** *to remember*
**No me acuerdo.** *I don't remember.*
**Si mal no me acuerdo ...** *If my memory serves me right ...*
**¿Te acuerdas de Juan?** *Do you remember Juan?*
**No se acuerda ni del santo de su nombre.** *He can't even remember his own name.*

**acuerdo** *an agreement, accord*
**estar de acuerdo** *to agree*
**acordado/a** *agreed*
**llegar a un acuerdo** *to reach an agreement*

**ponerse de acuerdo** *to agree*
**tomar un acuerdo** *to pass a resolution*

# 3 acostarse *to go to bed, lie down*  r.

## INDICATIVE

| Present | Imperfect | Perfect |
|---|---|---|
| me acuesto | me acostaba | me he acostado |
| te acuestas | te acostabas | te has acostado |
| se acuesta | se acostaba | se ha acostado |
| nos acostamos | nos acostábamos | nos hemos acostado |
| os acostáis | os acostabais | os habéis acostado |
| se acuestan | se acostaban | se han acostado |

| Future | Pluperfect | Past Definite |
|---|---|---|
| me acostaré | me había acostado | me acosté |
| te acostarás | te habías acostado | te acostaste |
| se acostará | se había acostado | se acostó |
| nos acostaremos | nos habíamos acostado | nos acostamos |
| os acostaréis | os habíais acistado | os acostasteis |
| se acostarán | se habían acostado | se acostaron |

| Future Perfect | Past Perfect |
|---|---|
| me habré acostado | me hube acostado |

## CONDITIONAL          SUBJUNCTIVE

| Present | Present | Imperfect |
|---|---|---|
| me acostaría | me acueste | me acost-ara/ase |
| te acostarías | te acuestes | te acost-aras/ases |
| se acostaría | se acueste | se acost-ara/ase |
| nos acostaríamos | nos acostemos | nos acost-áramos/ásemos |
| os acostaríais | os acostéis | os acost-arais/aseis |
| se acostarían | se acuesten | se acost-aran/asen |

| Perfect | Perfect | Pluperfect |
|---|---|---|
| me habría acostado | me haya acostado | me hub-iera/iese acostado |

## GERUND          PAST PARTICIPLE          IMPERATIVE

| GERUND | PAST PARTICIPLE | IMPERATIVE |
|---|---|---|
| acostándose | acostado | acuéstate, acostaos |
| | | acuéstese (Vd), acuéstense (Vds) |

**Leonor se acuesta a las 3.** *Leonor goes to bed at 3.*
**¿Te acuestas tarde?** *Do you go to bed late?*
**Se acuesta con cualquiera.** *She goes to bed with anyone.*
**Nos acostamos juntos desde hace tres años.** *We have been living together for three years.*
**Me acuesto por los palestinos.** *I support the Palestinians.*
**Nos acostamos contra la pared.** *We leaned against the wall.*

**la acostada** *sleep, lie-down*
**acostarse boca arriba** *to lie down face up*
**acostar al niño** *to put the child to bed*
**acostado/a** *lying down, stretched out*
**acostar el barco** *to bring the ship alongside*

# acrecentar _to increase_ tr. **4**

## INDICATIVE

| Present | Imperfect | Perfect |
|---|---|---|
| acreciento | acrcentaba | he acrecentado |
| acrecientas | acrecentabas | has acrecentado |
| acrecienta | acrecentaba | ha acrecentado |
| acrecentamos | acrecentábamos | hemos acrecentado |
| acrecentáis | acrecentabais | habéis acrecentado |
| acrecientan | acrecentaban | han acrecentado |

| Future | Pluperfect | Past Definite |
|---|---|---|
| acrecentaré | había acrecentado | acrecenté |
| acrecentarás | habías acrecentado | acrecentaste |
| acrecentará | había acrecentado | acrecentó |
| acrecentaremos | habíamos acrecentado | acrecentamos |
| acrecentaréis | habíais acrecentado | acrecentasteis |
| acrecentarán | habían acrecentado | acrecentaron |

| Future Perfect | Past Perfect |
|---|---|
| habré acrecentado | hube acrecentado |

## CONDITIONAL / SUBJUNCTIVE

| Present | Present | Imperfect |
|---|---|---|
| acrecentaría | acreciente | acrecent-ara/ase |
| acrecentarías | acrecientes | acrecent-aras/ases |
| acrecentaría | acreciente | acrecent-ara/ase |
| acrecentaríamos | acrecentemos | acrecent-áramos/ásemos |
| acrecentaríais | acrecentéis | acrecent-arais/aseis |
| acrecentarían | acrecienten | acrecent-aran/asen |

| Perfect | Perfect | Pluperfect |
|---|---|---|
| habría acrecentado | haya acrecentado | hub-iera/iese acrecentado |

## GERUND / PAST PARTICIPLE / IMPERATIVE

| GERUND | PAST PARTICIPLE | IMPERATIVE |
|---|---|---|
| acrecentado | acrecentado | acrecienta, acrecentad |
| | | acreciente (Vd), acrecienten (Vds) |

**Ha acrecentado su número de acciones.** _He has increased his number of shares._
**El calor acrecienta a lo largo del día.** _The heat increases throughout the day._
**Puedes acrecentar la temperatura del horno.** _You can increase the oven temperature._
**Acrecentaré mi colección de plantas.** _I shall increase my plant collection._
**Acrecentó su fortuna.** _She increased her fortune._

**el acrecentamiento** _increase, growth_
**acrecentante** _increasing, incremental_
**acrecentarse** _to increase, grow_

**acrecentador(a)** _one that increases_
**la acrecencia** _increase, growth_

# 5 adiestrar  *to coach, train*  tr.

## INDICATIVE

| Present | Imperfect | Perfect |
|---|---|---|
| adiestro | adiestraba | he adiestrado |
| adiestras | adiestrabas | has adiestrado |
| adiestra | adiestraba | he adiestrado |
| adiestramos | adiestrábamos | hemos adiestrado |
| adiestráis | adiestrabais | habéis adiestrado |
| adiestran | adiestraban | han adiestrado |

| Future | Pluperfect | Past Definite |
|---|---|---|
| adiestraré | había adiestrado | adiestré |
| adiestrarás | habías adiestrado | adiestraste |
| adiestrará | había adiestrado | adiestró |
| adiestraremos | habíamos adiestrado | adiestramos |
| adiestraréis | habíais adiestrado | adiestrasteis |
| adiestrarán | habían adiestrado | adiestraron |

| Future Perfect | Past Perfect |
|---|---|
| habré adiestrado | hube adiestrado |

## CONDITIONAL   SUBJUNCTIVE

| Present | Present | Imperfect |
|---|---|---|
| adiestraría | adiestre | adiestr-ara/ase |
| adiestrarías | adiestres | adiestr-aras/ases |
| adiestraría | adiestre | adiestr-ara/ase |
| adiestraríamos | adiestremos | adiestr-áramos/ásemos |
| adiestraríais | adiestréis | adiestr-arais/aseis |
| adiestrarían | adiestren | adiestr-aran/asen |

| Perfect | Perfect | Pluperfect |
|---|---|---|
| habría adiestrado | haya adiestrado | hub-iera/iese adiestrado |

## GERUND   PAST PARTICIPLE   IMPERATIVE

| GERUND | PAST PARTICIPLE | IMPERATIVE |
|---|---|---|
| adiestrando | adiestrado | adiestra, adiestrad |
| | | adiestre (Vd), adiestren (Vds) |

**Adiestra perros.** *She trains dogs.*
**Te adiestraré cuando tengamos tiempo.** *I shall coach you when we have more time.*
**Adiestraban a los niños en el manejo de las armas.** *They used to train children in the use of arms.*
**No tiene paciencia para adiestrarse.** *He is not patient enough to train.*

**el adiestramiento** *training, drilling, practice*
**el/la adiestrador(a)** *trainer, coach, teacher*
**adiestrado** *trained, trainee*
**la destreza** *skill, dexterity, handiness*
**el diestro** *bullfighter, expert swordsman*
**diestro/a** *right, right hand; skilful, dexterous expert, clever*
**la diestra** *the right hand*

# adquirir  *to acquire*  tr.  **6**

## INDICATIVE

| Present | Imperfect | Perfect |
|---|---|---|
| adquiero | adquiría | he adquirido |
| adquieres | adquirías | has adquirido |
| adquiere | adquiría | ha adquirido |
| adquirimos | adquiríamos | hemos adquirido |
| adquirís | adquiríais | habéis adquirido |
| adquieren | adquirían | han adquirido |

| Future | Pluperfect | Past Definite |
|---|---|---|
| adquiriré | había adquirido | adquirí |
| adquirirás | habías adquirido | adquiriste |
| adquirirá | había adquirido | adquirió |
| adquiriremos | habíamos adquirido | adquirimos |
| adquiriréis | habíais adquirido | adquiristeis |
| adquirirán | habían adquirido | adquirieron |

| Future Perfect | Past Perfect |
|---|---|
| habré adquirido | hube adquirido |

## CONDITIONAL | SUBJUNCTIVE

| Present | Present | Imperfect |
|---|---|---|
| adquiriría | adquiera | adquir-iera/iese |
| adquirirías | adquieras | adquir-ieras/ieses |
| adquiriría | adquiera | adquir-iera/iese |
| adquiriríamos | adquiramos | adquir-iéramos/iésemos |
| adquiriríais | adquiráis | adquir-ierais/ieseis |
| adquirirían | adquieran | adquir-ieren/iesen |

| Perfect | Perfect | Pluperfect |
|---|---|---|
| habría adquirido | haya adquirido | hub-iera/iese adquirido |

## GERUND | PAST PARTICIPLE | IMPERATIVE

| GERUND | PAST PARTICIPLE | IMPERATIVE |
|---|---|---|
| adquiriendo | adquirido | adquiere, adquirid |
| | | adquiera (Vd), adquieran (Vds) |

**Se adquiere aquí.**  *You can acquire it here.*
**Lo adquirí en 1990.**  *I acquired it in 1990.*
**Adquiriría uno si tuviera dinero.**  *I would get one if I had the money.*
**¡Ojalá adquiramos uno!**  *I wish we could acquire one!*

**los bienes adquiridos**  *acquired wealth*
**el poder adquisitivo**  *purchasing power*
**el adquiridor**  *acquirer, buyer*
**adquirible**  *obtainable*

**el adquiriente**  *acquirer*
**la adquisición**  *acquisition*
**adquisitivo**  *acquisitive (law); buying*

# 7 advertir *to warn, advise; to notice* tr.

## INDICATIVE

| Present | Imperfect | Perfect |
|---|---|---|
| advierto | advertía | he advertido |
| adviertes | advertías | has advertido |
| advierte | advertía | ha advertido |
| advertimos | advertíamos | hemos advertido |
| advertís | advertíais | habéis advertido |
| advierten | advertían | han advertido |

| Future | Pluperfect | Past Definite |
|---|---|---|
| advertiré | había advertido | advertí |
| advertirás | habías advertido | advertiste |
| advertirá | había advertido | advirtió |
| advertiremos | habíamos advertido | advertimos |
| advertiréis | habíais advertido | advertisteis |
| advertirán | habían advertido | advirtieron |

| Future Perfect | Past Perfect |
|---|---|
| habré advertido | hube advertido |

## CONDITIONAL          SUBJUNCTIVE

| Present | Present | Imperfect |
|---|---|---|
| advertiría | advierta | advirt-iera/iese |
| advertirías | adviertas | advirt-ieras/ieses |
| advertiría | advierta | advirt-iera/iese |
| advertiríamos | advirtamos | advirt-iéramos/iésemos |
| advertiríais | advirtáis | advirt-ierais/ieseis |
| advertirían | adviertan | advirt-ieran/iesen |

| Perfect | Perfect | Pluperfect |
|---|---|---|
| habría advertido | haya advertido | hub-iera/iese advertido |

## GERUND          PAST PARTICIPLE          IMPERATIVE

| GERUND | PAST PARTICIPLE | IMPERATIVE |
|---|---|---|
| advirtiendo | advertido | advierte, advertid |
| | | advierta (Vd), adviertan (Vds) |

**Te lo advierto, no lo hagas.** *I warn you, don't do it.*
**¿Has advertido que llevaba una caja?** *Did you notice that he was carrying a box?*
**Pedro les advirtió ayer.** *Pedro warned them yesterday.*
**Te advierto que no vale la pena.** *I warn you, it's not worth it.*
**Me lo advirtieron en Madrid.** *I was notified in Madrid.*
**Adviértele que se lleve el abrigo.** *Advise him to take his coat.*

**advertido/a** *sharp, wide awake*          **el advertimiento** *warning notice*
**la advertencia** *notice, warning*          **advertidamente** *knowing, with*
**el advertidor** *detector*                          *forewarning*
**el advertidor local** *audio warning device*

# alentar  *to encourage; to breathe*  tr./intr.  **8**

## INDICATIVE

| Present | Imperfect | Perfect |
|---|---|---|
| aliento | alentaba | he alentado |
| alientas | alentabas | has alentado |
| alienta | alentaba | ha alentado |
| alentamos | alentábamos | hemos alentado |
| alentáis | alentabais | habéis alentado |
| alientan | alentaban | han alentado |

| Future | Pluperfect | Past Definite |
|---|---|---|
| alentaré | había alentado | alenté |
| alentarás | habías alentado | alentaste |
| alentará | había alentado | alentó |
| alentaremos | habíamos alentado | alentamos |
| alentaréis | habíais alentado | alentasteis |
| alentarán | habían alentado | alentaron |

| Future Perfect | Past Perfect |
|---|---|
| habré alentado | hube alentado |

## CONDITIONAL

| Present | Perfect |
|---|---|
| alentaría | habría alentado |
| alentarías · | |
| alentaría | |
| alentaríamos | |
| alentaríais | |
| alentarían | |

## SUBJUNCTIVE

| Present | Imperfect |
|---|---|
| aliente | alent-ara/ase |
| alientes | alent-aras/ases |
| aliente | alent-ara-ase |
| alentemos | alent-áramos/ásemos |
| alentéis | alent-arais/aseis |
| alienten | alent-aran/asen |

| Perfect | Pluperfect |
|---|---|
| haya alentado | hub-iera/iese alentado |

| GERUND | PAST PARTICIPLE | IMPERATIVE |
|---|---|---|
| alentado | alentado | alienta, alentad |
| | | aliente (Vd), alienten (Vds) |

**Juan siempre alienta a sus amigos.** *Juan always encourages his friends.*
**Me alentó a continuar.** *She encouraged me to go on.*
**Me alienta con su sonrisa.** *She encourages me with her smile.*
**Tuvimos que alentar hondo.** *We has to take a deep breath.*
**En sus almas alientan patriotismo.** *They are very patriotic (lit. they breathe
patriotism)*

**el aliento** *breath*
**el alentador** *encouraging, inspiring*
**alentarse** *to cheer up, take heart*

**alentoso** *brave, spirited*
**alentado/a** *tireless, comforting*
**alentadamente** *spiritedly, gallantly*

# 9 almorzar *to have lunch* tr./intr.

## INDICATIVE

| Present | Imperfect | Perfect |
|---|---|---|
| almuerzo | almorzaba | he almorzado |
| almuerzas | almorzabas | has almorzado |
| almuerza | almorzaba | ha almorzado |
| almorzamos | almorzábamos | hemos almorzado |
| almorzáis | almorzabais | habéis almorzado |
| almuerzan | almorzaban | han almorzado |

| Future | Pluperfect | Past Definite |
|---|---|---|
| almorzaré | había almorzado | almorcé |
| almorzarás | habías almorzado | almorzaste |
| almorzará | había almorzado | almorzó |
| almorzaremos | habíamos almorzado | almorzamos |
| almorzaréis | habíais almorzado | almorzasteis |
| almorzarán | habían almorzado | almorzaron |

| Future Perfect | Past Perfect |
|---|---|
| habré almorzado | hube almorzado |

## CONDITIONAL                    SUBJUNCTIVE

| Present | Present | Imperfect |
|---|---|---|
| almorzaría | almuerce | almorz-ara/ase |
| almorazarías | almuerces | almorz-aras/ases |
| almorzaría | almuerce | almorz-ara/ase |
| almorzaríamos | almorcemos | almorz-áramos/ásemos |
| almorzarías | almorcéis | almorz-arais/aseis |
| almorzarían | almuercen | almorz-aran/asen |

| Perfect | Perfect | Pluperfect |
|---|---|---|
| habría almorzado | haya almorzado | hub-iera/iese almorzado |

| GERUND | PAST PARTICIPLE | IMPERATIVE |
|---|---|---|
| almorzando | almorzado | almuerza, almorzad |
| | | almuerce (Vd), almuercen (Vds) |

**En México almorzamos a las 11.** *In Mexico, we have brunch at 11.*
**Almorzaremos tarde.** *We'll have a late lunch.*
**Almuerzo café con leche y un pastel.** *I have white coffee and cake for elevenses.*
**Vengo almorzado.** *I have had lunch already.*

**el almuerzo** *lunch/brunch/elevenses/late breakfast*
**tomar el almuerzo** *to have lunch, etc.*

# amar  *to love, be fond of*  tr.  **10**

## INDICATIVE

| Present | Imperfect | Perfect |
|---|---|---|
| amo | amaba | he amado |
| amas | amabas | has amado |
| ama | amaba | ha amado |
| amamos | amábamos | hemos amado |
| amáis | amabais | habéis amado |
| aman | amaban | han amado |

| Future | Pluperfect | Past Definite |
|---|---|---|
| amaré | había amado | amé |
| amarás | habías amado | amaste |
| amará | había amado | amó |
| amaremos | habíamos amado | amamos |
| amaréis | habíais amado | amasteis |
| amarán | habían amado | amaron |

| Future Perfect | Past Perfect |
|---|---|
| habré amado | hube amado |

## CONDITIONAL  SUBJUNCTIVE

| Present | Present | Imperfect |
|---|---|---|
| amaría | ame | am-ara/ase |
| amarías | ames | am-aras/ases |
| amaría | ame | am-ara/ase |
| amaríamos | amemos | am-áramos/ásemos |
| amaríais | améis | am-arais/aseis |
| amarían | amen | am-aran/asen |

| Perfect | Perfect | Pluperfect |
|---|---|---|
| habría amado | haya amado | hub-iera/iese amado |

| GERUND | PAST PARTICIPLE | IMPERATIVE |
|---|---|---|
| amando | amado | ama, amad |
| | | ame (Vd), amen (Vds) |

**Amo a los niños.** *I love children.*
**Daphnis amaba a Chloe.** *Daphnis loved Chloe.*
**Es bello amar.** *To love is beautiful.*
**Los soldados aman a la patria.** *Soldiers love their homeland.*

**el amor** *love*
**los amores** *love affair*
**el amante** *lover*
**el amoroso** *loving, tender*

**el amor propio** *pride, self-respect*
**hacer el amor** *to make love*
**los amoríos** *love affairs, romance*
**amorosamente** *lovingly*

# 11 andar  *to walk, to go*  tr./intr.

## INDICATIVE

| Present | Imperfect | Perfect |
|---|---|---|
| ando | andaba | he andado |
| andas | andabas | has andado |
| anda | andaba | ha andado |
| andamos | andábamos | hemos andado |
| andáis | andabais | habéis andado |
| andan | andaban | han andado |

| Future | Pluperfect | Past Definite |
|---|---|---|
| andaré | había andado | anduve |
| andarás | habías andado | anduviste |
| andará | había andado | anduvo |
| andaremos | habíamos andado | anduvimos |
| andaréis | habíais andado | anduvisteis |
| andarán | habían andado | anduvieron |

| Future Perfect | Past Perfect |
|---|---|
| habré andado | hube andado |

## CONDITIONAL    SUBJUNCTIVE

| Present | Present | Imperfect |
|---|---|---|
| andaría | ande | anduvi-era/ese |
| andarías | andes | anduvi-eras/eses |
| andaría | ande | anduvi-era/ese |
| andaríamos | andemos | anduvi-éramos/ésemos |
| andaríais | andéis | anduvi-erais/eseis |
| andarían | anden | anduvi-eran/esen |

| Perfect | Perfect | Pluperfect |
|---|---|---|
| habría andado | haya andado | hub-iera/iese andado |

## GERUND    PAST PARTICIPLE    IMPERATIVE

| GERUND | PAST PARTICIPLE | IMPERATIVE |
|---|---|---|
| andando | andado | anda, andad |
|  |  | ande (Vd), anden (Vds) |

**Vamos andando.** *Let's walk.*
**Anduvimos 10 km.** *We walked 10 km.*
**¿Cómo andan los negocios?** *How's business going?*
**Andamos mal de tiempo.** *We're short of time.*
**Anda enfermo.** *He's ill.*
**¿Cómo andas de pan?** *How are you off for bread?*
**Pedro anda por las nubes.** *Peter has his head in the clouds.*
**No te andes por las ramas.** *Don't beat about the bush.*

**andante** *walking, errant*
**andar a gatas** *to crawl*
**la andanza** *happening, occurrence*
**las andanzas** *deeds, adventures*

**andariego/a** *wandering, wanderer*
**andador(a)** *wandering*
**andado/a** *trodden, frequented, common*
**la andadura** *pace, progress*

# apaciguar *to pacify, calm down* tr. **12**

## INDICATIVE

| Present | Imperfect | Perfect |
|---|---|---|
| apaciguo | apaciguaba | he apaciguado |
| apaciguas | apaciguabas | has apaciguado |
| apacigua | apaciguaba | ha apaciguado |
| apaciguamos | apaciguábamos | hemos apaciguado |
| apaciguáis | apaciguabais | habéis apaciguado |
| apaciguan | apaciguaban | han apaciguado |

| Future | Pluperfect | Past Definite |
|---|---|---|
| apaciguaré | había apaciguado | apacigüé |
| apaciguarás | habías apaciguado | apaciguaste |
| apaciguará | había apaciguado | apaciguó |
| apaciguaremos | habíamos apaciguado | apaciguamos |
| apaciguaréis | habíais apaciguado | apaciguasteis |
| apaciguarán | habían apaciguado | apaciguaron |

| Future Perfect | Past Perfect |
|---|---|
| habré apaciguado | hube apaciguado |

## CONDITIONAL / SUBJUNCTIVE

| Present | Present | Imperfect |
|---|---|---|
| apaciguaría | apacigüe | apacigu-ara/ase |
| apaciguarías | apacigües | apacigu-aras/ases |
| apaciguaría | apacigüe | apacigu-ara/ase |
| apaciguaríamos | apacigüemos | apacigu-áramos/ásemos |
| apaciguaríais | apacigüéis | apacigu-arais/aseis |
| apaciguarían | apacigüen | apacigu-aran/asen |

| Perfect | Perfect | Pluperfect |
|---|---|---|
| habría apaciguado | haya apaciguado | hub-iera/iese apaciguado |

| GERUND | PAST PARTICIPLE | IMPERATIVE |
|---|---|---|
| apaciguando | apaciguado | apacigua, apaciguad |
| | | apacigüe (Vd), apacigüen (Vds) |

**Apacigua a los niños.** *He calms the children down.*
**Sabe apaciguar.** *He knows how to calm people down.*
**Apaciguó a los rebeldes.** *He pacified the rebels.*
**Se apacigua con música.** *Music calms him down.*

**apaciguarse** *to quieten, calm down*
**apacible** *mild, placid*
**el apaciguamiento** *pacifying, appeasement*

**apaciguado** *pacified*
**apaciguador(a)** *soothing, calming*
**la apacibilidad** *gentleness, calmness*

# 13 apostar *to bet; to post* tr./intr.

## INDICATIVE

| Present | Imperfect | Perfect |
|---|---|---|
| apuesto | apostaba | he apostado |
| apuestas | apostabas | has apostado |
| apuesta | apostaba | ha apostado |
| apostamos | apostábamos | hemos apostado |
| apostáis | apostabais | habéis apostado |
| apuestan | apostaban | han apostado |

| Future | Pluperfect | Past Definite |
|---|---|---|
| apostaré | había apostado | aposté |
| apostarás | habías apostado | apostaste |
| apostará | había apostado | apostó |
| apostaremos | habíamos apostado | apostamos |
| apostaréis | habíais apostado | apostasteis |
| apostarán | habían apostado | apostaron |

| Future Perfect | Past Perfect |
|---|---|
| habré apostado | hube apostado |

## CONDITIONAL · SUBJUNCTIVE

| Present | Present | Imperfect |
|---|---|---|
| apostaría | apueste | apost-ara/ase |
| apostarías | apuestes | apost-aras/ases |
| apostaría | apueste | apost-ara/ase |
| apostaríamos | apostemos | apost-áramos/ásemos |
| apostaríais | apostéis | apost-arais/aseis |
| apostarían | apuesten | apost-aran/asen |

| Perfect | Perfect | Pluperfect |
|---|---|---|
| habría apostado | haya apostado | hub-iera/iese apostado |

| GERUND | PAST PARTICIPLE | IMPERATIVE |
|---|---|---|
| apostando | apostado | apuesta, apostad |
| | | apueste (Vd), apuesten (Vds) |

¿Qué te apuestas? *What do you bet?*
¡Apuesto a que sí! *I bet it is!*
Te apuesto a que no viene. *I bet you he doesn't come.*
Les han apostado en Escocia. *They have been posted to Scotland.*
Apostaremos los caballos en el prado. *We'll station the horses on the field.*
Se las apuesta con cualquiera a beber. *He competes with anybody for drinking.*

la apuesta *a bet*
apuesto/a *neat, elegant, handsome*
apostador(a) *punter, bookie*

el apostadero *station post, naval station*
aposta, apostadamente *on purpose*

# apretar *to grip, press together* tr./intr. **14**

INDICATIVE

| Present | Imperfect | Perfect |
|---|---|---|
| aprieto | apretaba | he apretado |
| aprietas | apretabas | has apretado |
| aprieta | apretaba | ha apretado |
| apretamos | apretábamos | hemos apretado |
| apretáis | apretabais | habéis apretado |
| aprietan | apretaban | han apretado |

| Future | Pluperfect | Past Definite |
|---|---|---|
| apretaré | había apretado | apreté |
| apretarás | habías apretado | apretaste |
| apretará | había apretado | apretó |
| apretaremos | habíamos apretado | apretamos |
| apretaréis | habíais apretado | apretasteis |
| apretarán | habían apretado | apretaron |

| Future Perfect | Past Perfect |
|---|---|
| habré apretado | hube apretado |

CONDITIONAL  SUBJUNCTIVE

| Present | Present | Imperfect |
|---|---|---|
| apretaría | apriete | apret-ara/ase |
| apretarías | aprietes | apret-aras/ases |
| apretaría | apriete | apret-ara/ase |
| apretaríamos | apretemos | apret-áramos/ásemos |
| apretaríais | apretéis | apret-arais/aseis |
| apretarían | aprieten | apret-aran/asen |

| Perfect | Perfect | Pluperfect |
|---|---|---|
| habría apretado | haya apretado | hub-iera/iese apretado |

| GERUND | PAST PARTICIPLE | IMPERATIVE |
|---|---|---|
| apretando | apretado | aprieta, apretad |
| | | apriete (Vd), aprieten (Vds) |

**Peter me aprieta entre sus brazos.** *Peter hugs me in his arms.*
**¿Te aprietan los zapatos?** *Are your shoes tight?*
**Le apretó contra la pared.** *He pinned him against the wall.*
**Tuve que apretar la maleta.** *I had to press hard to shut the case.*
**Estamos apretados de dinero.** *We are tight for money.*
**Tenemos que apretarnos el cinturón.** *We have to tighten our belts.*
**El calor aprieta.** *The heat is oppressive.*
**¡Aprieta a correr!** *Start running/Run faster/harder!*

**apretadamente** *tightly, densely*
**la apretadera** *strap, rope, pressure*
**apretado/a** *tight, difficult, cramped*

**aprieto** *jam, trouble, distress*
**el apretón** *squeeze, grip; jam, crush*

# 15 aprobar  *to approve, pass*  tr./intr.

## INDICATIVE

| Present | Imperfect | Perfect |
|---|---|---|
| apruebo | aprobaba | he aprobado |
| apruebas | aprobabas | has aprobado |
| aprueba | aprobaba | ha aprobado |
| aprobamos | aprobábamos | hemos aprobado |
| aprobáis | aprobabais | habéis aprobado |
| aprueban | aprobaban | han aprobado |

| Future | Pluperfect | Past Definite |
|---|---|---|
| aprobaré | había aprobado | aprobé |
| aprobarás | habías aprobado | aprobaste |
| aprobará | había aprobado | aprobó |
| aprobaremos | habíamos aprobado | aprobamos |
| aprobaréis | habíais aprobado | aprobasteis |
| aprobarán | habían aprobado | aprobaron |

| Future Perfect | Past Perfect |
|---|---|
| habré aprobado | hube aprobado |

## CONDITIONAL      SUBJUNCTIVE

| Present | Present | Imperfect |
|---|---|---|
| aprobaría | apruebe | aprob-ara/ase |
| aprobarías | apruebes | aprob-aras/ases |
| aprobaría | apruebe | aprob-ara/ase |
| aprobaríamos | aprobemos | aprob-áramos/ásemos |
| aprobaríais | aprobéis | aprob-arais/aseis |
| aprobarían | aprueben | aprob-aran/asen |

| Perfect | Perfect | Pluperfect |
|---|---|---|
| habría aprobado | haya aprobado | hub-iera/iese aprobado |

## GERUND      PAST PARTICIPLE      IMPERATIVE

| GERUND | PAST PARTICIPLE | IMPERATIVE |
|---|---|---|
| aprobando | aprobado | aprueba, aprobad |
|  |  | apruebe (Vd), aprueben (Vds) |

**Se ha aprobado la propuesta.** *The motion has been passed.*
**Aprobé en español.** *I passed in Spanish.*
**Me ha aprobado el presupuesto.** *He has passed my budget.*
**Seguro que se aprobará mi proyecto.** *I am sure my project will be approved.*
**El ministro va a aprobar una resolución.** *The minister is going to adopt a resolution.*
**Quieren aprobar un contrato.** *They want to ratify a contract.*

**aprobado** *passed, approved*
**aprobatoria** *approving*
**la aprobación** *approval, consent*
**la aprobación del Parlamento** *parliamentary approval*

**aprobar un documento** *to certify a document*
**aprobado oficialmente por las autoridades** *officially approved by the authorities*

# argüir  *to argue, reason*  tr./intr.  **16**

## INDICATIVE

| Present | Imperfect | Perfect |
|---|---|---|
| arguyo | argüía | ha argüido |
| arguyes | argüías | has argüido |
| arguye | argüía | ha argüido |
| argüimos | argüíamos | hemos argüido |
| argüís | argüíais | habéis argüido |
| arguyen | argüían | han argüido |

| Future | Pluperfect | Past Definite |
|---|---|---|
| argüiré | había argüido | argüí |
| argüirás | habías argüido | argüiste |
| argüirá | había argüido | arguyó |
| argüiremos | habíamos argüido | argüimos |
| argüiréis | habíais argüido | argüisteis |
| argüirán | habían argüido | arguyeron |

| Future Perfect | Past Perfect |
|---|---|
| habré argüido | hube argüido |

## CONDITIONAL    SUBJUNCTIVE

| Present | Present | Imperfect |
|---|---|---|
| argüiría | arguya | argu-yera/yese |
| argüirías | arguyas | argu-yeras/yeses |
| argüiría | arguya | argu-yera/yese |
| argüiríamos | arguyamos | argu-yéramos/yésemos |
| argüiríais | arguyáis | argu-yerais/yeseis |
| argüirían | arguyan | argu-yeran/yesen |

| Perfect | Perfect | Pluperfect |
|---|---|---|
| habría argüido | haya argüido | hub-iera/iese argüido |

## GERUND    PAST PARTICIPLE    IMPERATIVE

| GERUND | PAST PARTICIPLE | IMPERATIVE |
|---|---|---|
| arguyendo | argüido | arguye, argüid |
|  |  | arguya (Vd), arguyan (Vds) |

**No podemos argüir con él.** *We can't reason with him.*
**Arguyó que teníamos obligaciones con mi familia.** *He argued that we had obligations to my family.*
**Juan argüiría con cualquiera.** *Juan would argue with anybody.*
**Si arguyese bien el caso...** *If only he argued the case well...*

**el argumento** *argument, reasoning, outline;*
  *plot, story-line; (LA) quarrel*
**la argumentación** *argument, reasoning*

**argumentista** *script-writer, arguer*
**argumentar** *to argue, contend*

# 17 arrendar *to let, lease; hire out* tr.

## INDICATIVE

| Present | Imperfect | Perfect |
|---|---|---|
| arriendo | arrendaba | he arrendado |
| arriendas | arrendabas | has arrendado |
| arrienda | arrendaba | ha arrendado |
| arrendamos | arrendábamos | hemos arrendado |
| arrendáis | arrendabais | habéis arrendado |
| arriendan | arrendaban | han arrendado |

| Future | Pluperfect | Past Definite |
|---|---|---|
| arrendaré | había arrendado | arrendé |
| arrendarás | habías arrendado | arrendaste |
| arrendará | había arrendado | arrendó |
| arrendaremos | habíamos arrendado | arrendamos |
| arrendaréis | habíais arrendado | arrendasteis |
| arrendarán | habían arrendado | arrendaron |

| Future Perfect | Past Perfect |
|---|---|
| habré arrendado | hube arrendado |

## CONDITIONAL / SUBJUNCTIVE

| Present | Present | Imperfect |
|---|---|---|
| arrendaría | arriende | arrend-ara/ase |
| arrendarías | arriendes | arrend-aras/ases |
| arrendaría | arriende | arrend-ara/ase |
| arrendaríamos | arrendemos | arrend-áramos/ásemos |
| arrendaríais | arrendéis | arrend-arais/aseis |
| arrendarían | arrienden | arrend-aran/asen |

| Perfect | Perfect | Pluperfect |
|---|---|---|
| habría arrendado | haya arrendado | hub-iera/iese arrendado |

| GERUND | PAST PARTICIPLE | IMPERATIVE |
|---|---|---|
| arrendando | arrendado | arrienda, arrendad |
| | | arriende (Vd), arrienden (Vds) |

**Arrendaré una habitación.** *I shall let a room.*
**Arrienda su casa y vive con su madre.** *She rents out her house and lives with her mother.*
**Yo que tú arrendaría el coche y usaría la moto.** *If I were you, I would hire out the car and use the motorbike.*
**Voy a arrendar la casa de nuevo.** *I am going to re-lease the house.*

**el arrendamiento** *lettiing, leasing, hiring*
**el arrendajo** *jay (bird); mimic*
**el/la arrendatario/a** *tenant, leaseholder*
**arrendable** *leaseable, 'to let'*

**el arrendador** *landlord*
**la arrendadora** *landlady*
**el arrendamiento financiero** *lease*

# asentar *to settle, set, make firm* tr. **18**

## INDICATIVE

| Present | Imperfect | Perfect |
|---|---|---|
| asiento | asentaba | he asentado |
| asientas | asentabas | has asentado |
| asienta | asentaba | ha asentado |
| asentamos | asentábamos | hemos asentado |
| asentáis | asentabais | habéis asentado |
| asientan | asentaban | han asentado |

| Future | Pluperfect | Past Definite |
|---|---|---|
| asentaré | había asentado | asenté |
| asentarás | habías asentado | asentaste |
| asentará | había asentado | asentó |
| asentaremos | habíamos asentado | asentamos |
| asentaréis | habíais asentado | asentasteis |
| asentarán | habían asentado | asentaron |

| Future Perfect | Past Perfect |
|---|---|
| habré asentado | hube asentado |

## CONDITIONAL  SUBJUNCTIVE

| Present | Present | Imperfect |
|---|---|---|
| asentaría | asiente | asent-ara/ase |
| asentarías | asientes | asent-aras/ases |
| asentaría | asiente | asent-ara/ase |
| asentaríamos | asentemos | asent-áramos/ásemos |
| asentaríais | asentéis | asent-arais/aseis |
| asentarían | asienten | asent-aran/asen |

| Perfect | Perfect | Pluperfect |
|---|---|---|
| habría asentado | haya asentado | hub-iera/iese asentado |

| GERUND | PAST PARTICIPLE | IMPERATIVE |
|---|---|---|
| asentando | asentado | asienta, asentad |
| | | asiente (Vd), asienten (Vds) |

**La lluvia ha asentado el polvo.** *The rain has settled the dust.*
**Debes asentar los cimientos del edificio.** *You must lay the foundations of the building.*
**Vamos a asentar el campamento al lado del río.** *We are going to set up camp by the river.*
**Le asentó una bofetada.** *He gave him a slap.*

**el asiento** *seat*
**asentar en el libro** *to enter into the books*
**asentar ladrillos** *to set bricks in cement*

**asentar al haber de...** *to credit someone with...*
**asentar al deber** *to debit*

# 19 asentir  *to assent, agree*  intr.

## INDICATIVE

| Present | Imperfect | Perfect |
|---|---|---|
| asiento | asentía | he asentido |
| asientes | asentías | has asentido |
| asiente | asentía | ha asentido |
| asentimos | asentíamos | hemos asentido |
| asentís | asentíais | habéis asentido |
| asienten | asentían | han asentido |

| Future | Pluperfect | Past Definite |
|---|---|---|
| asentiré | había asentido | asentí |
| asentirás | habías asentido | asentiste |
| asentirá | había asentido | asintió |
| asentiremos | habíamos asentido | asentimos |
| asentiréis | habíais asentido | asentisteis |
| asentirán | habían asentido | asintieron |

| Future Perfect | Past Perfect |
|---|---|
| habré asentido | hube asentido |

## CONDITIONAL / SUBJUNCTIVE

| Present | Present | Imperfect |
|---|---|---|
| asentiría | asienta | asint-iera/iese |
| asentirías | asientas | asint-ieras/ieses |
| asentiría | asienta | asint-iera/iese |
| asentiríamos | asintamos | asint-iéramos/iésemos |
| asentiríais | asintáis | asint-ierais/ieseis |
| asentirían | asientan | asint-ieran/iesen |

| Perfect | Perfect | Pluperfect |
|---|---|---|
| habría asentido | haya asentido | hub-iera/iese asentido |

## GERUND / PAST PARTICIPLE / IMPERATIVE

| GERUND | PAST PARTICIPLE | IMPERATIVE |
|---|---|---|
| asintiendo | asentido | asiente, asentid |
| | | asienta (Vd), asientan (Vds) |

**Todos asintieron a las palabras del presidente.** *Everybody acquiesced to the words of the president.*
**Lo asentiremos mañana.** *We shall agree to it tomorrow.*
**No asintió a dejarse retratar.** *She did not agree to have her picture taken.*
**Asiente con la cabeza.** *Nod your head.*
**Asentí a la verdad de su razonamiento.** *I recognized the truth of his reasoning.*

**el asentimiento** *assent, consent*          **el asentista** *contractor, supplier*
**el asenso** *consent*

# asir  *to grasp, seize*  tr./intr.  **20**

## INDICATIVE

| Present | Imperfect | Perfect |
|---|---|---|
| asgo | asía | he asido |
| ases | asías | has asido |
| ase | asía | ha asido |
| asimos | asíamos | hemos asido |
| asís | asíais | habéis asido |
| asen | asían | han asido |

| Future | Pluperfect | Past Definite |
|---|---|---|
| asiré | había asido | así |
| asirás | habías asido | asiste |
| asirá | había asido | asió |
| asiremos | habíamos asido | asimos |
| asiréis | habíais asido | asisteis |
| asirán | habían asido | asieron |

| Future Perfect | Past Perfect | |
|---|---|---|
| habré asido | hube asido | |

## CONDITIONAL      SUBJUNCTIVE

| Present | Present | Imperfect |
|---|---|---|
| asiría | asga | as-iera/iese |
| asirías | asgas | as-ieras/ieses |
| asiría | asga | as-iera/iese |
| asiríamos | asgamos | as-iéramos/iésemos |
| asiríais | asgáis | as-ierais/ieseis |
| asirían | asgan | as-ieran/iesen |

| Perfect | Perfect | Pluperfect |
|---|---|---|
| habría asido | haya asido | hub-iera/iese asido |

## GERUND      PAST PARTICIPLE      IMPERATIVE

| GERUND | PAST PARTICIPLE | IMPERATIVE |
|---|---|---|
| asiendo | asido | ase, asid |
| | | asga (Vd), asgan (Vds) |

**Hay que asir la jarra por el asa.**  *You must grasp the jug by the handle.*
**Asiré el momento.**  *I shall seize the moment.*
**Manuel sabe asir las oportunidades.**  *Manuel knows how to grasp opportunities.*
**Los bebés no pueden asir bien.**  *Babies cannot grasp things properly.*
**Se asieron después del accidente.**  *They went for each other after the accident.*
**Van a asirse de los pelos.**  *They will be at each other's throats.*

**asir por el mango**  *to face a problem*
**el asa**  *handle*
**la asidera**  *saddle-strap*
**el asidero**  *handle, handhold, pretext*

**asirse**  *to fight, grapple, go for each other*
**ir asidos del brazo**  *to go arm in arm*

# 21 atender  *to attend, pay attention*  tr./intr.

## INDICATIVE

| Present | Imperfect | Perfect |
|---|---|---|
| atiendo | atendía | he atendido |
| atiendes | atendías | has atendido |
| atiende | atendía | ha atendido |
| atendemos | atendíamos | hemos atendido |
| atendéis | atendíais | habéis atendido |
| atienden | atendían | han atendido |

| Future | Pluperfect | Past Definite |
|---|---|---|
| atenderé | había atendido | atendí |
| atenderás | habías atendido | atendiste |
| atenderá | había atendido | atendió |
| atenderemos | habíamos atendido | atendimos |
| atenderéis | habíais atendido | atendisteis |
| atenderán | habían atendido | atendieron |

| Future Perfect | Past Perfect |
|---|---|
| habré atendido | hube atendido |

## CONDITIONAL | SUBJUNCTIVE

| Present | Present | Imperfect |
|---|---|---|
| atendería | atienda | atend-iera/iese |
| atenderías | atiendas | atend-ieras/ieses |
| atendería | atienda | atend-iera/iese |
| atenderíamos | atendamos | atend-iéramos/iésemos |
| atenderíais | atendáis | atend-ierais/ieseis |
| atenderían | atiendan | atend-ieran/iesen |

| Perfect | Perfect | Pluperfect |
|---|---|---|
| habría atendido | haya atendido | hub-iera/iese atendido |

## GERUND | PAST PARTICIPLE | IMPERATIVE

| | | |
|---|---|---|
| atendiendo | atendido | atiende, atended |
| | | atienda (Vd), atiendan (Vds) |

**Tengo compromisos que atender.** *I have got obligations to meet.*
**Atendieron el consejo.** *They paid attention to the advice.*
**Atendía a un cliente.** *I was serving a customer.*
**Atenderemos el giro.** *We shall honour the draft.*
**El médico atendió a un caso urgente.** *The doctor had to see to an emergency.*
**Atiende el teléfono.** *She is minding the phone.*
**¡Atención, cuidado con el perro!** *Beware of the dog!*

**la atención** *attention, care*
**en atención a esto...** *regarding this...*

**atento/a** *attentive, observant, polite*
**prestar atención** *to pay attention*

# atravesar *to cross, go through* tr. **22**

## INDICATIVE

| Present | Imperfect | Perfect |
|---|---|---|
| atravieso | atrevesaba | he atravesado |
| atraviesas | atrevesabas | has atravesado |
| atraviesa | atrevesaba | ha atravesado |
| atravesamos | atrevesábamos | hemos atravesado |
| atravesáis | atravesabais | habéis atravesado |
| atraviesan | atravesaban | han atravesado |

| Future | Pluperfect | Past Definite |
|---|---|---|
| atravesaré | había atravesado | atravesé |
| atravesarás | habías atravesado | atravesaste |
| atravesará | había atravesado | atravesó |
| atravesaremos | habíamos atravesado | atravesamos |
| atravesaréis | habíais atravesado | atravesasteis |
| atravesarán | habían atravesado | atravesaron |

| Future Perfect | Past Perfect |
|---|---|
| habré atravesado | hube atravesado |

## CONDITIONAL — SUBJUNCTIVE

| Present | Present | Imperfect |
|---|---|---|
| atravesaría | atraviese | atraves-ara/ase |
| atravesarías | atravieses | atrave-aras/ases |
| atravesaría | atraviese | atrave-ara/ase |
| atravesaríamos | atravesemos | atrave-áramos/ásemos |
| atravesaríais | atraveséis | atrave-arais/aseis |
| atravesarían | atraviesen | atrave-aran/asen |

| Perfect | Perfect | Pluperfect |
|---|---|---|
| habría atravesado | haya atravesado | hub-iera/iese atravesado |

| GERUND | PAST PARTICIPLE | IMPERATIVE |
|---|---|---|
| atravesando | atravesado | atraviesa, atravesad |
| | | atraviese (Vd), atraviesen (Vds) |

**Atravesamos el río de noche.** *We crossed the river at night.*
**La bala atravesó el metal.** *The bullet pierced the metal.*
**Atravieso un momento difícil.** *I'm going through a difficult time.*
**Le tengo atravesado.** *I can't stand him.*
**Siempre se atraviesa en mis negocios.** *He's always interfering in my affairs.*
**Me encanta atravesarme en una conversación.** *I love to butt in on a conversation.*

**atravesado/a** *crossed, oblique; cross-eyed*       **atravesando las olas** *broadside to*
**la travesía** *crossing*                                                      *the waves*
**atravesarse** *to come in between, interfere*

# 23 beber *to drink* tr./intr.

## INDICATIVE

| Present | Imperfect | Perfect |
|---|---|---|
| bebo | bebía | he bebido |
| bebes | bebías | has bebido |
| bebe | bebía | ha bebido |
| bebemos | bebíamos | hemos bebido |
| bebéis | bebíais | habéis bebido |
| beben | bebían | han bebido |

| Future | Pluperfect | Past Definite |
|---|---|---|
| beberé | había bebido | bebí |
| beberás | habías bebido | bebiste |
| beberá | había bebido | bebió |
| beberemos | habíamos bebido | bebimos |
| beberéis | habíais bebido | bebisteis |
| beberán | habían bebido | bebieron |

| Future Perfect | Past Perfect |
|---|---|
| habré bebido | hube bebido |

## CONDITIONAL / SUBJUNCTIVE

| Present | Present | Imperfect |
|---|---|---|
| bebería | beba | beb-iera/iese |
| beberías | bebas | beb-ieras/ieses |
| bebería | beba | beb-iera/iese |
| beberíamos | bebamos | beb-iéramos/iésemos |
| beberíais | bebáis | beb-ierais/ieseis |
| beberían | beban | beb-ieran/iesen |

| Perfect | Perfect | Pluperfect |
|---|---|---|
| habría bebido | haya bebido | hub-iera/iese bebido |

| GERUND | PAST PARTICIPLE | IMPERATIVE |
|---|---|---|
| bebiendo | bebido | bebe, bebed |
| | | beba (Vd), beban (Vds) |

**Bebo café con leche por la mañana.** *I drink white coffee in the morning.*
**Es abstemio, nunca bebe alcohol.** *He is a teetotaler.*
**Se bebió tres coñacs después de comer.** *After lunch he had three brandies.*
**Bebamos a la salud del rey.** *Let's drink ot the king's health.*
**Bebe un pote.** *He's a heavy drinker.*
**Bebe como una cuba.** *He drinks like a fish.*

**la bebida** *drink*
**el/la bebedor(a)** *boozer, heavy drinker*
**bebedizo, bebedero** *drinkable*

**bebido** *tipsy, drunk*
**darse a la bebida** *to take to drink*
**el bebedero** *water trough; spout (of drinking vessels)*

# buscar *to look for* tr. **24**

## INDICATIVE

| Present | Imperfect | Perfect |
|---|---|---|
| busco | buscaba | he buscado |
| buscas | buscabas | has buscado |
| busca | buscaba | ha buscado |
| buscamos | buscábamos | hemos buscado |
| buscáis | buscabais | habéis buscado |
| buscan | buscaban | han buscado |

| Future | Pluperfect | Past Definite |
|---|---|---|
| buscaré | había buscado | busqué |
| buscarás | habías buscado | buscaste |
| buscará | había buscado | buscó |
| buscaremos | habíamos buscado | buscamos |
| buscaréis | habíais buscado | buscasteis |
| buscarán | habían buscado | buscaron |

| Future Perfect | Past Perfect |
|---|---|
| habré buscado | hube buscado |

## CONDITIONAL · SUBJUNCTIVE

| Present | Present | Imperfect |
|---|---|---|
| buscaría | busque | busc-ara/ase |
| buscarías | busques | busc-aras/ases |
| buscaría | busque | busc-ara/ase |
| buscaríamos | busquemos | busc-áramos/ásemos |
| buscaríais | busquéis | busc-arais/aseis |
| buscarían | busquen | busc-aran/asen |

| Perfect | Perfect | Pluperfect |
|---|---|---|
| habría buscado | haya buscado | hub-iera/iese buscado |

| GERUND | PAST PARTICIPLE | IMPERATIVE |
|---|---|---|
| buscando | buscado | busca, buscad |
| | | busque (Vd), busquen (Vds) |

**Le busqué por tardes partes.** *I looked for him everywhere.*
**Está buscando un trabajo.** *He is looking for a job.*
**Voy a buscarle a la estación.** *I'm going to pick her up at the station.*
**Se busca coche.** *Car wanted.*
**Miguel Ángel ha tenido que buscarse la vida.** *Miguel Angel has had to fend for himself.*
**Se lo buscó ella misma.** *She brought it on herself.*
**¡Te la estás buscando!.** *You're asking for it!*

**la busca** *search*
**la búsqueda** *search*
**el/la buscador(a)** *searcher*
**el buscón** *petty thief, rogue*

**la buscona** *whore*
**el/la buscavidas** *meddler, busybody*
**el buscarruidos** *troublemaker*

# 25 caber *to fit, have enough room*  intr.

## INDICATIVE

| Present | Imperfect | Perfect |
|---|---|---|
| quepo | cabía | he cabido |
| cabes | cabías | has cabido |
| cabe | cabía | ha cabido |
| cabemos | cabíamos | hemos cabido |
| cabéis | cabíais | habéis cabido |
| caben | cabían | han cabido |

| Future | Pluperfect | Past Definite |
|---|---|---|
| cabré | había cabido | cupe |
| cabrás | habías cabido | cupiste |
| cabrá | había cabido | cupo |
| cabremos | habíamos cabido | cupimos |
| cabréis | habíais cabido | cupisteis |
| cabrán | habían cabido | cupieron |

| Future Perfect | Past Perfect |
|---|---|
| habré cabido | hube cabido |

## CONDITIONAL / SUBJUNCTIVE

| Present | Present | Imperfect |
|---|---|---|
| cabría | quepa | cup-iera/iese |
| cabrías | quepas | cup-ieras/ieses |
| cabría | quepa | cup-iera/iese |
| cabríamos | quepamos | cup-iéramos/iésemos |
| cabríais | quepáis | cup-ierais/ieseis |
| cabrían | quepan | cup-ieran/iesen |

| Perfect | Perfect | Pluperfect |
|---|---|---|
| habría cabido | haya cabido | hub-iera/iese cabido |

## GERUND / PAST PARTICIPLE / IMPERATIVE

| GERUND | PAST PARTICIPLE | IMPERATIVE |
|---|---|---|
| cabiendo | cabido | cabe, cabed |
| | | quepa (Vd), quepan (Vds) |

**No cabe por esa puerta.** *It won't go through that door.*
**¿Cabe el libro?** *Is there room for the book?*
**Caben más de tres en el ascensor.** *There is room for more than three people in the lift.*
**Caben tres litros en la botella.** *The bottle holds three litres.*
**Todo cabe en Carlos.** *Carlos is capable of anything.*
**¡No cabe más!** *There's no more room./That's the lot!*
**No cabía en sí de contenta.** *She was bursting with joy.*

**la cabida** *space, room*                    **no cabe duda** *there is no doubt*
**la capacidad** *capacity*                     **no tiene cabida** *it is not acceptable*

# caer  *to fall*  intr.  **26**

## INDICATIVE

| Present | Imperfect | Perfect |
|---|---|---|
| caigo | caía | he caído |
| caes | caías | has caído |
| cae | caía | ha caído |
| caemos | caíamos | hemos caído |
| caéis | caíais | habéis caído |
| caen | caían | han caído |

| Future | Pluperfect | Past Definite |
|---|---|---|
| caeré | había caído | caí |
| cacrás | habías caído | caíste |
| caerá | había caído | cayó |
| caeremos | habíamos caído | caímos |
| caeréis | habíais caído | caísteis |
| caerán | habían caído | cayeron |

| Future Perfect | Past Perfect |
|---|---|
| habré caído | hube caído |

## CONDITIONAL

## SUBJUNCTIVE

| Present | Present | Imperfect |
|---|---|---|
| caería | caiga | ca-yera/yese |
| caerías | caigas | ca-yeras/yeses |
| cacría | caiga | ca-yera/yese |
| cacríamos | caigamos | ca-yéramos/yésemos |
| caeríais | caigáis | ca-yerais/yeseis |
| caerían | caigan | ca-yeran/yesen |

| Perfect | Perfect | Pluperfect |
|---|---|---|
| habría caído | haya caído | hub-iera/iese caído |

| GERUND | PAST PARTICIPLE | IMPERATIVE |
|---|---|---|
| cayendo | caído | cae, caed |
| | | caiga (Vd), caigan (Vds) |

**El edificio se cayó al suelo.** *The building fell to the ground.*
**Se ha caído del caballo.** *She has fallen off the horse.*
**La noche está al caer.** *Night is about to fall.*
**Pam cayó en cama/enferma.** *Pam fell ill.*
**Dejó caer el cuchillo.** *He dropped the knife.*
**Antonio no me cae bien.** *I don't like Antonio.*
**Carlos se cae de miedo.** *Carlos is terrified.*
**La fiesta cae en martes.** *The party is on a Tuesday.*

**la caída** *fall, tumble*
**caedizo** *unsteady, about to fall*
**caído/a** *fallen, wilting*

**los caídos** *the fallen*
**estar caído de sueño** *to be dead tired*

# 27 **calentar** *to warm, heat up* tr.

## INDICATIVE

| Present | Imperfect | Perfect |
|---|---|---|
| caliento | calentaba | he calentado |
| calientas | calentabas | has calentado |
| calienta | calentaba | ha calentado |
| calentamos | calentábamos | hemos calentado |
| calentáis | calentabais | habéis calentado |
| calientan | calentaban | han calentado |

| Future | Pluperfect | Past Definite |
|---|---|---|
| calentaré | había calentado | calenté |
| calentarás | habías calentado | calentaste |
| calentará | había calentado | calentó |
| calentaremos | habíamos calentado | calentamos |
| calentaréis | habíais calentado | calentasteis |
| calentarán | habían calentado | calentaron |

| Future Perfect | Past Perfect |
|---|---|
| habré calentado | hube calentado |

## CONDITIONAL / SUBJUNCTIVE

| Present | Present | Imperfect |
|---|---|---|
| calentaría | caliente | calent-ara/ase |
| calentarías | calientes | calent-aras/ases |
| calentaría | caliente | calent-ara/ase |
| calentaríamos | calentemos | calent-áramos/ásemos |
| calentaríais | calentéis | calent-arais/aseis |
| calentarían | calienten | calent-aran/asen |

| Perfect | Perfect | Pluperfect |
|---|---|---|
| habría calentado | haya calentado | hub-iera/iese calentado |

## GERUND / PAST PARTICIPLE / IMPERATIVE

| GERUND | PAST PARTICIPLE | IMPERATIVE |
|---|---|---|
| calentando | calentado | calienta, calentad<br>caliente (Vd), calienten (Vds) |

**Calienta la leche.** *Warm up the milk.*
**El sol calentará la piedra.** *The sun will warm up the stone.*
**Nos calentamos al fuego.** *We warmed up by the fire.*
**Me he calentado bastante.** *I have warmed myself up enough.*
**Lo calentó al rojo vivo.** *He made it red hot.*
**Les calentaron las orejas.** *They told them off.*

**el calentador** *heater*
**el calor** *heat*
**caliente** *hot, warm; on heat, sexually aroused; (LA) angry*

**hace calor** *it is hot*
**el calentamiento** *heating, warming*
**la calentura** *fever, high temperature*

# caminar *to walk* tr./intr. **28**

## INDICATIVE

| Present | Imperfect | Perfect |
|---|---|---|
| camino | caminaba | he caminado |
| caminas | caminabas | has caminado |
| camina | caminaba | ha caminado |
| caminamos | caminábamos | hemos caminado |
| camináis | caminabais | habéis caminado |
| caminan | caminaban | han caminado |

| Future | Pluperfect | Past Definite |
|---|---|---|
| caminaré | había caminado | caminé |
| caminarás | habías caminado | caminaste |
| caminará | había caminado | caminó |
| caminaremos | habíamos caminado | caminamos |
| caminaréis | habíais caminado | caminasteis |
| caminarán | habían caminado | caminaron |

| Future Perfect | Past Perfect |
|---|---|
| habré caminado | hube caminado |

## CONDITIONAL

## SUBJUNCTIVE

| Present | Present | Imperfect |
|---|---|---|
| caminaría | camine | camin-ara/ase |
| caminarías | camines | camin-aras/ases |
| caminaría | camine | camin-ara/ase |
| caminaríamos | caminemos | camin-áramos/ásemos |
| caminarías | caminéis | camin-arais/aseis |
| caminarían | caminen | camin-aran/asen |

| Perfect | Perfect | Pluperfect |
|---|---|---|
| habría caminado | haya caminado | hub-iera/iese caminado |

| GERUND | PAST PARTICIPLE | IMPERATIVE |
|---|---|---|
| caminando | caminado | camina, caminad |
| | | camine (Vd), caminen (Vds) |

**Caminamos durante dos horas.** *We walked for two hours.*
**Caminé hasta la casa.** *I walked to the house.*
**Caminarán hasta el río.** *They will walk to the river.*
**¿Has caminado despacio?** *Have you walked slowly?*
**Don Francisco camina derecho.** *Don Francisco behaves properly.*
**Fredes camina con pena.** *Fredes moves with difficulty.*

**el camino** *road, way*
**la caminata** *long walk, ramble*
**el caminante** *walker, traveller*

**el caminero** *road builder*
**caminador(a)** *fond of walking*
**el caminejo** *rough road, dirt track*

# 29 cantar *to sing, chant* tr./intr.

## INDICATIVE

| Present | Imperfect | Perfect |
|---|---|---|
| canto | cantaba | he cantado |
| cantas | cantabas | has cantado |
| canta | cantaba | ha cantado |
| cantamos | cantábamos | hemos cantado |
| cantáis | cantabais | habéis cantado |
| cantan | cantaban | han cantado |

| Future | Pluperfect | Past Definite |
|---|---|---|
| cantaré | había cantado | canté |
| cantarás | habías cantado | cantaste |
| cantará | había cantado | cantó |
| cantaremos | habíamos cantado | cantamos |
| cantaréis | habíais cantado | cantasteis |
| cantarán | habían cantado | cantaron |

| Future Perfect | Past Perfect |
|---|---|
| habré cantado | hube cantado |

## CONDITIONAL | SUBJUNCTIVE

| Present | Present | Imperfect |
|---|---|---|
| cantaría | cante | cant-ara/ase |
| cantarías | cantes | cant-aras/ases |
| cantaría | cante | cant-ara/ase |
| cantaríamos | cantemos | cant-áramos/ásemos |
| cantaríais | cantéis | cant-arais/aseis |
| cantarían | canten | cant-aran/asen |

| Perfect | Perfect | Pluperfect |
|---|---|---|
| habría cantado | haya cantado | hub-iera/iese cantado |

| GERUND | PAST PARTICIPLE | IMPERATIVE |
|---|---|---|
| cantando | cantado | canta, cantad |
| | | cante (Vd), canten (Vds) |

**Me gusta cantar.** *I like singing.*
**Marta canta en la ópera de Madrid.** *Marta sings in the Madrid Opera..*
**Plácido Domingo cantará en Mérida.** *Placido Domingo will sing in Merida.*
**Sara y Elena cantan a dos voces.** *Sara and Elena sing duets.*
**Ana cantó de plano.** *Ana made a full confession*
**Francisca cantará las claras.** *Francisca will speak out frankly.*

**la canción** *song*
**el cantar** *song*
**el cantar de gesta** *epic poem*
**el cántico** *hymn, song*

**el/la cantante** *singer*
**el cantarín, cantarina** *tinkling, sing-song noise*
**el cante flamenco, el cante jondo** *Andalusian gypsy singing*

# castigar *to punish* tr. 30

## INDICATIVE

| Present | Imperfect | Perfect |
|---|---|---|
| castigo | castigaba | he castigado |
| castigas | castigabas | has castigado |
| castiga | castigaba | ha castigado |
| castigamos | castigábamos | hemos castigado |
| castigáis | castigabais | habéis castigado |
| castigan | castigaban | han castigado |

| Future | Pluperfect | Past Definite |
|---|---|---|
| castigaré | había castigado | castigué |
| castigarás | habías castigado | castigaste |
| castigará | había castigado | castigó |
| castigaremos | habíamos castigado | castigamos |
| castigaréis | habíais castigado | castigasteis |
| castigarán | habían castigado | castigaron |

| Future Perfect | Past Perfect |
|---|---|
| habré castigado | hube castigado |

## CONDITIONAL | SUBJUNCTIVE

| Present | Present | Imperfect |
|---|---|---|
| castigaría | castigue | castig-ara/ase |
| castigarías | castigues | castig-aras/ases |
| castigaría | castigue | castig-ara/ase |
| castigaríamos | castiguemos | castig-áramos/ásemos |
| castigaríais | castiguéis | castig-arais/aseis |
| castigarían | castiguen | castig-aran/asen |

| Perfect | Perfect | Pluperfect |
|---|---|---|
| habría castigado | haya castigado | hub-iera/iese castigado |

## GERUND | PAST PARTICIPLE | IMPERATIVE

| GERUND | PAST PARTICIPLE | IMPERATIVE |
|---|---|---|
| castigando | castigado | castiga, castigad |
| | | castigue (Vd), castiguen (Vds) |

**No castigues al niño.** *Don't punish the boy.*
**Me castigaron por romper el vaso.** *I was punished for breaking the glass.*
**Si te portas mal te castigaré.** *I shall punish you if you don't behave.*
**Te vamos a castigar.** *We are going to punish you.*
**Pedro castiga mucho el caballo.** *Pedro rides his horse hard.*

**el castigo** *punishment, penalty*　　　　**la castigación** *punishment*
**el castigo corporal** *corporal punishment*　　**castigado/a** *punished*
**el/la castigador(a)** *punisher, punishing*

# 31 cazar *to hunt, chase; to catch* tr.

## INDICATIVE

| Present | Imperfect | Perfect |
|---|---|---|
| cazo | cazaba | he cazado |
| cazas | cazabas | has cazado |
| caza | cazaba | ha cazado |
| cazamos | cazábamos | hemos cazado |
| cazáis | cazabais | habéis cazado |
| cazan | cazaban | han cazado |

| Future | Pluperfect | Past Definite |
|---|---|---|
| cazaré | había cazado | cacé |
| cazarás | habías cazado | cazaste |
| cazará | había cazado | cazó |
| cazaremos | habíamos cazado | cazamos |
| cazaréis | habíais cazado | cazasteis |
| cazarán | habían cazado | cazaron |

| Future Perfect | Past Perfect |
|---|---|
| habré cazado | hube cazado |

## CONDITIONAL    SUBJUNCTIVE

| Present | Present | Imperfect |
|---|---|---|
| cazaría | cace | caz-ara/ase |
| cazarías | caces | caz-aras/ases |
| cazaría | cace | caz-ara/ase |
| cazaríamos | cacemos | caz-áramos/ásemos |
| cazaríais | cacéis | caz-arais/aseis |
| cazarían | cacen | caz-aran/asen |

| Perfect | Perfect | Pluperfect |
|---|---|---|
| habría cazado | haya cazado | hub-iera/iese cazado |

## GERUND    PAST PARTICIPLE    IMPERATIVE

| GERUND | PAST PARTICIPLE | IMPERATIVE |
|---|---|---|
| cazando | cazado | caza, cazad |
| | | cace (Vd), cacen (Vds) |

**Estaba cazando un león en África.** *He was hunting a lion in Africa.*
**Cazarán jabalíes en setiembre.** *They will hunt wild boar in September.*
**No me gusta cazar.** *I don't like hunting.*
**Le cacé en el acto.** *I caught him in the act.*
**No le vas a cazar.** *You will not catch him.*
**Por fin le cacé en la fiesta.** *I finally ran him to earth at the party.*
**Miguel las caza al vuelo.** *Miguel is pretty sharp.*
**Fue cazado por el banco.** *He was head hunted by the bank.*

**la caza** *hunting*
**dar caza a** *to give chase, go after*
**ir a la caza** *to go hunting/shooting*
**el/la cazador(a)** *hunter*

**la cazadora** *windcheater; leather jacket*
**el cazagenios** *talent spotter*

# cegar *to blind; block* tr./intr. **32**

## INDICATIVE

| Present | Imperfect | Perfect |
|---|---|---|
| ciego | cegaba | he cegado |
| ciegas | cegabas | has cegado |
| ciega | cegaba | ha cegado |
| cegamos | cegábamos | hemos cegado |
| cegáis | cegabais | habéis cegado |
| ciegan | cegaban | han cegado |

| Future | Pluperfect | Past Definite |
|---|---|---|
| cegaré | había cegado | cegué |
| cegarás | habías cegado | cegaste |
| cegará | había cegado | cegó |
| cegaremos | habíamos cegado | cegamos |
| cegaréis | habíais cegado | cegasteis |
| cegarán | habían cegado | cegaron |

| Future Perfect | Past Perfect |
|---|---|
| habré cegado | hube cegado |

## CONDITIONAL / SUBJUNCTIVE

| Present | Present | Imperfect |
|---|---|---|
| cegaría | ciegue | ceg-ara/ase |
| cegarías | ciegues | ceg-aras/ases |
| cegaría | ciegue | ceg-ara/ase |
| cegaríamos | ceguemos | ceg-áramos/ásemos |
| cegarías | ceguéis | ceg-arais/aseis |
| cegarían | cieguen | ceg-aran/asen |

| Perfect | Perfect | Pluperfect |
|---|---|---|
| habría cegado | haya cegado | hub-iera/iese cegado |

## GERUND / PAST PARTICIPLE / IMPERATIVE

| GERUND | PAST PARTICIPLE | IMPERATIVE |
|---|---|---|
| cegando | cegado | ciega, cegad |
| | | ciegue (Vd), cieguen (Vds) |

**El sol me ciega.** *The sun is blinding me.*
**La explosión me cegó.** *The explosion blinded me.*
**El árbol le ciega la vista.** *The tree block his view.*
**Ha cegado el agujero.** *He has blocked up the hole.*
**Se cegaron de ira.** *They were blinded with anger.*

**cegato/a** *short-sighted*
**la ceguera** *blindness*
**la ceguera nocturna** *night blindness*
**la ceguedad** *blindness*

**ciego/a** *blind*
**quedar ciego** *to go blind, be blinded*

# 33 cerrar  *to close, shut, lock*   tr./intr.

## INDICATIVE

| Present | Imperfect | Perfect |
|---|---|---|
| cierro | cerraba | he cerrado |
| cierras | cerrabas | has cerrado |
| cierra | cerraba | ha cerrado |
| cerramos | cerrábamos | hemos cerrado |
| cerráis | cerrabais | habéis cerrado |
| cierran | cerraban | han cerrado |

| Future | Pluperfect | Past Definite |
|---|---|---|
| cerraré | había cerrado | cerré |
| cerrarás | habías cerrado | cerraste |
| cerrará | había cerrado | cerró |
| cerraremos | habíamos cerrado | cerramos |
| cerraréis | habías cerrado | cerrasteis |
| cerrarán | habían cerrado | cerraron |

| Future Perfect | Past Perfect |
|---|---|
| habré cerrado | hube cerrado |

## CONDITIONAL · SUBJUNCTIVE

| Present | Present | Imperfect |
|---|---|---|
| cerraría | cierre | cerr-ara/ase |
| cerrarías | cierres | cerr-aras/ases |
| cerraría | cierre | cerr-ara/ase |
| cerraríamos | cerremos | cerr-áramos/ásemos |
| cerrarías | cerréis | cerr-arais/aseis |
| cerrarían | cierren | cerr-aran/asen |

| Perfect | Perfect | Pluperfect |
|---|---|---|
| habría cerrado | haya cerrado | hub-iera/iese cerrado |

| GERUND | PAST PARTICIPLE | IMPERATIVE |
|---|---|---|
| cerrando | cerrado | cierra, cerrad |
| | | cierre (Vd), cierren (Vds) |

**Cierra la puerta.** *Close the door.*
**Cierro con llave.** *I'm locking up.*
**La puerta cierra mal.** *The door doesn't shut properly.*
**Cerramos a las seis.** *We close at six.*
**La fábrica ha cerrado.** *The factory has closed down.*
**Han cerrado la frontera.** *They have closed the border.*
**La carretera está cerrada por la nieve.** *The road is blocked by the snow.*
**Se ha cerrado en hacerlo.** *He persists shut in going it.*

**el cierre** *closing*
**el cierre de radio y TV** *close-down (radio and TV)*
**la cerradura** *lock; shutting*

**la cerradura de seguridad** *safety lock*
**el/la cerrajero/a** *locksmith*
**la cerrajería** *locksmith's craft, trade shop*

# cocer  *to boil, cook*  tr./intr.  **34**

## INDICATIVE

| Present | Imperfect | Perfect |
|---|---|---|
| cuezo | cocía | he cocido |
| cueces | cocías | has cocido |
| cuece | cocía | ha cocido |
| cocemos | cocíamos | hemos cocido |
| cocéis | cocías | habéis cocido |
| cuecen | cocían | han cocido |

| Future | Pluperfect | Past Definite |
|---|---|---|
| coceré | había cocido | cocí |
| cocerás | habías cocido | cociste |
| cocerá | había cocido | coció |
| coceremos | habíamos cocido | cocimos |
| coceréis | habías cocido | cocisteis |
| cocerán | habían cocido | cocieron |

| Future Perfect | Past Perfect |
|---|---|
| habré cocido | hube cocido |

## CONDITIONAL                    SUBJUNCTIVE

| Present | Present | Imperfect |
|---|---|---|
| cocería | cueza | coc-iera/iese |
| cocerías | cuezas | coc-ieras/ieses |
| cocería | cueza | coc-iera/iese |
| coceríamos | cozamos | coc-iéramos/iésemos |
| coceríais | cozáis | coc-ierais/ieseis |
| cocerían | cuezan | coc-ieran/iesen |

| Perfect | Perfect | Pluperfect |
|---|---|---|
| habría cocido | haya cocido | hub-iera/iese cocido |

| GERUND | PAST PARTICIPLE | IMPERATIVE |
|---|---|---|
| cociendo | cocido | cuece, coced |
|  |  | cueza (Vd), cuezan (Vds) |

**Tienes que cocer el agua.** *You must boil the water.*
**Lo cueces a fuego vivo.** *You boil it vigorously.*
**La leche está cociendo.** *The milk is boiling.*
**Coceré las patatas.** *I shall boil the potatoes.*
**Cocieron el pan al horno.** *They baked the bread (in the oven).*
**¿Está bien cocido?** *It is well done?*
**Me estoy cociendo viva.** *I am boiling.*

**cocer al horno** *to bake*
**el cocido** *stew*
**cocido/a** *boiled*
**la cocción** *cooking, boiling time*
**la cocina** *kitchen, cookery; cooker, stove*

**el/la cocinero/a** *cook*
**el cocinillas** *meddler*
**cocinar** *to cook, do the cooking*

# 35 coger  *to take, pick up, catch*  tr./intr.

## INDICATIVE

| Present | Imperfect | Perfect |
|---|---|---|
| cojo | cogía | he cogido |
| coges | cogías | has cogido |
| coge | cogía | ha cogido |
| cogemos | cogíamos | hemos cogido |
| cogéis | cogíais | habéis cogido |
| cogen | cogían | han cogido |

| Future | Pluperfect | Past Definite |
|---|---|---|
| cogeré | había cogido | cogí |
| cogerás | habías cogido | cogiste |
| cogerá | había cogido | cogió |
| cogeremos | habíamos cogido | cogimos |
| cogeréis | habíais cogido | cogisteis |
| cogerán | habían cogido | cogieron |

| Future Perfect | Past Perfect |
|---|---|
| habré cogido | hube cogido |

## CONDITIONAL · SUBJUNCTIVE

| Present | Present | Imperfect |
|---|---|---|
| cogería | coja | cog-iera/iese |
| cogerías | cojas | cog-ieras/ieses |
| cogería | coja | cog-iera/iese |
| cogeríamos | cojamos | cog-iéramos/iésemos |
| cogeríais | cojáis | cog-ierais/ieseis |
| cogerían | cojan | cog-ieran/iesen |

| Perfect | Perfect | Pluperfect |
|---|---|---|
| habría cogido | haya cogido | hub-iera/iese cogido |

| GERUND | PAST PARTICIPLE | IMPERATIVE |
|---|---|---|
| cogiendo | cogido | coge, coged |
| | | coja (Vd), cojan (Vds) |

**Coge la caja.** *Pick up the box.*
**Cogimos un taxi.** *We took a taxi*
**Hemos cogido los billetes.** *We have collected the tickets.*
**Vamos a coger el tren.** *We are going to take the train.*
**He cogido cariño al gato.** *I've taken a liking to the cat.*
**Cogí celos a Juan.** *I became jealous of Juan.*
**Se ha cogido los dedos en la puerta.** *He's caught his fingers in the door.*
**Me has cogido desprevenido.** *You have caught me at a disadvantage.*

**la cogestión** *partnership in industry*
**cogido** *fold, pleat, tuck*
**la cogida** *catching; catch*

**el cogedero** *handle*
**cogedero/a** *ready for picking, ripe*
**el cogedor** *dustpan*

# colar *to filter, strain* tr./intr. **36**

## INDICATIVE

| Present | Imperfect | Perfect |
|---------|-----------|---------|
| cuelo | colaba | he colado |
| cuelas | colabas | has colado |
| cuela | colaba | ha colado |
| colamos | colábamos | hemos colado |
| coláis | colabais | habéis colado |
| cuelan | colaban | han colado |

| Future | Pluperfect | Past Definite |
|--------|-----------|---------------|
| colaré | había colado | colé |
| colarás | habías colado | colaste |
| colará | había colado | coló |
| colaremos | habíamos colado | colamos |
| colaréis | habíais colado | colateis |
| colarán | habían colado | colaron |

| Future Perfect | Past Perfect |
|----------------|--------------|
| habré colado | hube colado |

## CONDITIONAL / SUBJUNCTIVE

| Present | Present | Imperfect |
|---------|---------|-----------|
| colaría | cuele | col-ara/ase |
| colarías | cueles | col-aras/ases |
| colaría | cuele | col-ara/ase |
| colaríamos | colemos | col-áramos/ásemos |
| colaríais | coléis | col-arais/aseis |
| colarían | cuelen | col-aran/asen |

| Perfect | Perfect | Pluperfect |
|---------|---------|------------|
| habría colado | haya colado | hub-iera/iese colado |

## GERUND / PAST PARTICIPLE / IMPERATIVE

| GERUND | PAST PARTICIPLE | IMPERATIVE |
|--------|-----------------|------------|
| colando | colado | cuela, colad |
| | | cuele (Vd), cuelen (Vds) |

**Voy a colar las verduras.** *I am going to strain the vegetables.*
**Cuela el café.** *Filter the coffee.*
**Colaremos los zumos.** *We shall filter the juices.*
**¿Has colado todo el café?** *Have you filtered all the coffee?*
**Coló su mentira.** *They believed his lie.*
**¡No cuela!** *I'm not swallowing that!*
**Trataba de colar un billete falso.** *He was trying to use a forged note.*
**Me colé en el cine.** *I managed to get into the cinema without paying.*

**colar con lejía** *to bleach*
**el coladero, colador** *strainer, sieve*
**la coladura** *straining; blunder*
**la colada** *wash; washing*

**tender la colada** *to hang-out the washing*
**saldrá en la colada** *it will come out in the wash*
**colarse** *to slip in, slip past; jump the queue*

# 37 colgar *to hang, hang up* tr./intr.

## INDICATIVE

| Present | Imperfect | Perfect |
|---|---|---|
| cuelgo | colgaba | he colgado |
| cuelgas | colgabas | has colgado |
| cuelga | colgaba | ha colgado |
| colgamos | colgábamos | hemos colgado |
| colgáis | colgabais | habéis colgado |
| cuelgan | colgaban | han colgado |

| Future | Pluperfect | Past Definite |
|---|---|---|
| colgaré | había colgado | colgué |
| colgarás | habías colgado | colgaste |
| colgará | había colgado | colgó |
| colgaremos | habíamos colgado | colgamos |
| colgaréis | habíais colgado | colgasteis |
| colgarán | habían colgado | colgaron |

| Future Perfect | Past Perfect |
|---|---|
| habré colgado | hube colgado |

## CONDITIONAL / SUBJUNCTIVE

| Present | Present | Imperfect |
|---|---|---|
| colgaría | cuelgue | colg-ara/ase |
| colgarías | cuelgues | colg-aras/ases |
| colgaría | cuelgue | colg-ara/ase |
| colgaríamos | colguemos | colg-áramos/ásemos |
| colgaríais | colguéis | colg-arais/aseis |
| colgarían | cuelguen | colg-aran/asen |

| Perfect | Perfect | Pluperfect |
|---|---|---|
| habría colgado | haya colgado | hub-iera/iese colgado |

| GERUND | PAST PARTICIPLE | IMPERATIVE |
|---|---|---|
| colgando | colgado | cuelga, colgad |
| | | cuelgue (Vd), cuelguen (Vds) |

**Colgaremos el cuadro en la pared.** *We'll hang the picture of the wall.*
**¿Lo has colgado del clavo?** *Have you hung it on the hook?*
**Me colgó el teléfono.** *He rang off./He hung up on me.*
**Le colgaron la culpa a Juan.** *They pinned the blame on Juan.*
**¡Me quedé colgada!** *I was left so disappointed!*
**Hemos dejado colgado a Bob.** *We let Bob down/failed him.*
**¡Antes le veré colgado!** *I'll see him hanged first!*

**colgante** *hanging, drooping*
**el puente colgante** *suspension bridge*
**el colgadero** *hanger, peg*
**colgado/a** *suspended, hanging down, uncertain*

**el colgador** *hanger*
**la colgadura** *drapery, tapestry*
**el colgajo** *appendage, rag, tatters*
**colgadizo/a** *hanging, loose*

# comenzar  *to start, begin*  tr./intr.  **38**

## INDICATIVE

| Present | Imperfect | Perfect |
|---|---|---|
| comienzo | comenzaba | he comenzado |
| comienzas | comenzabas | has comenzado |
| comienza | comenzaba | ha comenzado |
| comenzamos | comenzábamos | hemos comenzado |
| comenzáis | comenzabais | habéis comenzado |
| comienzan | comenzaban | han comenzado |

| Future | Pluperfect | Past Definite |
|---|---|---|
| comenzaré | había comenzado | comencé |
| comenzarás | habías comenzado | comenzaste |
| comenzará | había comenzado | comenzó |
| comenzaremos | habíamos comenzado | comenzamos |
| comenzaréis | habíais comenzado | comenzasteis |
| comenzarán | habían comenzado | comenzaron |

| Future Perfect | Past Perfect |
|---|---|
| habré comenzado | hube comenzado |

## CONDITIONAL | SUBJUNCTIVE

| Present | Present | Imperfect |
|---|---|---|
| comenzaría | comience | comenz-ara/ase |
| comenzarías | comiences | comenz-aras/ases |
| comenzaría | comience | comenz-ara/ase |
| comenzaríamos | comencemos | comenz-áramos/ásemos |
| comenzaríais | comencéis | comenz-arais/aseis |
| comenzarían | comiencen | comenz-aran/asen |

| Perfect | Perfect | Pluperfect |
|---|---|---|
| habría comenzado | haya comenzado | hub-iera/iese comenzado |

| GERUND | PAST PARTICIPLE | IMPERATIVE |
|---|---|---|
| comenzando | comenzado | comienza, comenzad |
| | | comience (Vd), comiencen (Vds) |

**Siempre comienza el primero.** *He always starts first.*
**Comenzó a las cuatro.** *He started at four.*
**Comenzaremos con Juan.** *We shall start with Juan.*
**¡Quiero comenzar por el postre!** *I want to start with the dessert!*
**Comienza a regir en mayo.** *It becomes operative in May.*
**El rey comenzará el acto.** *The king will open the ceremony.*

**el comenzamiento** *start, beginning*
**el comienzo** *start, beginning*
**al comienzo** *at first, at the start*
**en los comienzos de siglo** *at the beginning of the century*

**dar comienzo a (la carrera)** *to start (the race)*
**comienza y no acaba** *it goes on for ever*

# 39 comer  *to eat, have lunch*  tr./intr.

## INDICATIVE

| Present | Imperfect | Perfect |
|---|---|---|
| como | comía | he comido |
| comes | comías | has comido |
| come | comía | ha comido |
| comemos | comíamos | hemos comido |
| coméis | comíais | habéis comido |
| comen | comían | han comido |

| Future | Pluperfect | Past Definite |
|---|---|---|
| comeré | había comido | comí |
| comerás | habías comido | comiste |
| comerá | había comido | comió |
| comeremos | habíamos comido | comimos |
| comeréis | habíais comido | comisteis |
| comerán | habían comido | comieron |

| Future Perfect | Past Perfect |
|---|---|
| habré comido | hube comido |

## CONDITIONAL | SUBJUNCTIVE

| Present | Present | Imperfect |
|---|---|---|
| comería | coma | com-iera/iese |
| comerías | comas | com-ieras/ieses |
| comería | coma | com-iera/iese |
| comeríamos | comamos | com-iéramos/iésemos |
| comeríais | comáis | com-ierais/ieseis |
| comerían | coman | com-ieran/iesen |

| Perfect | Perfect | Pluperfect |
|---|---|---|
| habría comido | haya comido | hub-iera/iese comido |

| GERUND | PAST PARTICIPLE | IMPERATIVE |
|---|---|---|
| comiendo | comido | come, comed |
| | | coma (Vd), coman (Vds) |

**Comimos en un hotel.** *We had lunch in a hotel.*
**Comeré un bocadillo con Juan.** *I shall have a sandwich with Juan.*
**En España se come a las dos.** *In Spain lunch is at 2 p.m.*
**Da de comer al perro.** *Feed the dog.*
**Sin comerlo ni beberlo.** *Without having anything to do with it.*
**No comas a dos carrillos.** *Don't gobble your food.*
**Se come las palabras.** *He mumbles.*

**el comestible** *tfood, foodstuff*
**los comestibles** *groceries, provisions*
**comestible** *eatable, edible*
**la comida** *food, meal*

**la comidilla** *hobby, favourite pastime*
**el comedor** *dining room*
**comilón** *big eater, glutton*

# competir    *to compete, contest*    intr.    **40**

## INDICATIVE

| Present | Imperfect | Perfect |
|---|---|---|
| compito | competía | he competido |
| compites | competías | has competido |
| compite | competía | ha competido |
| competimos | competíamos | hemos competido |
| competís | competíais | habéis competido |
| compiten | competían | han competido |

| Future | Pluperfect | Past Definite |
|---|---|---|
| competiré | había competido | competí |
| competirás | habías competido | competiste |
| competirá | había competido | compitió |
| competiremos | habíamos competido | competimos |
| competiréis | habías competido | competisteis |
| competirán | habían competido | compitieron |

| Future Perfect | Past Perfect |
|---|---|
| habré competido | hube competido |

## CONDITIONAL                 SUBJUNCTIVE

| Present | Present | Imperfect |
|---|---|---|
| competiría | compita | compit-iera/iese |
| competirías | compitas | compit-ieras/ieses |
| competiría | compita | compit-iera/iese |
| competiríamos | compitamos | compit-iéramos/iésemos |
| competiríais | compitáis | compit-ierais/ieseis |
| competirían | compitan | compit-ieran/iesen |

| Perfect | Perfect | Pluperfect |
|---|---|---|
| habría competido | haya competido | hub-iera/iese competido |

| GERUND | PAST PARTICIPLE | IMPERATIVE |
|---|---|---|
| compitiendo | competido | compite, competid |
| | | compita (Vd), compitan (Vds) |

**Los atletas compiten en Sevilla.** *The athletes compete in Seville.*
**Tom compite con Jerry.** *Tom competes against Jerry.*
**Compito con Carmen por el primer puesto.** *I compete with Carmen for first position.*
**Competirán en los Juegos Olímpicos.** *They will complete in the Olympic Games.*
**Sony compite en ventas.** *Sony outsells its competitors.*

**la competición** *competition*
**el/la competidor(a)** *competitor, rival, contestant*
**la competitividad** *competitiveness*
**competitivo/a** *competitive*

**la competencia** *competition, rivalry, competitiveness*
**competencia desleal** *unfair competition*

# 41 comprar *to buy, purchase* tr.

## INDICATIVE

| Present | Imperfect | Perfect |
|---|---|---|
| compro | compraba | he comprado |
| compras | comprabas | has comprado |
| compra | compraba | ha comprado |
| compramos | comprábamos | hemos comprado |
| compráis | comprabais | habéis comprado |
| compran | compraban | han comprado |

| Future | Pluperfect | Past Definite |
|---|---|---|
| compraré | había comprado | compré |
| comprarás | habías comprado | compraste |
| comprará | había comprado | compró |
| compraremos | habíamos comprado | compramos |
| compraréis | habíais comprado | comprasteis |
| comprarán | habían comprado | compraron |

| Future Perfect | Past Perfect |
|---|---|
| habré comprado | hube comprado |

## CONDITIONAL                SUBJUNCTIVE

| Present | Present | Imperfect |
|---|---|---|
| compraría | compre | compr-ara/ase |
| comprarías | compres | compr-aras/ases |
| compraría | compre | compr-ara/ase |
| compraríamos | compremos | compr-áramos/ásemos |
| comprarías | compréis | compr-arais/aseis |
| comprarían | compren | compr-aran/asen |

| Perfect | Perfect | Pluperfect |
|---|---|---|
| habría comprado | haya comprado | hub-iera/iese comprado |

## GERUND                PAST PARTICIPLE                IMPERATIVE

| GERUND | PAST PARTICIPLE | IMPERATIVE |
|---|---|---|
| comprando | comprado | compra, comprad |
| | | compre (Vd), compren (Vds) |

**Me he comprado un coche.** *I have bought a car.*
**Compraremos pan mañana.** *We shall buy bread tomorrow.*
**Necesitamos comprar un piso.** *We need to buy a flat.*
**Compraron los regalos en Sevilla.** *They bought the presents in Seville.*
**Francisca compra al contado.** *Francisca pays cash.*
**No compres al fiado.** *Don't buy on credit.*
**Lo han comprado a plazos.** *They have bought it on hire purchase.*

**la compra** *shopping, purchase, buying*
**ir de compras** *to go shopping*
**el/la comprador(a)** *buyer, purchaser*
**la compraventa** *buying and selling, dealing*

# comprobar _to check, confirm_ tr. **42**

| Present | Imperfect | Perfect |
|---|---|---|
| compruebo | comprobaba | he comprobado |
| compruebas | comprobabas | has comprobado |
| comprueba | comprobaba | ha comprobado |
| comprobamos | comprobábamos | hemos comprobado |
| comprobáis | comprobabais | habéis comprobado |
| comprueban | comprobaban | han comprobado |

| Future | Pluperfect | Past Definite |
|---|---|---|
| comprobaré | había comprobado | comprobé |
| comprobarás | habías comprobado | comprobaste |
| comrobará | había comprobado | comprobó |
| comprobaremos | habíamos comprobado | comprobamos |
| comprobaréis | habíais comprobado | comprobasteis |
| comprobarán | habían comprobado | comprobaron |

| Future Perfect | Past Perfect |
|---|---|
| habré comprobado | hube comprobado |

CONDITIONAL | SUBJUNCTIVE

| Present | Present | Imperfect |
|---|---|---|
| comprobaría | compruebe | comprob-ara/ase |
| comprobarías | compruebes | comprob-aras/ases |
| comprobaría | compruebe | comprob-ara/ase |
| comprobaríamos | comprobemos | comprob-áramos/ásemos |
| comprobarías | comprobéis | comprob-arais/aseis |
| comprobarían | comprueden | comprob-aran/asen |

| Perfect | Perfect | Pluperfect |
|---|---|---|
| habría comprobado | haya comprabado | hub-iera/iese comprobado |

| GERUND | PAST PARTICIPLE | IMPERATIVE |
|---|---|---|
| comprobando | comprobado | comprueba, comprobad |
| | | compruebe (Vd), comprueben |
| | | (Vds) |

**Esto lo comprueba.** _This verifies it._
**Tenemos que comprobar las facturas.** _We have to check the invoices._
**Lo comprobaré con rayos X.** _I shall X-ray to check it._
**Está comprobando la temperatura.** _He is monitoring the temperature._
**Comprueban en obra.** _They do spot checks._

**comprobable** _provable, demonstrable_
**la comprobación** _checking, proof_
**el comprobador** _tester_
**el comprobante** _voucher, receipt_

**el documento comprobante**
  _supporting document_
**comprobatorio/a** _proving, confirming_

# 43 concebir *to conceive, imagine* tr./intr.

## INDICATIVE

| Present | Imperfect | Perfect |
|---|---|---|
| concibo | concebía | he concebido |
| concibes | concebías | has concebido |
| concibe | concebía | ha concebido |
| concebimos | concebíamos | hemos concebido |
| concebís | concebíais | habéis concebido |
| conciben | concebían | han concebido |

| Future | Pluperfect | Past Definite |
|---|---|---|
| concebiré | había concebido | concebí |
| concebirás | habías concebido | concebiste |
| concebirá | había concebido | concibió |
| concebiremos | habíamos concebido | concebimos |
| concebiréis | habíais concebido | concebisteis |
| concebirán | habían concebido | concibieron |

| Future Perfect | Past Perfect |
|---|---|
| habré concebido | hube concebido |

## CONDITIONAL | SUBJUNCTIVE

| Present | Present | Imperfect |
|---|---|---|
| concebiría | conciba | concib-iera/iese |
| concebirías | concibas | concib-ieras/ieses |
| concebiría | conciba | concib-iera/iese |
| concebiríamos | concibamos | concib-iéramos/iésemos |
| concebiríais | concibáis | concib-ierais/ieseis |
| concebirían | conciban | concib-ieran/iesen |

| Perfect | Perfect | Pluperfect |
|---|---|---|
| habría concebido | haya concebido | hub-iera/iese concebido |

## GERUND | PAST PARTICIPLE | IMPERATIVE

| | | |
|---|---|---|
| concibiendo | concebido | concibe, concebid |
| | | conciba (Vd), conciban (Vds) |

**Ha concebido.** *She is pregnant.*
**Hemos concebido un plan.** *We have made a plan.*
**No concibo su plan.** *I can't understand his plan.*
**No lo puede concebir.** *He can't imagine it.*
**Concibo esperanzas.** *I nourish hope.*
**Concibió una antipatía por Simón.** *He took a dislike to Simon.*
**Me hizo concebir esperanzas.** *It encouraged me.*

**concebible** *conceivable, thinkable*
**inconcebible** *unthinkable*
**la concepción** *conception; understanding*
**los anticonceptivos** *contraceptives*

**el concepto** *concept, idea, notion*
**concebir un proyecto en líneas generales** *to plan out a project*

# concertar  *to arrange, agree*  tr./intr. **44**

## INDICATIVE

| Present | Imperfect | Perfect |
|---|---|---|
| concierto | concertaba | he concertado |
| conciertas | concertabas | has concertado |
| concierta | concertaba | ha concertado |
| concertamos | concertábamos | hemos concertado |
| concertáis | concertabais | habéis concertado |
| conciertan | concertaban | han concertado |

| Future | Pluperfect | Past Definite |
|---|---|---|
| concertaré | había concertado | concerté |
| concertarás | habías concertado | concertaste |
| concertará | había concertado | concertó |
| concertaremos | habíamos concertado | concertamos |
| concertaréis | habíais concertado | concertasteis |
| concertarán | habían concertado | concertaron |

| Future Perfect | Past Perfect |
|---|---|
| habré concertado | hube concertado |

## CONDITIONAL  SUBJUNCTIVE

| Present | Present | Imperfect |
|---|---|---|
| concertaría | concierte | concert-ara/ase |
| concertarías | conciertes | concert-aras/ases |
| concertaría | concierte | concert-ara/ase |
| concertaríamos | concertemos | concert-áramos/ásemos |
| concertarías | concertéis | concert-arais/aseis |
| concertarían | concierten | concert-aran/asen |

| Perfect | Perfect | Pluperfect |
|---|---|---|
| habría concertado | haya concertado | hub-iera/iese concertado |

| GERUND | PAST PARTICIPLE | IMPERATIVE |
|---|---|---|
| concertando | concertado | concierta, concertad |
| | | concierte (Vd), concierten (Vds) |

**Hemos concertado el precio.** *We have agreed the price.*
**Quiero concertar la venta.** *I want to coordinate the sale.*
**Vamos a concertarlo.** *Let's come to terms about it.*
**Lo concertamos para mañana.** *We are arranging it for tomorrow.*
**Tus noticias conciertan con las mías.** *Your news coincides with mine.*
**Están concertando un contrato.** *They are drawing up a contract.*

**concertado/a** *orderly, concerted*
**el matrimonio concertado** *arranged marriage*
**el/la concertista** *player, performer*

**concertarse** *to harmonize*
**el concierto** *agreement; concert*
**concertadamente** *methodically*

# 45 conducir  *to drive, conduct, lead*  tr./intr.

## INDICATIVE

| Present | Imperfect | Perfect |
|---|---|---|
| conduzco | conducía | he conducido |
| conduces | conducías | has conducido |
| conduce | conducía | ha conducido |
| conducimos | conducíamos | hemos conducido |
| conducís | conducíais | habéis conducido |
| conducen | conducían | han conducido |

| Future | Pluperfect | Past Definite |
|---|---|---|
| conduciré | había conducido | conduje |
| conducirás | habías conducido | condujiste |
| conducirá | había conducido | condujo |
| conduciremos | habíamos conducido | condujimos |
| conduciréis | habíais conducido | condujisteis |
| conducirán | habían conducido | condujeron |

| Future Perfect | Past Perfect |
|---|---|
| habré conducido | hube conducido |

## CONDITIONAL
## SUBJUNCTIVE

| Present | Present | Imperfect |
|---|---|---|
| conduciría | conduzca | conduj-era/ese |
| conducirías | conduzcas | conduj-eras/eses |
| conduciría | conduzca | conduj-era/ese |
| conduciríamos | conduzcamos | conduj-éramos/ésemos |
| conduciríais | conduzcáis | conduj-erais/eseis |
| conducirían | conduzcan | conduj-eran/esen |

| Perfect | Perfect | Pluperfect |
|---|---|---|
| habría conducido | haya conducido | hub-iera/iese conducido |

| GERUND | PAST PARTICIPLE | IMPERATIVE |
|---|---|---|
| conduciendo | conducido | conduce, conducid |
| | | conduzca (Vd), conduzcan |
| | | (Vds) |

¿**Sabes conducir?** *Can you drive?*
**Conduce muy deprisa.** *She drives very fast.*
**Nos condujeron por un túnel.** *They led us along a tunnel.*
**Estos cables conducen la electricidad.** *These cables carry the electricity.*
**No te conduce a nada.** *It takes you nowhere.*
**¿A qué conduce?** *What's the point?*
**La depresión le condujo a la bebida.** *Depression drove him to drink.*

**la conducción** *leading, driving*
**el/la conductor(a)** *driver, conductor*
**el conducto** *pipe, tube, conduit*
**la conducencia** *transportation*

**la conducta** *conduct, behaviour, something transported*
**conducente** *conductive to, leading to*

# confesar *to confess, admit* tr. **46**

## INDICATIVE

| Present | Imperfect | Perfect |
|---|---|---|
| confieso | confesaba | he confesado |
| confiesas | confesabas | has confesado |
| confiesa | confesaba | ha confesado |
| confesamos | confesábamos | hemos confesado |
| confesáis | confesabais | habéis confesado |
| confiesan | confesaban | han confesado |

| Future | Pluperfect | Past Definite |
|---|---|---|
| confesaré | había confesado | confesé |
| confesarás | habías confesado | confesaste |
| confesará | había confesado | confesó |
| confesaremos | habíamos confesado | confesamos |
| confesaréis | habíais confesado | confesasteis |
| confesarán | habían confesado | confesaron |

| Future Perfect | Past Perfect |
|---|---|
| habré confesado | hube confesado |

## CONDITIONAL · SUBJUNCTIVE

| Present | Present | Imperfect |
|---|---|---|
| confesaría | confiese | confes-ara/ase |
| confesarías | confieses | confes-aras/ases |
| confesaría | confiese | confes-ara/ase |
| confesaríamos | confesemos | confes-áramos/ásemos |
| confesarías | confeséis | confes-arais/aseis |
| confesarían | confiesen | confes-aran/asen |

| Perfect | Perfect | Pluperfect |
|---|---|---|
| habría confesado | haya confesado | hub-iera/iese confesado |

| GERUND | PAST PARTICIPLE | IMPERATIVE |
|---|---|---|
| confesando | confesado | confiesa, confesad |
| | | confiese (Vd), confiesen (Vds) |

**Me ha confesado su edad.** *He has told me his age.*
**Ha confesado el crimen.** *He has admitted to the crime.*
**Voy a confesar.** *I'm going to confess my sins.*
**Confesó antes de ir a la cárcel.** *He confessed before going to jail.*

**confesar sin reservas** *to admit without reservation*
**la confesión de culpabilidad** *admission of guilt*
**confesarse** *to own up*
**la confesión** *confession, admission*

**confesional** *confessional*
**el confesionario** *confessional*
**el confesante** *penitent*
**confeso** *confessed, converted*
**el confesor** *confessor*

# 47 conocer *to know* tr./intr.

## INDICATIVE

| Present | Imperfect | Perfect |
|---|---|---|
| conozco | conocía | he conocido |
| conoces | conocías | has conocido |
| conoce | conocía | ha conocido |
| conocemos | conocíamos | hemos conocido |
| conocéis | conocíais | habéis conocido |
| conocen | conocían | han conocido |

| Future | Pluperfect | Past Definite |
|---|---|---|
| conoceré | había conocido | conocí |
| conocerás | habías conocido | conociste |
| conocerá | había conocido | conoció |
| conoceremos | habíamos conocido | conocimos |
| conoceréis | habíais conocido | conocisteis |
| conocerán | habían conocido | conocieron |

| Future Perfect | Past Perfect |
|---|---|
| habré conocido | hube conocido |

## CONDITIONAL / SUBJUNCTIVE

| Present | Present | Imperfect |
|---|---|---|
| conocería | conozca | conoc-iera/iese |
| conocerías | conozcas | conoc-iera/ieses |
| conocería | conozca | conoc-iera/iese |
| conoceríamos | conozcamos | conoc-iéramos/iésemos |
| conoceríais | conozcáis | conoc-ierais/ieseis |
| conocerían | conozcan | conoc-ieran/iesen |

| Perfect | Perfect | Pluperfect |
|---|---|---|
| habría conocido | haya conocido | hub-iera/iese conocido |

## GERUND / PAST PARTICIPLE / IMPERATIVE

| GERUND | PAST PARTICIPLE | IMPERATIVE |
|---|---|---|
| conociendo | conocido | conoce, conoced |
| | | conozca (Vd), conozcan (Vds) |

**Conoce su oficio.** *He knows his job.*
**Le conozco desde hace mucho años.** *I've known him for years.*
**La conocimos en Burgos.** *We met her in Burgos.*
**¿Conoces Pamplona?** *Do you know Pamplona?*
**Te daré a conocer en la fiesta.** *I'll introduce you at the party.*
**¿De qué le conoces?** *How do you know him?*
**No me conoce de nada.** *She doesn't know me.*

**conocedor(a)** *expert, knowledgeable*
**conocido/a** *well known, known*
**el conocimiento** *knowledge*
**conocerse** *to know, meet each other*
**la conocencia** *knowledge, confession*

**conocible** *knowable, recognisable*
**conocidamente** *clearly, distinctly*
**se conoce que...** *it is clear that...*
*it is known that...*

# conseguir *to get, achieve, manage to* tr. **48**

## INDICATIVE

| Present | Imperfect | Perfect |
|---|---|---|
| consigo | conseguía | he conseguido |
| consigues | conseguías | has conseguido |
| consigue | conseguía | ha conseguido |
| conseguimos | conseguíamos | hemos conseguido |
| conseguís | conseguíais | habéis conseguido |
| consiguen | conseguían | han conseguido |

| Future | Pluperfect | Past Definite |
|---|---|---|
| conseguiré | había conseguido | conseguí |
| conseguirás | habías conseguido | conseguiste |
| conseguirá | había conseguido | consiguió |
| conseguiremos | habíamos conseguido | conseguimos |
| conseguiréis | habíais conseguido | conseguisteis |
| conseguirán | habían conseguido | consiguieron |

| Future Perfect | Past Perfect |
|---|---|
| habré conseguido | hube conseguido |

## CONDITIONAL · SUBJUNCTIVE

| Present | Present | Imperfect |
|---|---|---|
| conseguiría | consiga | consigu-iera/iese |
| conseguirías | consigas | consigu-ieras/ieses |
| conseguiría | consiga | consigu-iera/iese |
| conseguiríamos | consigamos | consigu-iéramos/iésemos |
| conseguiríais | consigáis | consigu-ierais/ieseis |
| conseguirían | consigan | consigu-ieran/iesen |

| Perfect | Perfect | Pluperfect |
|---|---|---|
| habría conseguido | haya conseguido | hub-iera/iese conseguido |

## GERUND · PAST PARTICIPLE · IMPERATIVE

| consiguiendo | conseguido | consigue, conseguid |
|---|---|---|
| | | consiga (Vd), consigan (Vds) |

**He conseguido hacerlo.** *I have managed to do it.*
**Consiguió un permiso especial.** *He got a special permit.*
**Esperamos conseguirlo.** *We hope to achieve it.*
**He conseguido el apoyo de la OTAN.** *I have achieved the support of NATO.*
**Tenemos que conseguir fondos.** *We have to raise funds.*
**Quiere conseguir un préstamo.** *She wants to secure a loan.*

**conseguido** *successful*
**el conseguimiento** *achievement*
**conseguible** *obtainable*

# 49 consentir *to consent, allow* tr./intr.

## INDICATIVE

| Present | Imperfect | Perfect |
|---|---|---|
| consiento | consentía | he consentido |
| consientes | consentías | has consentido |
| consiente | consentía | ha consentido |
| consentimos | consentíamos | hemos consentido |
| consentís | consentíais | habéis consentido |
| consienten | consentían | han consentido |

| Future | Pluperfect | Past Definite |
|---|---|---|
| consentiré | había consentido | consentí |
| consentirás | habías consentido | consentiste |
| consentiré | había consentido | consintió |
| consentiremos | habíamos consentido | consentimos |
| consentiréis | habíais consentido | consentisteis |
| consentirán | habían consentido | consintieron |

| Future Perfect | Past Perfect |
|---|---|
| habré consentido | hube consentido |

## CONDITIONAL

## SUBJUNCTIVE

| Present | Present | Imperfect |
|---|---|---|
| consentiría | consienta | consint-iera/iese |
| consentirías | consientas | consint-ieras/ieses |
| consentiría | consienta | consint-iera/iese |
| consentiríamos | consintamos | consint-iéramos/iésemos |
| consentiríais | consintáis | consint-ierais/ieseis |
| consentirían | consientan | consint-ieran/iesen |

| Perfect | Perfect | Pluperfect |
|---|---|---|
| habría consentido | haya consentido | hub-iera/iese consentido |

| GERUND | PAST PARTICIPLE | IMPERATIVE |
|---|---|---|
| consintiendo | consentido | consiente, consentid |
| | | consienta (Vd), consientan |
| | | (Vds) |

**No te consentirán hablar.** *They won't let you speak.*
**¡No se puede consentir eso!** *We can't have that!*
**No consiente más peso.** *It won't take any more weight.*
**Te consiento otro.** *I'll allow you to have another one.*
**Consiento en hacerlo.** *I agree to do it.*

**consentido/a** *spoiled, pampered*            **el consentimiento** *consent*
**el marido consentido** *complaisant husband*  **el consenso** *consensus*
**consentidor(a)** *indulgent, weak*

# contar   *to count; to tell, narrate*   tr./intr. **50**

## INDICATIVE

| Present | Imperfect | Perfect |
|---|---|---|
| cuento | contaba | he contado |
| cuentas | contabas | has contado |
| cuenta | contaba | ha contado |
| contamos | contábamos | hemos contado |
| contáis | contabais | habéis contado |
| cuentan | contaban | han contado |

| Future | Pluperfect | Past Definite |
|---|---|---|
| contaré | había contado | conté |
| contarás | habías contado | contaste |
| contará | habías contado | contó |
| contaremos | habíamos contado | contamos |
| contaréis | habíais contado | contasteis |
| contarán | habían contado | contaron |

| Future Perfect | Past Perfect |
|---|---|
| habré contado | hube contado |

## CONDITIONAL          SUBJUNCTIVE

| Present | Present | Imperfect |
|---|---|---|
| contaría | cuente | cont-ara/ase |
| contarías | cuentes | cont-aras/ases |
| contaría | cuente | cont-ara/ase |
| contaríamos | contemos | cont-áramos/ásemos |
| contaríais | contéis | cont-arais/aseis |
| contarían | cuenten | cont-aran/asen |

| Perfect | Perfect | Pluperfect |
|---|---|---|
| habría contado | haya contado | hub-iera/iese contado |

| GERUND | PAST PARTICIPLE | IMPERATIVE |
|---|---|---|
| contando | contado | cuenta, contad |
| | | cuente (Vd), cuenten (Vds) |

**Cuenta del 1 al 10.** *Count from 1 to 10.*
**Me solía contar cuentos de hadas.** *She used to tell me fairy stories.*
**Te contaré lo que pasó.** *I'll tell you what happened.*
**Es muy largo de contar.** *It's a long story.*
**Cuenta con que es más fuerte que tú.** *Bear in mind that he's stronger than you.*
**¡Cuenta conmigo!** *Trust me!*
**No contaban con eso.** *They hadn't bargained for that.*
**¡Cuéntaselo a tu abuela!** *Tell it to the marines!*

**el contador** *counter, meter*
**el cuento** *story, tale*
**el cuentista** *storyteller; gossip*
**el pago al contado** *cash payment*
**la cuenta** *account, calculation, bill*

**el cuentakilómetros** *milometer, speedometer*
**el cuentagotas** *dropper*
**el dinero contante (y sonante)** *ready cash*

# 51 convertir *to convert, change* tr.

## INDICATIVE

| Present | Imperfect | Perfect |
|---|---|---|
| convierto | convertía | he convertido |
| conviertes | convertías | has convertido |
| convierte | convertía | ha convertido |
| convertimos | convertíamos | hemos convertido |
| convertís | convertíais | habéis convertido |
| convierten | convertían | han convertido |

| Future | Pluperfect | Past Definite |
|---|---|---|
| convertiré | había convertido | convertí |
| convertirás | habías convertido | convertiste |
| convertirá | había convertido | convirtió |
| convertiremos | habíamos convertido | convertimos |
| convertiréis | habíais convertido | convertisteis |
| convertirán | habían convertido | convirtieron |

| Future Perfect | Past Perfect |
|---|---|
| habré convertido | hube convertido |

## CONDITIONAL    SUBJUNCTIVE

| Present | Present | Imperfect |
|---|---|---|
| convertiría | convierta | convit-iera/iese |
| convertirías | conviertas | convit-iera/ieses |
| convertiría | convierta | convit-iera/iese |
| convertiríamos | convirtamos | convit-iéramos/iésemos |
| convertirías | convirtáis | convit-ierais/ieseis |
| convertirían | conviertan | convit-ieran/iesen |

| Perfect | Perfect | Pluperfect |
|---|---|---|
| habría convertido | haya convertido | hub-iera/iese convertido |

## GERUND    PAST PARTICIPLE    IMPERATIVE

| GERUND | PAST PARTICIPLE | IMPERATIVE |
|---|---|---|
| convirtiendo | convertido | convierte, convertid |
| | | convierta (Vd), conviertan |
| | | (Vds) |

**Quiero convertir libras en euros.** *I want to change pounds into euros.*
**Convertimos en divisas.** *We change foreign currency.*
**Conviértelo en efectivo.** *Turn it into cash.*
**Se ha convertido al catolicismo.** *He has converted to Catholicism.*
**Se convirtió en una rana.** *He turned into a frog.*

**el/la conversor(a)** *converter*
**convertible** *convertible*
**el convertidor** *converter*
**la conversión** *conversion*

**converso/a** *coverted, convert*
**la convertibilidad** *convertibility*
**convertirse en** *to be transformed into*
**convertirse a** *to be converted to*

# corregir *to correct, put right* tr. **52**

## INDICATIVE

| Present | Imperfect | Perfect |
|---|---|---|
| corrijo | corregía | he corregido |
| corriges | corregías | has corregido |
| corrige | corregía | ha corregido |
| corregimos | corregíamos | hemos corregido |
| corregís | corregíais | habéis corregido |
| corrigen | corregían | han corregido |

| Future | Pluperfect | Past Definite |
|---|---|---|
| corregiré | había corregido | corregí |
| corregirás | habías corregido | corregiste |
| corregirá | había corregido | corrigió |
| corregiremos | habíamos corregido | corregimos |
| corregiréis | habíais corregido | corregisteis |
| corregirán | habían corregido | corrigieron |

| Future Perfect | Past Perfect |
|---|---|
| habré corregido | hube corregido |

## CONDITIONAL · SUBJUNCTIVE

| Present | Present | Imperfect |
|---|---|---|
| corregiría | corrija | corrig-iera/iese |
| corregirías | corrijas | corrig-ieras/ieses |
| corregiría | corrija | corrig-iera/iese |
| corregiríamos | corrijamos | corrig-iéramos/iésemos |
| corregiríais | corrijáis | corrig-ierais/ieseis |
| corregirían | corrijan | corrig-ieran/iesen |

| Perfect | Perfect | Pluperfect |
|---|---|---|
| habría corregido | haya corregido | hub-iera/iese corregido |

| GERUND | PAST PARTICIPLE | IMPERATIVE |
|---|---|---|
| corrigiendo | corregido | corrige, corregid |
| | | corrija (Vd), corrijan (Vds) |

**Tengo que corregir exámenes.** *I have to mark exams.*
**Voy a corregir un defecto.** *I'm going to remove a defect.*
**Me corrigió delante de todos.** *He corrected me in front of everybody.*
**Te lo he corregido.** *I have put it right for you.*

**la corrección** *correction, adjustment*
**correcto/a** *right, correct; polite*
**el/la corrector(a)** *proofreader*

**correccional** *reformatory*
**corregible** *rectifiable*
**corregirse** *to reform oneself*

# 53 costar  *to cost; to be difficult*  intr.

## INDICATIVE

| Present | Imperfect | Perfect |
|---|---|---|
| cuesto | costaba | he costado |
| cuestas | costabas | has costado |
| cuesta | costaba | ha costado |
| costamos | costábamos | hemos costado |
| costáis | costabais | habéis costado |
| cuestan | costaban | han costado |

| Future | Pluperfect | Past Definite |
|---|---|---|
| costaré | había constado | costé |
| costarás | habías costado | costaste |
| costará | había costado | costó |
| costaremos | habíamos costado | costamos |
| costaréis | habíais costado | costateis |
| costarán | habían costado | costaron |

| Future Perfect | Past Perfect |
|---|---|
| habré costado | hube costado |

## CONDITIONAL  SUBJUNCTIVE

| Present | Present | Imperfect |
|---|---|---|
| costaría | cueste | cost-ara/ase |
| costarías | cuestes | cost-aras/ases |
| costaría | cueste | cost-ara/ase |
| costaríamos | costemos | cost-áramos/ásemos |
| costaríais | costéis | cost-arais/aseis |
| costarían | cuesten | cost-aran/asen |

| Perfect | Perfect | Pluperfect |
|---|---|---|
| habría costado | haya costado | hub-iera/iese costado |

## GERUND  PAST PARTICIPLE  IMPERATIVE

| | | |
|---|---|---|
| costando | costado | cuesta, costad |
| | | cueste (Vd), cuesten (Vds) |

**¿Cuánto cuesta?** *How much is it?*
**Cuesta 1.000 €.** *It costs 1000 euros.*
**No cuestan muy caras.** *They are not very expensive.*
**Cuesta unos minutos hacerlo.** *It takes a few minutes to do it.*
**Cuesta un ojo de la cara.** *It costs an arm and a leg.*
**Me cuesta mucho hablar español.** *I find it difficult to speak Spanish.*
**Nos costó creerlo.** *We found it difficult to believe.*

**el coste** *cost, price; expense*
**el costo** *cost*
**costoso/a** *expensive; costly*

**costo efectivo** *actual cost*
**costo, seguro y flete** *cost, insurance and freight*

# **crecer** *to grow, increase* intr. **54**

## INDICATIVE

| Present | Imperfect | Perfect |
|---|---|---|
| crezco | crecía | he crecido |
| creces | crecías | has crecido |
| crece | crecía | ha crecido |
| crecemos | crecíamos | hemos crecido |
| crecéis | crecíais | habéis crecido |
| crecen | crecían | han crecido |

| Future | Pluperfect | Past Definite |
|---|---|---|
| creceré | había crecido | crecí |
| crecerás | había crecido | creciste |
| crecerá | había crecido | creció |
| creceremos | habíamos crecido | crecimos |
| creceréis | habíais crecido | crecisteis |
| crcerán | habían crecido | crecieron |

| Future Perfect | Past Perfect |
|---|---|
| habré crecido | hube crecido |

## CONDITIONAL     SUBJUNCTIVE

| Present | Present | Imperfect |
|---|---|---|
| crecería | crezca | crec-iera/iese |
| crecerías | crezcas | crec-ieras/ieses |
| crecería | crezca | crec-iera/iese |
| creceríamos | crezcamos | crec-iéramos/iésemos |
| creceríais | crezcáis | crec-ierais/ieseis |
| crecerían | crezcan | crec-ieran/iesen |

| Perfect | Perfect | Pluperfect |
|---|---|---|
| habría crecido | haya crecido | hub-iera/iese crecido |

| GERUND | PAST PARTICIPLE | IMPERATIVE |
|---|---|---|
| creciendo | crecido | crece, creced |
| | | crezca (Vd), crezcan (Vds) |

**Algunas plantas crecen rápidamente.** *Some plants grow very quickly.*
**Se deja crecer el pelo y la barba.** *He lets his hair and beard grow.*
**El niño ha crecido mucho.** *The boy has grown a lot.*
**El árbol no hace más que crecer.** *The tree does not stop growing.*
**El río crece todos los inviernos.** *The river swells every winter.*
**Crece un punto.** *Increase a stitch.*
**Enrique ve crecer la hierba.** *Enrique is very sharp.*

**la luna creciente** *crescent moon*
**el crecimiento** *growing, growth, increase, rise*
**las creces** *increase, excess*
**devolver con creces** *to repay with interest*

**crecedero/a** *growing*
**la crecida** *swelling of a river*
**crecidamente** *amply, abundantly, in excess*
**crecido/a** *grown, numerous*

# 55 dar *to give* tr.

## INDICATIVE

| Present | Imperfect | Perfect |
|---|---|---|
| doy | daba | he dado |
| das | dabas | has dado |
| da | daba | ha dado |
| damos | dábamos | hemos dado |
| dais | dabais | habéis dado |
| dan | daban | han dado |

| Future | Pluperfect | Past Definite |
|---|---|---|
| daré | había dado | di |
| darás | habías dado | diste |
| dará | había dado | dio |
| daremos | habíamos dado | dimos |
| daréis | habíais dado | disteis |
| darán | habían dado | dieron |

| Future Perfect | Past Perfect | |
|---|---|---|
| habré dado | hube dado | |

## CONDITIONAL · SUBJUNCTIVE

| Present | Present | Imperfect |
|---|---|---|
| daría | dé | di-era/ese |
| darías | des | di-eras/eses |
| daría | dé | di-era/ese |
| daríamos | demos | di-éramos/ésemos |
| daríais | deis | di-erais/eseis |
| darían | den | di-eran/esen |

| Perfect | Perfect | Pluperfect |
|---|---|---|
| habría dado | haya dado | hub-iera/iese dado |

| GERUND | PAST PARTICIPLE | IMPERATIVE |
|---|---|---|
| dando | dado | da, dad |
| | | dé (Vd), den (Vds) |

**Dame el libro, por favor.** *Give me the book, please.*
**¿Le quieres dar el mensaje?** *Can you give him the message?*
**Me han dado un regalo.** *I have been given a present.*
**¡Ahí me las den todas!** *That won't bother me!*
**Han dado las cuatro.** *It's four o'clock.*
**¡Y dale que dale!** *Here we go again!*
**Da lo mismo.** *It doesn't matter.*
**No se me da mal.** *I'm not doing too badly.*

**el/la dador(a)** *donor, giver, bearer*
**el dador de sangre** *blood donor*
**los dares y tomares** *give and take*

**la dádiva** *present, gift*
**dar de comer** *to feed*
**dado que** *provided that, given that*

# deber *to owe, must, ought to* tr. **56**

## INDICATIVE

| Present | Imperfect | Perfect |
|---------|-----------|---------|
| debo | debía | he debido |
| debes | debías | has debido |
| debe | debía | ha debido |
| debemos | debíamos | hemos debido |
| debéis | debíais | habéis debido |
| deben | debían | han debido |

| Future | Pluperfect | Past Definite |
|--------|-----------|---------------|
| deberé | había debido | debí |
| deberás | habías debido | debiste |
| dcbcrá | había debido | debió |
| deberemos | habíamos debido | debimos |
| deberéis | habíais debido | debisteis |
| deberán | habían debido | debieron |

| Future Perfect | Past Perfect |
|----------------|--------------|
| habré debido | hube debido |

## CONDITIONAL    SUBJUNCTIVE

| Present | Present | Imperfect |
|---------|---------|-----------|
| debería | deba | dcb-icra/icsc |
| deberías | debas | deb-ieras/ieses |
| debería | deba | deb-iera/iese |
| deberíamos | debamos | deb-iéramos/iésemos |
| deberíais | debáis | deb-ierais/ieseis |
| deberían | deban | deb-ieran/iesen |

| Perfect | Perfect | Pluperfect |
|---------|---------|------------|
| habría debido | haya debido | hub-iera/iese debido |

## GERUND    PAST PARTICIPLE    IMPERATIVE

| GERUND | PAST PARTICIPLE | IMPERATIVE |
|--------|-----------------|------------|
| debiendo | debido | debe, debed |
| | | deba (Vd), deban (Vds) |

**Me debes £5.** *You owe me £5.*
**Debo hacerlo.** *I must do it.*
**Debieran ir.** *They ought to go.*
**Debe ser así.** *It must be like that.*
**Has debido perderlo.** *You must have lost it.*
**Debe ser argentino.** *He must be Argentinian.*
**¿A qué se debe esto?** *What's that for?*

**el deber** *duty*
**los deberes** *homework*
**debido/a** *due, proper, just*

**debidamente** *properly*
**el debe** *debit*
**debido a** *due to*

# 57 decir *to say, tell* tr.

## INDICATIVE

| Present | Imperfect | Perfect |
|---|---|---|
| digo | decía | he dicho |
| dices | decías | has dicho |
| dice | decía | ha dicho |
| decimos | decíamos | hemos dicho |
| decís | decíais | habéis dicho |
| dicen | decían | han dicho |

| Future | Pluperfect | Past Definite |
|---|---|---|
| diré | había dicho | dije |
| dirás | habías dicho | dijiste |
| dirá | había dicho | dijo |
| diremos | habíamos dicho | dijimos |
| diréis | habíais dicho | dijisteis |
| dirán | habían dicho | dijeron |

| Future Perfect | Past Perfect |
|---|---|
| habré dicho | hube dicho |

## CONDITIONAL          SUBJUNCTIVE

| Present | Present | Imperfect |
|---|---|---|
| diría | diga | dij-era/ese |
| dirías | digas | dij-eras/eses |
| diría | diga | dij-era/ese |
| diríamos | digamos | dij-éramos/ésemos |
| diríais | digáis | dij-erais/eseis |
| dirían | digan | dij-eran/esen |

| Perfect | Perfect | Pluperfect |
|---|---|---|
| habría dicho | haya dicho | hub-iera/iese dicho |

| GERUND | PAST PARTICIPLE | IMPERATIVE |
|---|---|---|
| diciendo | dicho | di, decid |
| | | diga (Vd), digan (Vds) |

**Dicen que hace calor.** *They say it is hot.*
**No dijo nada.** *He said nothing.*
**¿Cómo has dicho?** *What did you say?*
**Le dicen 'majo'.** *They call him 'majo'.*
**No lo digo por ti.** *I don't mean you.*
**como quien no dice nada** *casually, as though it wasn't important*
**digan lo que digan** *whatever they may say*
**¡Diga! ¡Dígame!** *Hello! (on phone)*

**el dicho** *saying, proverb*
**mejor dicho** *rather*
**dicho y hecho** *no sooner said than done*

**es un decir** *it's just a saying*
**decires** *gossip*

# defender *to defend* tr. **58**

## INDICATIVE

| Present | Imperfect | Perfect |
|---|---|---|
| defiendo | defendía | he defendido |
| defiendes | defendías | has defendido |
| defiende | defendía | ha defendido |
| defendemos | defendíamos | hemos defendido |
| defendéis | defendíais | habéis defendido |
| defienden | defendían | han defendido |

| Future | Pluperfect | Past Definite |
|---|---|---|
| defenderé | había defendido | defendí |
| defenderás | habías defendido | defendiste |
| defenderá | había defendido | defendió |
| defenderemos | habíamos defendido | defendimos |
| defenderéis | habíais defendido | defendisteis |
| defenderán | habían defendido | defendieron |

| Future Perfect | Past Perfect |
|---|---|
| habré defendido | hube defendido |

## CONDITIONAL      SUBJUNCTIVE

| Present | Present | Imperfect |
|---|---|---|
| defendería | defienda | defend-iera/iese |
| defenderías | defiendas | defend-ieras/ieses |
| defendería | defienda | defend-iera/iese |
| defenderíamos | defendamos | defend-iéramos/iésemos |
| defenderíais | defendáis | defend-ierais/ieseis |
| defenderían | defiendan | defend-irean/iesen |

| Perfect | Perfect | Pluperfect |
|---|---|---|
| habría defendido | haya defendido | hub-iera/iese defendido |

## GERUND      PAST PARTICIPLE      IMPERATIVE

| GERUND | PAST PARTICIPLE | IMPERATIVE |
|---|---|---|
| defendiendo | defendido | defiende, defended |
| | | defienda (Vd), defiendan (Vds) |

**Se defienden de sus enemigos.** *They defend themselves from their enermies.*
**La gallina defiende a sus pollitos.** *The hen defends her chicks.*
**El muro nos defenderá del viento.** *The wall will protect us from the wind.*
**Sirve para defenderme contra el frío.** *It's to protect me from the cold.*
**Nos vamos defendiendo.** *We are managing.*
**Me defiendo en español.** *I can get by in Spanish.*
**Se defendieron bien.** *They did well.*
**¡Defiéndeme!** *Help me!*

**la defensa** *defence*
**en defensa propia** *in self defence*
**la defensa pasiva** *civil defence*
**las defensas costeras** *coastal defences*

**defensivo/a** *defensive*
**el/la defensor(a)** *defender, protector*
**estar a la defensiva** *to be on the defensive*

# 59 deferir *defer, delegate* tr./intr.

## INDICATIVE

| Present | Imperfect | Perfect |
|---|---|---|
| defiero | defería | he deferido |
| defieres | deferías | has deferido |
| defiere | defería | ha deferido |
| deferimos | deferíamos | hemos deferido |
| deferís | deferíais | habéis deferido |
| defieren | deferían | han deferido |

| Future | Pluperfect | Past Definite |
|---|---|---|
| deferiré | había deferido | deferí |
| deferirás | habías deferido | deferiste |
| deferirá | había deferido | defirió |
| deferiremos | habíamos deferido | deferimos |
| deferiréis | habíais deferido | deferisteis |
| deferirán | habían deferido | defirieron |

| Future Perfect | Past Perfect |
|---|---|
| habré deferido | hube deferido |

## CONDITIONAL  /  SUBJUNCTIVE

| Present | Present | Imperfect |
|---|---|---|
| deferiría | defiera | defir-iera/iese |
| deferirías | defieras | defir-ieras/ieses |
| deferiría | defiera | defir-iera/iese |
| deferiríamos | defiramos | defir-iéramos/iésemos |
| deferiríais | defiráis | defir-ierais/ieseis |
| deferirían | defieran | defir-ieran/iesen |

| Perfect | Perfect | Pluperfect |
|---|---|---|
| habría deferido | haya deferido | hub-iera/iese deferido |

## GERUND  /  PAST PARTICIPLE  /  IMPERATIVE

| GERUND | PAST PARTICIPLE | IMPERATIVE |
|---|---|---|
| defiriendo | deferido | defiere, deferid |
| | | defiera (Vd), defieran (Vds) |

**Quiero deferirle mi puesto.** *I would like you to have my place.*
**Te defiero mi responsabilidad.** *I give you my responsibilities.*
**No quiere deferir sus cargos.** *He doesn't want to delegate his position.*
**Estoy tan agradecida que les deferiré mis privilegios.** *I am so grateful that I shall delegate my privileges to them.*

**por deferencia** *out of deference*
**la deferencia** *deference*
**deferente** *deferential*

**deferido/a** *referred*
**el juramento deferido** *oath*

# delinquir *to break the law, offend* intr. **60**

## INDICATIVE

| Present | Imperfect | Perfect |
|---|---|---|
| delinco | delinquía | he delinquido |
| delinques | delinquías | has delinquido |
| delinque | delinquía | ha delinquido |
| delinquimos | delinquíamos | hemos delinquido |
| delinquís | delinquíais | habéis delinquido |
| delinquen | delinquían | han delinquido |

| Future | Pluperfect | Past Definite |
|---|---|---|
| delinquiré | había delinquido | delinquí |
| delinquirás | habías delinquido | delinquiste |
| delinquirá | había delinquido | delinquió |
| delinquiremos | habíamos delinquido | delinquimos |
| delinquiréis | habíais delinquido | delinquisteis |
| delinquirán | habían delinquido | delinquieron |

| Future Perfect | Past Perfect |
|---|---|
| habré delinquido | hube delinquido |

## CONDITIONAL    SUBJUNCTIVE

| Present | Present | Imperfect |
|---|---|---|
| delinquiría | delinca | delinqu-iera/iese |
| delinquirías | delincas | delinqu-ieras/ieses |
| delinquiría | delinca | delinqu-iera/iese |
| delinquiríamos | delincamos | delinqu-iéramos/ésemos |
| delinquiríais | delincáis | delinqu-ierais/eseis |
| delinquirían | delincan | delinqu-ieran/iesen |

| Perfect | Perfect | Pluperfect |
|---|---|---|
| habría delinquido | haya delinquido | hub-iera/iese delinquido |

## GERUND    PAST PARTICIPLE    IMPERATIVE

| GERUND | PAST PARTICIPLE | IMPERATIVE |
|---|---|---|
| delinquiendo | delinquido | delinque, delinquid<br>delinca (Vd), delincan (Vds) |

**Han delinquido en numerosas ocasiones.** *They have committed numerous offences.*
**No creo que delinca otra vez.** *I don't think he will offend again.*
**Muchos drogadictos delinquen.** *Many drug addicts break the law.*
**En la guerra ambas partes delinquían.** *In the war, both sides broke the law.*

**el delito** *crime, offence*
**el delito de incendio** *arson*
**el delito menor** *minor offence*
**el delito de sangre** *violent crime*

**la delincuencia** *delinquency*
**el/la delictivo/a** *criminal*
**el delinquimiento** *delinquency, guilt*
**el/la delincuente** *delinquent*

# 61 demoler *to demolish, pull down*   tr.

## INDICATIVE

| Present | Imperfect | Perfect |
|---|---|---|
| demuelo | demolía | he demolido |
| demueles | demolías | has demolido |
| demuele | demolía | ha demolido |
| demolemos | demolíamos | hemos demolido |
| demoléis | demolíais | habéis demolido |
| demuelen | demolían | han demolido |

| Future | Pluperfect | Past Definite |
|---|---|---|
| demoleré | había demolido | demolí |
| demolerás | habías demolido | demoliste |
| demolerá | había demolido | demolió |
| demoleremos | habíamos demolido | demolimos |
| demoleréis | habíais demolido | demolisteis |
| demolerán | habían demolido | demolieron |

| Future Perfect | Past Perfect |
|---|---|
| habré demolido | hube demolido |

## CONDITIONAL       SUBJUNCTIVE

| Present | Present | Imperfect |
|---|---|---|
| demolería | demuela | demol-iera/iese |
| demolerías | demuelas | demol-ieras/ieses |
| demolería | demuela | demol-iera/iese |
| demoleríamos | demolamos | demol-iéramos/iésemos |
| demoleríais | demoláis | demol-ierais/ieseis |
| demolerían | demuelan | demol-ieran/iesen |

| Perfect | Perfect | Pluperfect |
|---|---|---|
| habría demolido | haya demolido | hub-iera/iese demolido |

## GERUND       PAST PARTICIPLE       IMPERATIVE

| GERUND | PAST PARTICIPLE | IMPERATIVE |
|---|---|---|
| demoliendo | demolido | demuele, demoled |
| | | demuela (Vd), demuelan (Vds) |

**Voy a demoler el edificio.** *I am going to pull down the building.*
**Está demoliendo la cocina.** *He's demolishing the kitchen.*
**Demolieron la catedral.** *They demolished the cathedral.*
**Los godos demolieron el Imperio Romano.** *The Goths brought down the Roman Empire.*
**Su ambición es demoler la organización.** *His ambition is to demolish the organization.*

**demoledor(a)** *powerful, devastating*
**el argumento demoledor** *powerful argument*
**la demolición** *demolition*

**el ataque demoledor** *shattering attack*
**la ovación demoledora** *overwhelming ovation, thunderous applause*

# demostrar *to prove, demonstrate* tr. **62**

## INDICATIVE

| Present | Imperfect | Perfect |
|---|---|---|
| demuestro | demostraba | he demostrado |
| demuestras | demostrabas | has demostrado |
| demuestra | demostraba | ha demostrado |
| demostramos | demostrábamos | hemos demostrado |
| demostráis | demostrabais | habéis demostrado |
| demuestran | demostraban | han demostrado |

| Future | Pluperfect | Past Definite |
|---|---|---|
| demostraré | había demostrado | demostré |
| demostrarás | habías demostrado | demostraste |
| demostrará | había demostrado | demostró |
| demostraremos | habíamos demostrado | demostramos |
| demostraréis | habíais demostrado | demostrasteis |
| demostrarán | habían demostrado | demostraron |

| Future Perfect | Past Perfect |
|---|---|
| habré demostrado | hube demostrado |

## CONDITIONAL SUBJUNCTIVE

| Present | Present | Imperfect |
|---|---|---|
| demostraría | demuestre | demostr-ara/ase |
| demostrarías | demuestres | demostr-aras/ases |
| demostraría | demuestre | demostr-ara/ase |
| demostraríamos | demostremos | demostr-áramos/ásemos |
| demostraríais | demostréis | demostr-arais/aseis |
| demostrarían | demuestren | demostr-aran/asen |

| Perfect | Perfect | Pluperfect |
|---|---|---|
| habría demostrado | haya demostrado | hub-iera/iese demostrado |

## GERUND PAST PARTICIPLE IMPERATIVE

| GERUND | PAST PARTICIPLE | IMPERATIVE |
|---|---|---|
| demostrando | demostrado | demuestra, demostrad |
| | | demuestre (Vd), demuestren |
| | | (Vds) |

**Tengo una prueba para demostrarlo.** *I've got something to prove it.*
**Magallanes demostró que la tierra es redonda.** *Magellan proved that the earth is round.*
**Te demostraré el teorema.** *I shall demonstrate the theorem.*
**Nos demostró cómo funciona.** *He showed us how it works.*
**No puedes demostrarme nada.** *You can't prove anything against me.*

**la demostración** *demonstration, show; proof*
**la demostración de fuerza** *show of force*
**la demostración comercial** *trade exhibition*
**demostrar que...** *to show that...*

**demostrativo** *demonstrative*
**demostrable** *demonstrable, provable*
**la demostrabilidad** *provability*

# 63 dentar   *to indent; to cut teeth*   tr./intr.

## INDICATIVE

| Present | Imperfect | Perfect |
|---|---|---|
| diento | dentaba | he dentado |
| dientas | dentabas | has dentado |
| dienta | dentaba | ha dentado |
| dentamos | dentábamos | hemos dentado |
| dentáis | dentabais | habéis dentado |
| dientan | dentaban | han dentado |

| Future | Pluperfect | Past Definite |
|---|---|---|
| dentaré | había dentado | denté |
| dentarás | habías dentado | dentaste |
| dentará | había dentado | dentó |
| dentaremos | habíamos dentado | dentamos |
| dentaréis | habías dentado | dentasteis |
| dentarán | habían dentado | dentaron |

| Future Perfect | Past Perfect |
|---|---|
| habré dentado | hube dentado |

## CONDITIONAL     SUBJUNCTIVE

| Present | Present | Imperfect |
|---|---|---|
| dentaría | diente | dent-ara/ase |
| dentarías | dientes | dent-aras/ases |
| dentaría | diente | dent-ara/ase |
| dentaríamos | dentemos | dent-áramos/ásemos |
| dentaríais | dentéis | dent-arais/aseis |
| dentarían | dientan | dent-aran/asen |

| Perfect | Perfect | Pluperfect |
|---|---|---|
| habría dentado | haya dentado | hub-iera/iese dentado |

## GERUND     PAST PARTICIPLE     IMPERATIVE

| | | |
|---|---|---|
| dentado | dentado | dienta, dentad |
| | | diente (Vd), dienten (Vds) |

**Quiero dentar la hoja de papel.** *I want to make a perforated edge on the paper.*
**¿Lo habéis dentado?** *Have you indented it?*
**¿Ha dentado el bebé?** *Has the baby cut any teeth?*

**dentado/a** *toothed, jagged, indented*
**dental** *dental*
**la dentadura** *dentures, teeth*
**dentadura postiza** *false teeth*

**dentellado/a** *serrated, indented*
**el diente** *tooth*
**un sello sin dentar** *imperforate stamp*

# derretir *to melt, thaw* tr. **64**

## INDICATIVE

| Present | Imperfect | Perfect |
|---|---|---|
| derrito | derretía | he derretido |
| derrites | derretías | has derretido |
| derrite | derretía | ha derretido |
| derretimos | derretíamos | hemos derretido |
| derretís | derretíais | habéis derretido |
| derriten | derretían | han derretido |

| Future | Pluperfect | Past Definite |
|---|---|---|
| derretiré | había derretido | derretí |
| derretirás | habías derretido | derretiste |
| derretirá | había derretido | derritió |
| derretiremos | habíamos derretido | derretimos |
| derretiréis | habíais derretido | derretisteis |
| derretirán | habían derretido | derritieron |

| Future Perfect | Past Perfect |
|---|---|
| habré derretido | hube derretido |

## CONDITIONAL / SUBJUNCTIVE

| Present | Present | Imperfect |
|---|---|---|
| derretiría | derrita | derrit-iera/iese |
| derretirías | derritas | derrit-ieras/ieses |
| derretiría | derrita | derrit-iera/iese |
| derretiríamos | derritamos | derrit-iéramos/iésemos |
| derretiríais | derritáis | derrit-ierais/ieseis |
| derretirían | derritan | derrit-ieran/iesen |

| Perfect | Perfect | Pluperfect |
|---|---|---|
| habría derretido | haya derretido | hub-iera/iese derretido |

## GERUND / PAST PARTICIPLE / IMPERATIVE

| GERUND | PAST PARTICIPLE | IMPERATIVE |
|---|---|---|
| derritiendo | derretido | derrite, derretid |
| | | derrita (Vd), derritan (Vds) |

**Derrite la mantequilla primero.** *First melt the butter.*
**Se me ha derretido el helado.** *My ice-cream has melted.*
**El sol derretirá la nieve.** *The sun will thaw the snow.*
**Don Juan derrite a las señoras.** *Don Juan makes the ladies fall in love with him.*
**Se derrite por Pedro.** *She is crazy about Pedro.*
**Miguel me derrite con sus bromas.** *Miguel exasperates me with is jokes.*
**Acabo de derretir mi billete de 500 €.** *I've just changed my 500 euro note.*

**derretido** *melted, thawed*
**derretido al vapor** *reduced to steam*
**el derretimiento** *melting, thawing; (fig.) squandering*

**derretirse** *to liquefy*
**derretirse por una** *to be crazy about somebody*

# 65 desalentar *make breathless, discourage* tr.

## INDICATIVE

| Present | Imperfect | Perfect |
|---|---|---|
| desaliento | desalentaba | he desalentado |
| desalientas | desalentabas | has desalentado |
| desalienta | desalentaba | ha desalentado |
| desalentamos | desalentábamos | hemos desalentado |
| desalentáis | desalentabais | habéis desalentado |
| desalientan | desalentaban | han desalentado |

| Future | Pluperfect | Past Definite |
|---|---|---|
| desalentaré | había desalentado | desalenté |
| desalentarás | habías desalentado | desalentaste |
| desalentará | había desalentado | desalentó |
| desalentaremos | había desalentado | desalentamos |
| desalentaréis | había desalentado | desalentasteis |
| desalentarán | habían desalentado | desalentaron |

| Future Perfect | Past Perfect |
|---|---|
| habré desalentado | hube desalentado |

## CONDITIONAL

## SUBJUNCTIVE

| Present | Present | Imperfect |
|---|---|---|
| desalentaría | desaliente | desalent-ara/ase |
| desalentarías | desalientes | desalent-aras/ases |
| desalentaría | desaliente | desalent-ara/ase |
| desalentaríamos | desalentemos | desalent-áramos/ásemos |
| desalentaríais | desalentéis | desalent-arais/aseis |
| desalentarían | desalienten | desalen-aran/asen |

| Perfect | Perfect | Pluperfect |
|---|---|---|
| habría desalentado | haya desalentado | hub-iera/iese desalentado |

| GERUND | PAST PARTICIPLE | IMPERATIVE |
|---|---|---|
| desalentando | desalentado | desalienta, desalentad desaliente (Vd), desalienten (Vds) |

**El correr me desalienta.** *Running makes me breathless.*
**Se desalientan subiendo las escaleras.** *Going upstairs makes them breathless.*
**La muerte de su mujer le desalentó mucho.** *His wife's death affected him badly.*
**No desalientes a Pedro.** *Don't discourage Pedro.*
**Se desalientan porque han perdido el partido.** *They are discouraged because they have lost the match.*

**desalentarse** *to lose heart, get discouraged*
**el desaliento** *discouragement, depression*
**desalentado/a** *discouraged*

**desalentador(a)** *discouraging*
**desalentadamente** *dispiritedly, faintly*

# descender  *to descend, go down*  tr./intr. **66**

## INDICATIVE

| Present | Imperfect | Perfect |
|---|---|---|
| desciendo | descendía | he descendido |
| desciendes | descendías | has descendido |
| desciende | descendía | ha descendido |
| descendemos | descendíamos | hemos descendido |
| descendéis | descendíais | habéis descendido |
| descienden | descendían | han descendido |

| Future | Pluperfect | Past Definite |
|---|---|---|
| descenderé | había descendido | descendí |
| descenderás | habías descendido | descendiste |
| descenderá | había descendido | descendió |
| descenderemos | habíamos descendido | descendimos |
| descenderéis | habíais descendido | descendisteis |
| descenderán | habían descendido | descendieron |

| Future Perfect | Past Perfect |
|---|---|
| habré descendido | hube descendido |

## CONDITIONAL · SUBJUNCTIVE

| Present | Present | Imperfect |
|---|---|---|
| descendería | descienda | descend-iera/iese |
| descenderías | desciendas | descend-ieras/ieses |
| descendería | descienda | descend-iera/iese |
| descenderíamos | descendamos | descend-iéramos/iésemos |
| descenderíais | descendáis | descend-ierais/ieseis |
| descenderían | desciendan | descend-ieran/iesen |

| Perfect | Perfect | Pluperfect |
|---|---|---|
| habría descendido | haya descendido | hub-iera/iese descendido |

## GERUND · PAST PARTICIPLE · IMPERATIVE

| GERUND | PAST PARTICIPLE | IMPERATIVE |
|---|---|---|
| descendiendo | descendido | desciende, descended |
| | | descienda (Vd), desciendan |
| | | (Vds) |

**Desciende las escaleras.** *She goes down the stairs.*
**Ha descendido el nivel del agua.** *The level of water has gone down.*
**Anoche descendió la temperatura.** *The temperature dropped last night.*
**¿Le descenderá la temperatura?** *Will his temperatire come down?*
**La tribu desciende del Tibet.** *The tribe comes from Tibet.*
**El Cid no desciende de linaje de reyes.** *El Cid does not come from a line of kings.*
**'Verbo' desciende de 'verbum'.** *'Verbo' derives from 'verbum'.*

**el descenso** *descent, going down, drop, fall*
**el/la descendiente** *descendant*
**el descendimiento** *lowering, descent*

**descendente** *descending*
**la descendencia** *origin, offspring, descendants*

# 67 descolgar *to take down, unhook* tr.

## INDICATIVE

| Present | Imperfect | Perfect |
|---|---|---|
| descuelgo | descolgaba | he descolgado |
| descuelgas | descolgabas | has descolgado |
| descuelga | descolgaba | has decolgado |
| descolgamos | descolgábamos | hemos descolado |
| descolgáis | descolgabais | habéis descolgado |
| descuelgan | descolgaban | han descolgado |

| Future | Pluperfect | Past Definite |
|---|---|---|
| descolgaré | había descolgado | descolgué |
| descolgarás | habías descolgado | descolgaste |
| descolgará | había descolgado | descolgó |
| descolgaremos | habíamos descolgado | descolgamos |
| descolgaréis | habíais descolgado | descolgasteis |
| descolgarán | habían descolgado | descolgaron |

| Future Perfect | Past Perfect |
|---|---|
| habré descolgado | hube descolgado |

## CONDITIONAL      SUBJUNCTIVE

| Present | Present | Imperfect |
|---|---|---|
| descolgaría | descuelgue | descolg-ara/ase |
| descolgarías | descuelgues | descolg-aras/ases |
| descolgaría | descuelgue | descolg-ara/ase |
| descolgaríamos | descolguemos | descolg-áramos/ásemos |
| descolgaríais | descolguéis | descolg-arais/aseis |
| descolgarían | descuelguen | descolg-aran/asen |

| Perfect | Perfect | Pluperfect |
|---|---|---|
| habría descolgado | haya descolgado | hub-iera/iese descolgado |

| GERUND | PAST PARTICIPLE | IMPERATIVE |
|---|---|---|
| descolgando | descolgado | descuelga, descolgad |
| | | descuelgue (Vd), descuelguen |
| | | (Vds) |

**Descuelga el cuadro.** *Take down the picture.*
**Voy a descolgar las cortinas.** *I am going to take the curtains down.*
**Descuelga el teléfono.** *Pick up the phone.*
**Se han descolgado las nubes.** *Suddenly a few clouds apperared.*
**Siempre se descuelga con una estupidez.** *He always comes out with a silly remark.*

**descolgarse** *to lower, come down; turn up unexpectedly*
**descolgarse con...** *to come out with...*

**descolgado/a** *unhooked, off the hook*
**quedar descolgado** *to be left behind*

# desconcertar *to upset, disconcert* tr.68

## INDICATIVE

| Present | Imperfect | Perfect |
|---|---|---|
| desconcierto | desconcertaba | he desconcertado |
| desconciertas | desconcertabas | has desconcertado |
| desconcierta | desconcertaba | ha desconcertado |
| desconcertamos | desconcertábamos | hemos desconcertado |
| desconcertáis | desconcertabais | habéis desconcertado |
| desconciertan | desconcertaban | han desconcertado |

| Future | Pluperfect | Past Definite |
|---|---|---|
| desconcertaré | había desconcertado | desconcerté |
| desconcertarás | habías desconcertado | desconcertaste |
| desconcertará | había desconcertado | desconcertó |
| desconcertaremos | habíamos desconcertado | desconcertamos |
| desconcertaréis | habías desconcertado | desconcertasteis |
| desconcertarán | habían desconcertado | desconcertaron |

| Future Perfect | Past Perfect |
|---|---|
| habré desconcertado | hube desconcertado |

## CONDITIONAL / SUBJUNCTIVE

| Present | Present | Imperfect |
|---|---|---|
| desconcertaría | desconcierte | desconcert-ara/ase |
| desconcertarías | desconciertes | desconcert-aras/ases |
| desconcertaría | desconcierte | desconcert-ara/ase |
| desconcertaríamos | desconcertemos | desconcert-áramos/ásemos |
| desconcertarías | desconcertéis | desconcert-arais/aseis |
| desconcertarían | desconcierten | desconcert-aran/asen |

| Perfect | Perfect | Pluperfect |
|---|---|---|
| habría desconcertado | haya desconcertado | hub-iera/iese desconcertado |

## GERUND / PAST PARTICIPLE / IMPERATIVE

| GERUND | PAST PARTICIPLE | IMPERATIVE |
|---|---|---|
| desconcertando | desconcertado | desconcierta, desconcertad |
| | | desconcierte (Vd), |
| | | desconcierten (Vds) |

**Este niño me desconcierta.** *This boy upsets me.*
**Le desconcertó verme con Miguel.** *It disconcerted him to see me with Miguel.*
**Se me ha desconcertado el estómago.** *I've got an upset stomach.*
**Desconcierta hasta el más sosegado.** *It would upset anybody.*

**desconcertado** *disconcerted*
**desconcertador** *disconcerning*
**desconcertante** *embarrassing, puzzling*

**el desconcierto** *disorder, trouble, chaos*

# 69 descontar *to discount, take away* tr.

## INDICATIVE

| Present | Imperfect | Perfect |
|---|---|---|
| descuento | descontaba | he descontado |
| descuentas | descontabas | has decontado |
| descuenta | descontaba | ha descontado |
| descontamos | descontábamos | hemos decontado |
| descontáis | descontabais | habéis descontado |
| descuentan | descontaban | han descontado |

| Future | Pluperfect | Past Definite |
|---|---|---|
| descontaré | había descontado | desconté |
| descontarás | habías descontado | descontaste |
| descontará | había descontado | descontó |
| descontaremos | habíamos descontado | descontamos |
| descontaréis | habíais descontado | descontasteis |
| descontarán | habían descontado | descontaron |

| Future Perfect | Past Perfect |
|---|---|
| habré descontado | hube descontado |

## CONDITIONAL  SUBJUNCTIVE

| Present | Present | Imperfect |
|---|---|---|
| descontaría | descuente | descont-ara/ase |
| descontarías | descuentes | descont-aras/ases |
| descontaría | descuente | descont-ara/ase |
| descontaríamos | descontemos | descont-áramos/ásemos |
| descontaríais | descontéis | descont-arais/aseis |
| descontarían | descuenten | descont-aran/asen |

| Perfect | Perfect | Pluperfect |
|---|---|---|
| habría descontado | haya descontado | hub-iera/iese descontado |

## GERUND  PAST PARTICIPLE  IMPERATIVE

| GERUND | PAST PARTICIPLE | IMPERATIVE |
|---|---|---|
| descontando | descontado | descuenta, descontad descuente (Vd), descuenten (Vds) |

**Me ha descontado el 10%.** *I've got a 10% discount.*
**Te descontaré el precio de la botella.** *I will not charge you for the price of the bottle.*
**Si descuentas diez me quedan veinte.** *If you take away ten I am left with twenty.*
**Han descontado los intereses.** *They have discounted the interest.*

**por descontado** *obviously, of course*
**dar por descontado** *to take for granted*

**¡Descuéntalo!** *Forget it!*
**(con) descuento** *(at a) discount*

# despedir *to dismiss, see off* tr. **70**

## INDICATIVE

| Present | Imperfect | Perfect |
|---------|-----------|---------|
| despido | despedía | he despedido |
| despides | despedías | has despedido |
| despide | despedía | ha despedido |
| despedimos | despedíamos | hemos despedido |
| despedís | despedíais | habéis despedido |
| despiden | despedían | han despedido |

| Future | Pluperfect | Past Definite |
|--------|-----------|---------------|
| despediré | había despedido | despedí |
| despedirás | habías despedido | despediste |
| despedirá | había despedido | despidió |
| despediremos | habíamos despedido | despedimos |
| despediréis | habíais despedido | despedisteis |
| despedirán | habían despedido | despidieron |

| Future Perfect | Past Perfect |
|----------------|--------------|
| habré despedido | hube despedido |

## CONDITIONAL / SUBJUNCTIVE

| Present | Present | Imperfect |
|---------|---------|-----------|
| despediría | despida | despid-iera/iese |
| despedirías | despidas | despid-ieras/ieses |
| despediría | despida | despid-iera/iese |
| despediríamos | despidamos | despid-iéramos/iésemos |
| despediríais | despidáis | despid-ierais/ieseis |
| despedirían | despidan | despid-ieran/iesen |

| Perfect | Perfect | Pluperfect |
|---------|---------|------------|
| habría despedido | haya despedido | hub-iera/iese despedido |

## GERUND / PAST PARTICIPLE / IMPERATIVE

| GERUND | PAST PARTICIPLE | IMPERATIVE |
|--------|-----------------|------------|
| despidiendo | despedido | despide, despedid |
|  |  | despida (Vd), despidan (Vds) |

**Ya puedes despedirte de ello.** *You'd better forget it*
**Van a despedir a los obreros.** *They are going to dismiss the workers.*
**Les despidieron en el acto.** *They were fired on the spot.*
**Me pienso despedir yo misma.** *I'm going to quit.*
**Fuimos a la estación a despedirles.** *We went to the station to see them off.*
**¡Estás despedido!** *You're fired!*
**Voy a despedirme de Juan.** *I'm going to say goodbye to Juan.*
**Me despediré luego.** *I shall say goodbye later.*
**Se despidieron** *They said goodbye to each other.*

**despedirse** *to say goodbye*
**el despido** *sack, dismissal, sacking*
**la despedida** *farewell*
**la despedida de soltero** *stag party*

**la despedida de aguas** *drainage*
**despedir el espíritu** *to give up the ghost*

# 71 despertar *to awake, wake* tr.

## INDICATIVE

| Present | Imperfect | Perfect |
|---|---|---|
| despierto | despertaba | he despertado |
| despiertas | despertabas | has despertado |
| despierta | despertaba | ha despertado |
| despertamos | despertábamos | hemos despertado |
| despertáis | despertabais | habéis despertado |
| despiertan | despertaban | han despertado |

| Future | Pluperfect | Past Definite |
|---|---|---|
| despertaré | había despertado | desperté |
| despertarás | habías despertado | despertaste |
| despertará | había despertado | despertó |
| despertaremos | habíamos despertado | despertamos |
| despertaréis | habíais depertado | despertasteis |
| despertarán | habían despertado | despertaron |

| Future Perfect | Past Perfect |
|---|---|
| habré despertado | hube despertado |

## CONDITIONAL | SUBJUNCTIVE

| Present | Present | Imperfect |
|---|---|---|
| despertaría | despierte | despert-ara/ase |
| despertarías | despiertes | despert-aras/ases |
| despertaría | despierte | despert-ara/ase |
| despertaríamos | despertemos | despert-áramos/ásemos |
| despertarías | despertéis | despert-arais/aseis |
| despertarían | despierten | despert-aran/asen |

| Perfect | Perfect | Pluperfect |
|---|---|---|
| habría despertado | haya despertado | hub-iera/iese despertado |

| GERUND | PAST PARTICIPLE | IMPERATIVE |
|---|---|---|
| despertando | despertado | despierta, despertad |
| | | despierte (Vd), despierten (Vds) |

**Nos despertó la tormenta.** *The storm awoke us.*
**¿Les despertamos?** *Shall we wake them?*
**Me despierto a las 7.** *I wake at 7 a.m.*
**Te despertaré a las 6.** *I'll wake you at 6.*
**Ya se despertará a la realidad.** *She'll wake up to reality.*
**Por fin despertó de su error.** *At last he realized his mistake.*
**Elena despierta memorias.** *Elena awakens memories.*

**despertarse** *to wake up*
**el despertador** *alarm clock*
**el despertar de la primavera** *the awakening of Spring*

**el despertamiento** *awakening, revival, rebirth*
**despierto/a** *awake, wide awake, sharp, alert*
**soñar despierto** *to daydream*

# desplegar *to unfold, spread* tr. **72**

## INDICATIVE

| Present | Imperfect | Perfect |
|---|---|---|
| despliego | desplegaba | he desplegado |
| despliegas | desplegabas | has desplegado |
| despliega | desplegaba | ha desplegado |
| desplegamos | desplegábamos | hemos desplegado |
| desplegáis | desplegabais | habéis desplegado |
| despliegan | desplegaban | han desplegado |

| Future | Pluperfect | Past Definite |
|---|---|---|
| desplegaré | había desplegado | desplegué |
| desplegarás | habías desplegado | desplegaste |
| desplegará | había desplegado | desplegó |
| desplegaremos | habíamos desplegado | desplegamos |
| desplegaréis | habíais despleado | desplegasteis |
| desplegarán | habían desplegado | desplegaron |

| Future Perfect | Past Perfect |
|---|---|
| habré desplegado | hube desplegado |

## CONDITIONAL     SUBJUNCTIVE

| Present | Present | Imperfect |
|---|---|---|
| desplegaría | despliegue | despleg-ara/ase |
| desplegarías | despliegues | despleg-aras/ases |
| desplegaría | despliegue | despleg-ara/ase |
| desplegaríamos | despleguemos | despleg-áramos/ásemos |
| desplegaríais | despleguéis | despleg-arais/aseis |
| desplegarían | desplieguen | despleg-aran/asen |

| Perfect | Perfect | Pluperfect |
|---|---|---|
| habría desplegado | haya desplegado | hub-iera/iese desplegado |

## GERUND     PAST PARTICIPLE     IMPERATIVE

| GERUND | PAST PARTICIPLE | IMPERATIVE |
|---|---|---|
| desplegando | desplegado | despliega, desplegad |
| | | despliegue (Vd), desplieguen (Vds) |

**Despliego un pañuelo.** *I unfold a scarf.*
**Paqui desplegó el periódico.** *Paqui unfolded the newspaper.*
**Desplegarán la bandera.** *They will unfurl the flag.*
**Vamos a desplegar las velas del barco.** *We are going to unfurl the sails of the boat.*
**sindesplegar los labios.** *without uttering a word*
**Desplegó mucha astucia.** *He deployed much cunning.*
**Desplegaremos las alas.** *We shall spread our wings.*

**el despliegue** *display, deployment, exhibition, show*
**desplegado** *displayed*
**la desplegadura** *unfolding, spreading*
**desplegar en abanico** *to fan out*

**desplegadamente** *openly*
**a velas desplegadas** *with the sails set*
**con banderas desplegadas** *with the flags unfurled*

# 73 desterrar *to exile, banish* tr.

## INDICATIVE

| Present | Imperfect | Perfect |
|---|---|---|
| destierro | desterraba | he desterrado |
| destierras | desterrabas | has desterrado |
| destierra | desterraba | ha desterrado |
| desterramos | desterrábamos | hemos desterrado |
| desterráis | desterrabais | habéis desterrado |
| destierran | desterraban | han desterrado |

| Future | Pluperfect | Past Definite |
|---|---|---|
| desterraré | había desterrado | desterré |
| desterrarás | habías desterrado | desterraste |
| desterrará | había desterrado | desterró |
| desterraremos | habíamos desterrado | desterramos |
| desterraréis | habíais desterrado | desterrasteis |
| desterrarán | habían desterrado | desterraron |

| Future Perfect | Past Perfect |
|---|---|
| habré desterrado | hube desterrado |

## CONDITIONAL / SUBJUNCTIVE

| Present | Present | Imperfect |
|---|---|---|
| desterraría | destierre | desterr-ara/ase |
| desterrarías | destierres | desterr-aras/ases |
| desterraría | destierre | desterr-ara/ase |
| desterraríamos | desterremos | desterr-áramos/ásemos |
| desterraríais | desterréis | desterr-arais/aseis |
| desterrarían | destierren | desterr-aran/asen |

| Perfect | Perfect | Pluperfect |
|---|---|---|
| habría desterrado | haya desterrado | hub-iera/iese desterrado |

| GERUND | PAST PARTICIPLE | IMPERATIVE |
|---|---|---|
| desterrando | desterrado | destierra, desterrad |
| | | destierre (Vd), destierren (Vds) |

**Hay que desterrar esas ideas.** *Those ideas have to be banished.*
**El gobierno ha desterrado el uso de las armas de fuego.** *The government has banned the use of firearms.*
**El rey desterró al Cid.** *The king exiled el Cid.*
**Deberíamos desterrar las armas nucleares.** *We ought to banish nuclear arms.*
**Desterramos toda sospecha.** *We banish all suspicions from our minds.*

**la tierra** *soil, earth*
**desterrar** *to remove soil from (mines)*
**el/la desterrado/a** *exile, outlaw, outcast*

**el destierro** *exile, banishment*
**en el destierro** *in exile*

# destruir   *to destroy, ruin*   tr.   **74**

## INDICATIVE

| Present | Imperfect | Perfect |
|---|---|---|
| destruyo | destruía | he destruido |
| destruyes | destruías | has destruido |
| destruye | destruía | ha destruido |
| destruimos | destruíamos | hemos destruido |
| destruís | destruíais | habéis destruido |
| destruyen | destruían | han destruido |

| Future | Pluperfect | Past Definite |
|---|---|---|
| destruiré | había destruido | destruí |
| destruirás | habías destruido | destruiste |
| destruirá | había destruido | destruyó |
| destruiremos | habíamos destruido | destruimos |
| destruiréis | habíais destruido | destruisteis |
| destruirán | habían destruido | destruyeron |

| Future Perfect | Past Perfect |
|---|---|
| habré destruido | hube destruido |

## CONDITIONAL  |  SUBJUNCTIVE

| Present | Present | Imperfect |
|---|---|---|
| destruiría | destruya | destru-yera/yese |
| destruirías | destruyas | destru-yeras/yeses |
| destruiría | destruya | destru-yera/yese |
| destruiríamos | destruyamos | destru-yéramos/yésemos |
| destruiríais | destruyáis | destru-yerais/yeseis |
| destruirían | destruyan | destru-yeran/yesen |

| Perfect | Perfect | Pluperfect |
|---|---|---|
| habría destruido | haya destruido | hub-iera/iese destruido |

## GERUND  |  PAST PARTICIPLE  |  IMPERATIVE

| GERUND | PAST PARTICIPLE | IMPERATIVE |
|---|---|---|
| destruyendo | destruido | destruye, destruid |
| | | destruya (Vd), destruyan (Vds) |

**No destruyas ese trabajo.** *Do not destroy that work.*
**La bomba destruyó la estación.** *The bomb destroyed the station.*
**He destruido la información.** *I have destroyed the information.*
**Lo van a destruir con explosivos.** *They are going to blow it up.*
**Ha sido destruido por un incendio.** *It has been gutted by fire.*

**destruirse** *to cancel* (math.)
**destruíble** *destroyable*
**destructor(a)** *destroyer, destructive*
**la destrucción** *wreck, destruction*

**destruyente** *destructive*
**destructible** *destructible*
**destructivamente** *destructively*
**la destructibilidad** *destructiveness*

# 75 devolver *to return, give back* tr.

## INDICATIVE

| Present | Imperfect | Perfect |
|---|---|---|
| devuelvo | devolvía | he devuelto |
| devuelves | devolvías | has devuelto |
| devuelve | devolvía | ha devuelto |
| devolvemos | devolvíamos | hemos devuelto |
| devolvéis | devolvíais | habéis devuelto |
| devuelven | devolvían | han devuelto |

| Future | Pluperfect | Past Definite |
|---|---|---|
| devolveré | había devuelto | devolví |
| devolverás | habías devuelto | devolviste |
| devolverá | había devuelto | devolvió |
| devolveremos | habíamos devuelto | devolvimos |
| devolveréis | habíais devuelto | devolvisteis |
| devolverán | habían devuelto | devolvieron |

| Future Perfect | Past Perfect |
|---|---|
| habré devuelto | hube devuelto |

## CONDITIONAL                SUBJUNCTIVE

| Present | Present | Imperfect |
|---|---|---|
| devolvería | devuelva | devolv-iera/iese |
| devolverías | devuelvas | devolv-ieras/ieses |
| devolvería | devuelva | devolv-iera/iese |
| devolveríamos | devolvamos | devolv-iéramos/iésemos |
| devoleríais | devolváis | devolv-ierais/ieseis |
| devolverían | devuelvan | devolv-ieran/iesen |

| Perfect | Perfect | Pluperfect |
|---|---|---|
| habría devuelto | haya devuelto | hub-iera/iese devuelto |

| GERUND | PAST PARTICIPLE | IMPERATIVE |
|---|---|---|
| devolviendo | devuelto | devuelve, devolved |
| | | devuelva (Vd), devuelvan (Vds) |

**Te devolveré tu libro mañana.** *I'll return your book tomorrow.*
**Le devolvió su regalo.** *He returned his present.*
**Me devolvieron el dinero.** *They gave me back the money.*
**El espejo devuelve la imagen.** *The mirror reflects the image.*
**Han devuelto el castillo a su antiguo esplendor.** *They have restored the castle to its former glory.*

**la devolución** *return, refund*
**la devolución de impuestos** *tax refunds*
**devolver mal por bien** *to return bad for good*
**devolver dinero** *to refund money*
**devolutivo/a** *returnable*

**devolver una visita** *to return a visit*
**devolver la pelota** *to pass the buck*
**devolver** *to vomit, be sick* (med.)
**la devolución de las inversiones** *return on investments*

# diferir  *to postpone; to differ*  tr./intr.  **76**

## INDICATIVE

| Present | Imperfect | Perfect |
|---|---|---|
| difiero | difería | he diferido |
| difieres | diferías | has diferido |
| difiere | difería | ha diferido |
| diferimos | diferíamos | hemos diferido |
| diferís | diferíais | habéis diferido |
| difieren | diferían | han diferido |

| Future | Pluperfect | Past Definite |
|---|---|---|
| diferiré | había diferido | diferí |
| diferirás | habías diferido | diferiste |
| diferirá | había deferido | difirió |
| diferiremos | habíamos diferido | diferimos |
| diferiréis | habíais diferido | diferisteis |
| diferirán | habían diferido | difirieron |

| Future Perfect | Past Perfect |
|---|---|
| habré diferido | hube diferido |

## CONDITIONAL / SUBJUNCTIVE

| Present | Present | Imperfect |
|---|---|---|
| diferiría | difiera | difir-iera/iese |
| diferirías | difieras | difir-icras/icscs |
| diferiría | difiera | difir-iera/iese |
| diferiríamos | difiramos | difir-iéramos/iésemos |
| diferiríais | difiráis | difir-ierais/ieseis |
| diferirían | difieran | difir-icran/icscn |

| Perfect | Perfect | Pluperfect |
|---|---|---|
| habría diferido | haya diferido | hub-iera/iese diferido |

| GERUND | PAST PARTICIPLE | IMPERATIVE |
|---|---|---|
| difiriendo | diferido | difiere, diferid |
| | | difiera (Vd), difieran (Vds) |

**Han diferido la boda hasta el otoño.** *The wedding has been postponed until the autumn.*
**Vamos a diferir la reunión por unos días.** *Let's defer the meeting for a few days.*
**Nos conviene diferir la venta.** *We should postpone the sale.*
**Esta obra difiere de las anteriores.** *This work is different from the previous ones.*

**diferente** *different*
**la diferencia** *difference*
**a diferencia de...** *unlike...*
**diferir en** *to be different in*

**diferir de** *to be different from*
**diferentemente** *differently*
**diferible** *deferrable*

# 77 **digerir** *to digest, absorb* tr.

## INDICATIVE

| Present | Imperfect | Perfect |
|---|---|---|
| digiero | digería | he digerido |
| digieres | digerías | has digerido |
| digiere | digería | ha digerido |
| digerimos | digeríamos | hemos digerido |
| digerís | digeríais | habéis digerido |
| digieren | digerían | han digerido |

| Future | Pluperfect | Past Definite |
|---|---|---|
| digeriré | había digerido | digerí |
| digerirás | habías digerido | digeriste |
| digerirá | había digerido | digirió |
| digeriremos | habíamos digerido | digerimos |
| digeriréis | habías digerido | digeristeis |
| digerirán | habían digerido | digirieron |

| Future Perfect | Past Perfect |
|---|---|
| habré digerido | hube digerido |

## CONDITIONAL | SUBJUNCTIVE

| Present | Present | Imperfect |
|---|---|---|
| digeriría | digiera | digir-iera/iese |
| digerirías | digieras | digir-ieras/ieses |
| digeriría | digiera | digir-iera/iese |
| digeriríamos | digiramos | digir-iéramos/iésemos |
| digeriríais | digiráis | digir-ierais/ieseis |
| digerirían | digieran | digir-ieran/iesen |

| Perfect | Perfect | Pluperfect |
|---|---|---|
| habría digerido | haya digerido | hub-iera/iese digerido |

| GERUND | PAST PARTICIPLE | IMPERATIVE |
|---|---|---|
| digiriendo | digerido | digiere, digerid |
| | | digiera (Vd), digieran (Vds) |

**Tiene una úlcera y no puede digerir bien.** *He has an ulcer and cannot digest well.*
**No pude digerir la cena.** *I couldn't digest the supper.*
**Ya lo he digerido.** *I have already assimilated it.*
**Me cuesta digerir su argumento.** *I find his argument hard to digest.*
**Necesito leerlo tres veces para digerirlo.** *I need to read it three times in order to assimilate it.*
**Lo digeriremos mañana.** *We shall absorb it tomorrow.*
**No puedo digerir a Dalí.** *I cannot stand Dalí.*

**digerible** *digestible*
**digestible** *digestible*
**la digestión** *digestion*
**el digesto** *digest*

**indigesto** *indigestible*
**digestivo/a** *digestive*
**digestibilidad** *digestibility*
**el digestor** *digester*

# disolver  *to dissolve, melt, break up*  tr. **78**

## INDICATIVE

| Present | Imperfect | Perfect |
|---|---|---|
| disuelvo | disolvía | he disuelto |
| disuelves | disolvías | has disuelto |
| disuelve | disolvía | ha disuelto |
| disolvemos | disolvíamos | hemos disuelto |
| disolvéis | disolvíais | habéis disuelto |
| disuelven | disolvían | han disuelto |

| Future | Pluperfect | Past Definite |
|---|---|---|
| disolveré | había disuelto | disolví |
| disolverás | habías disuelto | disolviste |
| disolverá | había disuelto | disolvió |
| disolveremos | habíamos disuelto | disolvimos |
| disolveréis | habíais disuelto | disolvisteis |
| dosolverán | habían disuelto | disolvieron |

| Future Perfect | Past Perfect |
|---|---|
| habré disuelto | hube disuelto |

## CONDITIONAL

## SUBJUNCTIVE

| Present | Present | Imperfect |
|---|---|---|
| disolvería | disuelva | disolv-iera/iese |
| disolverías | disuelvas | disolv-ieras/ieses |
| disolvería | disuelva | disolv-iera/iese |
| disolveríamos | disolvamos | disolv-iéramos/iésemos |
| disolveríais | disolváis | disolv-ierais/ieseis |
| disolverían | disuelvan | disolv-ieran/iesen |

| Perfect | Perfect | Pluperfect |
|---|---|---|
| habría disuelto | haya disuelto | hub-iera/iese disuelto |

| GERUND | PAST PARTICIPLE | IMPERATIVE |
|---|---|---|
| disolviendo | disuelto | disuelve, disolved |
| | | disuelva (Vd), disuelvan (Vds) |

**Se disuelve en agua.** *It dissolves in water.*
**Se ha disuelto el matrimonio.** *The marriage had been dissolved.*
**Tejero quería disolver las Cortes.** *Tejero wanted to dissolve las Cortes.*
**La policía disolvió la manifestación.** *The police broke up the demonstration.*
**Quería disolver la reunión.** *He wanted to break up the meeting.*
**El parlamento se disuelve en agosto.** *Paliament breaks up in August.*

**el disolvente** *solvent, dissolvent*       **disoluble** *soluble*
**el disolvedor** *dissolver*                 **disoluto/a** *dissolute, dissipated*
**la disolución** *solution, annulment, dissolution*

# 79 distinguir  *to distinguish*  tr.

## INDICATIVE

| Present | Imperfect | Perfect |
|---|---|---|
| distingo | distinguía | he distinguido |
| distingues | distinguías | has distinguido |
| distingue | distinguía | ha distinguido |
| distinguimos | distinguíamos | hemos distinguido |
| distinguís | distinguíais | habéis distinguido |
| distinguen | distinguían | han distinguido |

| Future | Pluperfect | Past Definite |
|---|---|---|
| distinguiré | había distinguido | distinguí |
| distinguirás | habías distinguido | distinguiste |
| distiguirá | había distinguido | distinguió |
| distinguiremos | habíamos distinguido | distinguimos |
| distinguiréis | habíais distinguido | distinguisteis |
| distinguirán | habían distinguido | distinguieron |

| Future Perfect | Past Perfect |
|---|---|
| habré distinguido | hube distinguido |

## CONDITIONAL / SUBJUNCTIVE

| Present | Present | Imperfect |
|---|---|---|
| distinguiría | distinga | distingu-iera/iese |
| distinguirías | distingas | distingu-ieras/ieses |
| distinguiría | distinga | distingu-iera/iese |
| distinguiríamos | distingamos | distingu-iéramos/iésemos |
| distinguiríais | distingáis | distingu-ierais/ieseis |
| distinguirían | distingan | distingu-ieran/iesen |

| Perfect | Perfect | Pluperfect |
|---|---|---|
| habría distinguido | haya distinguido | hub-iera/iese distinguido |

## GERUND / PAST PARTICIPLE / IMPERATIVE

| GERUND | PAST PARTICIPLE | IMPERATIVE |
|---|---|---|
| distinguiendo | distinguido | distingue, distinguid |
| | | distinga (Vd), distingan (Vds) |

**No distingo mi jersey.** *I can't tell which is my jumper.*
**La sabría distinguir entre 1.000.** *I could distinguish it from amongst a thousand.*
**¿Distingues los dos aspectos?** *Can you distinguish between the two aspects?*
**No les puedo distinguir.** *I can't tell them apart.*
**Leonor sabe distinguir.** *Leonor is a discriminating person.*
**Rodrigo les distingue con su amistad.** *Rodrigo honours them with his friendship.*
**Sé distinguir.** *I know the difference. I can tell.*

**la distinción** *distinction, difference*
**distinguible** *distinguishible*
**distinguido/a** *well-known, refined, distinguished*

**distintivo/a** *distinctive*
**distinto/a** *distinct, clear; different; several*

# divertir *to amuse, distract; to divert* tr. **80**

## INDICATIVE

| Present | Imperfect | Perfect |
|---|---|---|
| divierto | divertía | he divertido |
| diviertes | divertías | has divertido |
| divierte | divertía | ha divertido |
| divertimos | divertíamos | hemos divertido |
| divertís | divertíais | habéis divertido |
| divierten | divertían | han divertido |

| Future | Pluperfect | Past Definite |
|---|---|---|
| divertiré | había divertido | divertí |
| divertirás | habías divertido | divertiste |
| divertirá | había divertido | divirtió |
| divertiremos | habíamos divertido | divertimos |
| divertiréis | habíais divertido | divertisteis |
| divertirán | habían divertido | divirtieron |

| Future Perfect | Past Perfect |
|---|---|
| habré divertido | hube divertido |

## CONDITIONAL

## SUBJUNCTIVE

| Present | Present | Imperfect |
|---|---|---|
| divertiría | divierta | divirt-iera/iese |
| divertirías | diviertas | divirt-ieras/ieses |
| divertiría | divierta | divirt-iera/iese |
| divertiríamos | divirtamos | divirt-iéramos/iésemos |
| divertirías | divirtáis | divirt-ierais/ieseis |
| divertirían | diviertan | divirt-ieran/iesen |

| Perfect | Perfect | Pluperfect |
|---|---|---|
| habría divertido | haya divertido | hub-iera/iese divertido |

| GERUND | PAST PARTICIPLE | IMPERATIVE |
|---|---|---|
| divirtiendo | divertido | divierte, divertid |
| | | divierta (Vd), diviertan (Vds) |

**El payaso divierte a los niños.** *The clown amuses the children.*
**Le divierte hacer eso.** *It amuses him to do that.*
**¡Divierte el tráfico!** *Divert the traffic!*
**Intenta divertir a Juan.** *Try to distract Juan.*

**divertirse** *to enjoy oneself, have a good time*
**la diversión** *diversion, entertainment,*
  *amusement*
**diversivo/a** *diversive*

**divertido/a** *amusing, entertaining,*
  *merry*
**el divertimiento** *diversion,*
  *amusement, distraction*

# 81 doler *to ache, hurt; to mourn* intr.

## INDICATIVE

| Present | Imperfect | Perfect |
|---|---|---|
| duelo | dolía | he dolido |
| dueles | dolías | has dolido |
| duele | dolía | ha dolido |
| dolemos | dolíamos | hemos dolido |
| doléis | dolíais | habéis dolido |
| duelen | dolían | han dolido |

| Future | Pluperfect | Past Definite |
|---|---|---|
| doleré | había dolido | dolí |
| dolerás | habías dolido | doliste |
| dolerá | había dolido | dolió |
| doleremos | habíamos dolido | dolimos |
| doleréis | habíais dolido | dolisteis |
| dolerán | habían dolido | dolieron |

| Future Perfect | Past Perfect |
|---|---|
| habré dolido | hube dolido |

## CONDITIONAL / SUBJUNCTIVE

| Present | Present | Imperfect |
|---|---|---|
| dolería | duela | dol-iera/iese |
| dolerías | duelas | dol-ieras/ieses |
| dolería | duela | dol-iera/iese |
| doleríamos | dolamos | dol-iéramos/iésemos |
| doleríais | doláis | dol-ierais/ieseis |
| dolerían | duelen | dol-ieran/iesen |

| Perfect | Perfect | Pluperfect |
|---|---|---|
| habría dolido | haya dolido | hub-iera/iese dolido |

| GERUND | PAST PARTICIPLE | IMPERATIVE |
|---|---|---|
| doliendo | dolido | duele, doled |
|  |  | duela (Vd), duelan (Vds) |

**¿Te duele mucho?** *Does it hurt much?*
**Me duelen los brazos.** *My arms ache.*
**Le duele la cabeza.** *He has got a headache.*
**No nos ha dolido nada.** *It did not hurt us a bit.*
**Aún le duele la pérdida.** *He is still mourning the loss.*
**No me duele el dinero.** *I don't mind about the money.*
**¡Ahí le duele!** *You have put your finger on it! That's the point!*
**¡Duélete de mí!** *Pity me!*

**la dolencia** *ailment, complaint*
**doliente** *suffering, sad*
**el dolo** *fraud*
**el dolor** *pain, ache*

**el dolor de cabeza** *headache*
**dolorido/a** *sore, tender*
**dolerse** *to grieve, regret*

# dormir *to sleep* tr./intr. **82**

## INDICATIVE

| Present | Imperfect | Perfect |
|---|---|---|
| duermo | dormía | he dormido |
| duermes | dormías | has dormido |
| duerme | dormía | ha dormido |
| dormimos | dormíamos | hemos dormido |
| dormís | dormíais | habéis dormido |
| duermen | dormían | han dormido |

| Future | Pluperfect | Past Definite |
|---|---|---|
| dormiré | había dormido | dormí |
| dormirás | habías dormido | dormiste |
| dormirá | había dormido | durmió |
| dormiremos | habíamos dormido | dormimos |
| dormiréis | habías dormido | dormisteis |
| dormirán | habían dormido | durmieron |

| Future Perfect | Past Perfect |
|---|---|
| habré dormido | hube dormido |

## CONDITIONAL · SUBJUNCTIVE

| Present | Present | Imperfect |
|---|---|---|
| dormiría | duerma | durm-iera/iese |
| dormirías | duermas | durm-icras/icscs |
| dormiría | duerma | durm-iera/iese |
| dormiríamos | durmamos | durm-iéramos/iésemos |
| dormiríais | durmáis | durm-ierais/ieseis |
| dormirían | duerman | durm-icran/icscn |

| Perfect | Perfect | Pluperfect |
|---|---|---|
| habría dormido | haya dormido | hub-iera/iese dormido |

| GERUND | PAST PARTICIPLE | IMPERATIVE |
|---|---|---|
| durmiendo | dormido | duerme, dormid |
| | | duerma (Vd), duerman (Vds) |

**Me gusta dormir.** *I love sleeping.*
**Pedro duerme ocho horas al día.** *Pedro sleeps eight hours a day.*
**La reina Leonor durmió aquí.** *Queen Eleanor slept here.*
**Dormiremos en un hotel.** *We'll sleep in a hotel.*
**He dormido como un santo/bendito.** *I have slept peacefully.*
**Durmieron a pierna suelta.** *They slept soundly.*
**Va a dormir la mona esta mañana.** *She is going to sleep off her hangover this morning.*

**la dormida** *sleep*
**el dormidero = sestil** *sleeping place (for animals), roost*
**la dormidera** *opium poppy*
**el/la dormilón/dormilona** *sleepyhead*
**el dormitorio** *bedroom*

# 83 echar  *to throw, pour; throw out*  tr./intr.

## INDICATIVE

| Present | Imperfect | Perfect |
|---|---|---|
| echo | echaba | he echado |
| echas | echabas | has echado |
| echa | echaba | ha echado |
| echamos | echábamos | hemos echado |
| echáis | echabais | habéis echado |
| echan | echaban | han echado |

| Future | Pluperfect | Past Definite |
|---|---|---|
| echaré | había echado | eché |
| echarás | habías echado | echaste |
| echará | había echado | echó |
| echaremos | habíamos echado | echamos |
| echaréis | habíais echado | echasteis |
| echarán | habían echado | echaron |

| Future Perfect | Past Perfect |
|---|---|
| habré echado | hube echado |

## CONDITIONAL | SUBJUNCTIVE

| Present | Present | Imperfect |
|---|---|---|
| echaría | eche | ech-ara/ase |
| echarías | eches | ech-aras/ases |
| echaría | eche | ech-ara/ase |
| echaríamos | echemos | ech-áramos/ásemos |
| echaríais | echéis | ech-arais/aseis |
| echarían | echen | ech-aran/asen |

| Perfect | Perfect | Pluperfect |
|---|---|---|
| habría echado | haya echado | hub-iera/iese echado |

| GERUND | PAST PARTICIPLE | IMPERATIVE |
|---|---|---|
| echando | echado | echa, echad |
| | | eche (Vd), echen (Vds) |

**Echa azúcar al café.**  *Put some sugar in the coffee.*
**¿Te echo un poco de agua?**  *Shall I pour some water for you?*
**Cuando protesté me echaron.**  *When I protested they threw me out.*
**Echó el cuerpo atrás.**  *He leaned his body backwards.*
**El bebé ha echado un diente.**  *The baby has cut a tooth.*
**He echado raíces aquí.**  *I have put down roots here.*
**Voy a echar la choza abajo.**  *I'm going to knock down the hut.*
**La lluvia echó a perder la fruta.**  *The rain spoiled the fruit.*

**echarse a**  *to start (doing something)*
**echar a suertes**  *to draw lots*
**echar a correr**  *to start running*
**echarse**  *to lie down*

**echar a perder**  *to waste*
**la echadora de cartas**  *fortune teller*
**la echada**  *throw, cast, boast*
**echar de menos**  *to miss, feel nostalgia for*

# elegir *to select, choose* tr. **84**

## INDICATIVE

| Present | Imperfect | Perfect |
|---|---|---|
| elijo | elegía | he elegido |
| eliges | elegías | has elegido |
| elige | elegía | ha elegido |
| elegimos | elegíamos | hemos elegido |
| elegís | elegíais | habéis elegido |
| eligen | elegían | han elegido |

| Future | Pluperfect | Past Definite |
|---|---|---|
| elegiré | había elegido | elegí |
| elegirás | habías elegido | elegiste |
| elegirá | había elegido | eligió |
| elegiremos | habíamos elegido | elegimos |
| elegiréis | habíais elegido | elegisteis |
| elegirán | habían elegido | eligieron |

| Future Perfect | Past Perfect |
|---|---|
| habré elegido | hube elegido |

## CONDITIONAL  SUBJUNCTIVE

| Present | Present | Imperfect |
|---|---|---|
| elegiría | elija | elig-iera/iese |
| elegirías | elijas | elig-ieras/ieses |
| elegiría | elija | elig-iera/iese |
| elegiríamos | elijamos | elig-iéramos/iésemos |
| elegirías | elijáis | elig-ierais/ieseis |
| elegirían | elijan | elig-ieran/iesen |

| Perfect | Perfect | Pluperfect |
|---|---|---|
| habría elegido | haya elegido | hub-iera/iese elegido |

| GERUND | PAST PARTICIPLE | IMPERATIVE |
|---|---|---|
| eligiendo | elegido | elige, elegid |
| | | elija (Vd), elijan (Vds) |

**Te toca elegir.** *It's your turn to choose.*
**¿Has elegido ya?** *Have you chosen yet?*
**Siempre elijo chocolate.** *I always choose chocolate.*
**Le eligieron entre los dos.** *He was selected by both of them.*
**¡Elige el que quieras!** *Choose what you want!*
**Me eligieron por votación.** *I was voted in.*
**Han elegido el camino más difícil.** *They have chosen the most difficult path.*

**elegible** *eligible, selectable*
**elegido** *chosen, selected*
**la elección** *choice, selection, option*
**las elecciones generales** *general election*
**las elecciones parciales** *by-election*

**el elector(a)** *voter, elector*
**la potencia electoral** *voting power*
**la elegibilidad** *elegibility*

# 85 empezar *to begin, start* tr./intr.

## INDICATIVE

| Present | Imperfect | Perfect |
|---|---|---|
| empiezo | empezaba | he empezado |
| empiezas | empezabas | has empezado |
| empieza | empezaba | ha empezado |
| empezamos | empezábamos | hemos empezado |
| empezáis | empezabais | habéis empezado |
| empiezan | empezaban | han empezado |

| Future | Pluperfect | Past Definite |
|---|---|---|
| empezaré | había empezado | empecé |
| empezarás | habías empezado | empezaste |
| empezará | había empezado | empezó |
| empezaremos | habíamos empezado | empezamos |
| empezaréis | habíais empezado | empezasteis |
| empezarán | habían empezado | empezaron |

| Future Perfect | Past Perfect |
|---|---|
| habré empezado | hube empezado |

## CONDITIONAL | SUBJUNCTIVE

| Present | Present | Imperfect |
|---|---|---|
| empezaría | empiece | empez-ara/ase |
| empezarías | empieces | empez-aras/ases |
| empezaría | empiece | empez-ara/ase |
| empezaríamos | empecemos | empez-áramos/ásemos |
| empezaríais | empecéis | empez-arais/aseis |
| empezarían | empiecen | empez-aran/asen |

| Perfect | Perfect | Pluperfect |
|---|---|---|
| habría empezado | haya empezado | hub-iera/iese empezado |

| GERUND | PAST PARTICIPLE | IMPERATIVE |
|---|---|---|
| empezando | empezado | empieza, empezad |
| | | empiece (Vd), enpiecen (Vds) |

El curso empieza en octubre. *The course starts in October.*
¡No empieces el trabajo! *Don't start the work!*
Ayer empezó a hacer calor. *Yesterday it started to get hot.*
Empecé diciendo que... *I started by saying that...*
Bueno, para empezar... *Well, to start with...*
Empezará a regir mañana. *It will come into force tomorrow.*
Voy a empezar a disparar. *I am going to open fire.*
Empiezan la excavación el lunes. *They start excavating on Monday.*

el empiece *starting, beginning*
empezado *under way*
para empezar *first of all, to start with*

el empiezo *beginning, start*
empezar por *to begin by*

# encender  *to light, turn on*  tr.

## INDICATIVE

| Present | Imperfect | Perfect |
|---|---|---|
| enciendo | encendía | he encendido |
| enciendes | encendías | has encendido |
| enciende | encendía | ha encendido |
| encendemos | encendíamos | hemos encendido |
| encendéis | encendíais | habéis encendido |
| encienden | encendían | han encendido |

| Future | Pluperfect | Past Definite |
|---|---|---|
| encenderé | había encendido | encendí |
| encenderás | habías encendido | encendiste |
| encenderá | había encendido | encendió |
| encenderemos | habíamos encendido | encendimos |
| encenderéis | habíais encendido | encendisteis |
| encenderán | habían encendido | encendieron |

| Future Perfect | Past Perfect |
|---|---|
| habré encendido | hube encendido |

## CONDITIONAL

## SUBJUNCTIVE

| Present | Present | Imperfect |
|---|---|---|
| encendería | encienda | encend-iera/iese |
| encenderías | enciendas | encend-ieras/ieses |
| encendería | encienda | encend-iera/iese |
| encenderíamos | encendamos | encend-iéramos/iésemos |
| encenderíais | encendáis | encend-ierais/ieseis |
| encenderían | enciendan | encend-ieran/iesen |

| Perfect | Perfect | Pluperfect |
|---|---|---|
| habría encendido | haya encendido | hub-iera/iese encendido |

| GERUND | PAST PARTICIPLE | IMPERATIVE |
|---|---|---|
| encendiendo | encendido | enciende, encended |
|  |  | encienda (Vd), enciendan (Vds) |

¡**Enciende una cerilla!**  *Light a match!*
**Encendió la luz.**  *She turned on the light.*
¿**Has encendido el horno?**  *Have you switched on the oven?*
**Ya habían encendido la radio.**  *They had already switched on the radio.*
**Se encienden las luces a las seis.**  *It's lighting-up time at six.*
**Se encendió con la noticia.**  *He got very excited by the news.*
**Es tímida y se enciende enseguida.**  *She is shy and blushes easily.*

**el encendedor** *lighter*
**encendido a mano** *hand firing*
**encenderse** *to catch fire*
**estar encendido** *to be alight, on fire*

**encendidamente** *passionately, ardently*
**encender un fósforo** *to strike a match*
**encender fuego** *to light a fire*

# 87 encerrar *to shut in, lock up* tr.

## INDICATIVE

| Present | Imperfect | Perfect |
|---|---|---|
| encierro | encerraba | he encerrado |
| encierras | encerrabas | has encerrado |
| encierra | encerraba | ha encerrado |
| encerramos | encerrábamos | hemos encerrado |
| encerráis | encerrabais | habéis encerrado |
| encierran | encerraban | han encerrado |

| Future | Pluperfect | Past Definite |
|---|---|---|
| encerraré | había encerrado | encerré |
| encerrarás | habías encerrado | encerraste |
| encerrará | había encerrado | encerró |
| encerraremos | habíamos encerrado | encerramos |
| encerraréis | habíais encerrado | encerrasteis |
| encerrarán | habían encerrado | encerraron |

| Future Perfect | Past Perfect |
|---|---|
| habré encerrado | hube encerrado |

## CONDITIONAL / SUBJUNCTIVE

| Present | Present | Imperfect |
|---|---|---|
| encerraría | encierre | encerr-ara/ase |
| encerrarías | encierres | encerr-aras/ases |
| encerraría | encierre | encerr-ara/ase |
| encerraríamos | encerremos | encerr-áramos/ásemos |
| encerraríais | encerréis | encerr-arais/aseis |
| encerrarían | encierren | encerr-aran/asen |

| Perfect | Perfect | Pluperfect |
|---|---|---|
| habría encerrado | haya encerrado | hub-iera/iese encerrado |

## GERUND / PAST PARTICIPLE / IMPERATIVE

| GERUND | PAST PARTICIPLE | IMPERATIVE |
|---|---|---|
| encerrando | encerrado | encierra, encerrad |
| | | encierre (Vd), encierren (Vds) |

**El libro encierra toda la historia.** *The book contains the whole story.*
**Se encerró en el baño.** *She shut herself in the bathroom.*
**¿Has encerrado las gallinas?** *Have you locked the hens in?*
**Encerraremos los documentos en una caja fuerte.** *We'll lock the documents in a safe.*
**Les encerraron en un calabozo.** *They were locked in jail.*
**Camille fue encerrada en un manicomio.** *Camille was put in a madhouse.*
**Me encerraré en el silencio.** *I shall maintain a total silence.*

**el encerradero** *fold, pen*
**el encierro** *closing, confinement, shutting in, locking*
**el encierre** *penning*

**encerrado/a** *contained*
**'encerrado entre cristales'** *'glass enclosed'*
**el encerramiento** *enclosure*

# encomendar  *to entrust, commend*  tr./intr.  **88**

## INDICATIVE

| Present | Imperfect | Perfect |
|---|---|---|
| encomiendo | encomendaba | he encomendado |
| encomiendas | encomendabas | has encomendado |
| encomienda | encomendaba | ha encomendado |
| encomendamos | encomdábamos | hemos encomendado |
| encomendáis | encomendabais | habéis encomendado |
| encomiendan | encomendaban | han encomendado |

| Future | Pluperfect | Past Definite |
|---|---|---|
| encomedaré | había encomedado | encomendé |
| encomendarás | habías encomendado | encomendaste |
| encomedará | había encomendado | encomendó |
| encomendaremos | habíamos encomendado | encomendamos |
| cncomendaréis | habíais encomedado | encomendasteis |
| encomendarán | habían encomendado | encomendaron |

| Future Perfect | Past Perfect |
|---|---|
| habré encomendado | hube encomendado |

## CONDITIONAL / SUBJUNCTIVE

| Present | Present | Imperfect |
|---|---|---|
| encomedaría | encomiende | encomend-ara/ase |
| encomedarías | encomiendes | encomend-aras/ases |
| encomedaría | encomiende | encomend-ara/ase |
| encomendaríamos | encomendemos | encomend-áramos/ásemos |
| encomendarías | encomendéis | encomend-arais/aseis |
| cncomendarían | encomienden | encomend-aran/asen |

| Perfect | Perfect | Pluperfect |
|---|---|---|
| habría encomendado | haya encomendado | hub-iera/iese encomendado |

| GERUND | PAST PARTICIPLE | IMPERATIVE |
|---|---|---|
| encomendando | encomendado | encomienda, encomendad |
| | | encomiende (Vd), encomienden (Vds) |

**Encomendó el niño a su madre.** *She entrusted the child to her mother.*
**Se ha encomendado un traje nuevo.** *He has ordered a new suit.*
**Me encomiendo a Dios.** *I put my trust in God.*
**Lo encomendó contra reembolso.** *He sent a parcel cash on delivery.*
**Encomléndame a tu mujer.** *Send my regards to your wife.*

**la encomienda** *confession, holding commission, patronage*
**las encomiendas** *regards, respects*
**encomendado/a** *entrusted*

**encomendarse a** *to put one's trust in*
**encomendable** *commendable*
**el encomendamiento** *charge, task*

# 89 encontrar *to find, meet* tr./intr.

## INDICATIVE

| Present | Imperfect | Perfect |
|---|---|---|
| encuentro | encontraba | he encontrado |
| encuentras | encontrabas | has encontrado |
| encuentra | encontraba | ha encontrado |
| encontramos | encontrábamos | hemos encontrado |
| encontráis | encontrabais | habéis encontrado |
| encuentran | encontraban | han encontrado |

| Future | Pluperfect | Past Definite |
|---|---|---|
| encontraré | había encontrado | encontré |
| encontrarás | habías encontrado | encontraste |
| encontrará | había encontrado | encontró |
| encontraremos | habíamos encontrado | encontramos |
| encontraréis | habíais encontrado | encontrasteis |
| encontrarán | habían encontrado | encontraron |

| Future Perfect | Past Perfect |
|---|---|
| habré encontrado | hube encontrado |

## CONDITIONAL / SUBJUNCTIVE

| Present | Present | Imperfect |
|---|---|---|
| encontraría | encuentre | encontr-ara/ase |
| encontrarías | encuentres | encontr-aras/ases |
| encontraría | encuentre | encontr-ara/ase |
| encontraríamos | encontremos | encontr-áramos/ásemos |
| encontraríais | encontréis | encontr-arais/aseis |
| encontrarían | encuentren | encontr-aran/asen |

| Perfect | Perfect | Pluperfect |
|---|---|---|
| habría encontrado | haya encontrado | hub-iera/iese encontrado |

## GERUND / PAST PARTICIPLE / IMPERATIVE

| GERUND | PAST PARTICIPLE | IMPERATIVE |
|---|---|---|
| encontrando | encontrado | encuentra, encontrad |
| | | encuentre (Vd), encuentren |
| | | (Vds) |

**¿Qué tal lo encuentras?** *How do you find it?*
**Lo encuentro bastante fácil.** *I find it rather easy.*
**No lo encontramos.** *We can't find it.*
**Me voy a encontrar con Sara en la biblioteca.** *I'm going to meet Sara in the library.*
**¿Qué tal te encuentras?** *How are you?*
**No sé lo que le encuentran.** *I don't know what they see in him.*
**Me encontré con un obstáculo.** *I ran into an obstacle.*
**Se encuentra enferma.** *She is ill.*
**¡Te la vas a encontrar!** *You are going to get it!*

**hacerse el encontradizo** *to bump into someone*
**encontrado/a** *contrary, conflicting*
**encontrón, encontronazo** *crash, collision*

**encontrarse con uno** *to meet, come across someone*
**el encuentro** *encounter*
**el encuentro fortuito** *meeting by chance*

# enmendar *to correct; to compensate* tr. **90**

## INDICATIVE

| Present | Imperfect | Perfect |
|---|---|---|
| enmiendo | enmendaba | he enmendado |
| enmiendas | enmendabas | has enmendado |
| enmienda | enmendaba | ha enmendado |
| enmendamos | enmendábamos | hemos enmendado |
| enmendáis | enmendabais | habéis enmendado |
| enmiendan | enmendaban | han enmendado |

| Future | Pluperfect | Past Definite |
|---|---|---|
| enmendaré | había enmendado | enmendé |
| enmendarás | habías enmendado | enmendaste |
| enmendará | había enmendado | enmendó |
| enmendaremos | habíamos enmendado | enmendamos |
| enmendaréis | habíais enmendado | enmendasteis |
| enmendarán | habían enmendado | enmendaron |

| Future Perfect | Past Perfect |
|---|---|
| habré enmendado | hube enmendado |

## CONDITIONAL ## SUBJUNCTIVE

| Present | Present | Imperfect |
|---|---|---|
| enmendaría | enmiende | enmend-ara/ase |
| enmendarías | enmiendes | enmend-aras/ases |
| enmendaría | enmiende | enmend-ara/ase |
| enmendaríamos | enmendemos | enmend--áramos/ásemos |
| enmendaríais | enmendéis | enmend-arais/aseis |
| enmendarían | enmienden | eenmend-aran/asen |

| Perfect | Perfect | Pluperfect |
|---|---|---|
| habría enmendado | haya enmendado | hub-iera/iese enmendado |

| GERUND | PAST PARTICIPLE | IMPERATIVE |
|---|---|---|
| enmendando | enmendado | enmienda, enmendad |
| | | enmiende (Vd), enmienden (Vds) |

**No se puede enmendar.** *It cannot be revised.*
**Enmendaré el documento.** *I shall amend the document.*
**No hemos enmendado los errores.** *We haven't corrected the errors.*
**Te enmendaremos por ello.** *We shall compensate you for it.*
**El avión tuvo que enmendar el rumbo.** *The plane had to correct its course.*

**enmendarse** *to reform*
**la enmendación** *emendation, correction*
**la enmienda** *emendation, reform, indemnity, correction, amendment*

**la Quinta Enmienda** *the Fifth Amendment*
**la enmienda constitucional** *amendment to the constitution*

# 91 entender *to understand* tr./intr.

## INDICATIVE

| Present | Imperfect | Perfect |
|---|---|---|
| entiendo | entendía | he entendido |
| entiendes | entendías | has entendido |
| entiende | entendía | ha entendido |
| entendemos | entendíamos | hemos entendido |
| entendéis | entendíais | habéis entendido |
| entienden | entendían | han entendido |

| Future | Pluperfect | Past Definite |
|---|---|---|
| entenderé | había entendido | entendí |
| entenderás | habías entendido | entendiste |
| entenderá | había entendido | entendió |
| entenderemos | habíamos entendido | entendimos |
| entenderéis | habías entendido | entendisteis |
| entenderán | habían entendido | entendieron |

| Future Perfect | Past Perfect |
|---|---|
| habré entendido | hube entendido |

## CONDITIONAL     SUBJUNCTIVE

| Present | Present | Imperfect |
|---|---|---|
| entendería | entienda | entend-iera/iese |
| entenderías | entiendas | entend-ieras/ieses |
| entendería | entienda | entend-iera/iese |
| entenderíamos | entendamos | entend-iéramos/iésemos |
| entenderíais | entendáis | entend-ierais/ieseis |
| entenderían | entiendan | entend-ieran/iesen |

| Perfect | Perfect | Pluperfect |
|---|---|---|
| habría entendido | haya entendido | hub-iera/iese entendido |

## GERUND     PAST PARTICIPLE     IMPERATIVE

| GERUND | PAST PARTICIPLE | IMPERATIVE |
|---|---|---|
| entendiendo | entendido | entiende, entended<br>entienda (Vd), entiendan (Vds) |

**No, no lo entiendo.** *No, I do not understand it.*
**Te lo pienso hacer entender.** *I'll make you understand.*
**Nos hicimos entender.** *We made ourselves understood.*
**No entiendo ni una palabra.** *It's all Greek to me.*
**¿Qué entiendes por eso?** *What do you mean by that?*

**las entendederas** *brain* (col.)
**el/la entendedor(a)** *understanding person*
**el/la entendido/a** *knowledgeable person, expert*

**el entendimiento** *understanding, comprehension, intelligence*
**a mi entender** *in my opinion*

# entenderse *to be understood, known* r. **92**

## INDICATIVE

| Present | Imperfect | Perfect |
|---|---|---|
| me entiendo | me entendía | me he entendido |
| te entiendes | te entendías | te has entendido |
| se entiende | se entendía | se ha entendido |
| nos entendemos | nos entendíamos | nos hemos entendido |
| os entendéis | os entendíais | os habéis entendido |
| se entienden | se entendían | se han entendido |

| Future | Pluperfect | Past Definite |
|---|---|---|
| me entenderé | me había entendido | me entendí |
| te entenderás | te habías entendido | te entendiste |
| se entenderá | se había entendido | se entendió |
| nos entenderemos | nos habíamos entendido | nos entendimos |
| os entenderéis | os habíais entendido | os entendisteis |
| se entenderán | se habían entendido | se entendieron |

| Future Perfect | Past Perfect |
|---|---|
| habré entendido | hube entendido |

## CONDITIONAL    SUBJUNCTIVE

| Present | Present | Imperfect |
|---|---|---|
| me entendería | me entienda | me entend-iera/iese |
| te entenderías | te entiendas | te entend-ieras/ieses |
| se entendería | se entienda | se entend-iera/iese |
| nos entenderíamos | nos entendamos | nos entend-iéramos/iésemos |
| os entenderíais | os entendáis | os entend-ierais/ieseis |
| se entenderían | se entiendan | se entend-ieran/iesen |

| Perfect | Perfect | Pluperfect |
|---|---|---|
| me habría entendido | me haya entendido | me hub-iera/iese entendido |

## GERUND    PAST PARTICIPLE    IMPERATIVE

| GERUND | PAST PARTICIPLE | IMPERATIVE |
|---|---|---|
| entendiéndose | entendido | entiéndete, entendeos |
| | | entiéndase (Vd), entiéndanse |
| | | (Vds) |

**Se entiende.** *It is understood.*
**¿Qué se entiende por eso?** *What is meant by that?*
**Se entiende que no es bueno.** *It is known to be no good.*
**Yo me entiendo.** *I know what I'm doing.*
**Creo que él se entiende.** *I think he knows what he is on about.*
**No me entiendo bien con los ordenadores.** *I'm not very good with computers.*
**¿Te entiendes con él?** *Do you get on with him?*
**Me he entendido con mi jefe.** *I've come to an arrangement with my boss.*
**Paula y Marcia se entienden bien.** *Paula and Marcia get on well together.*
**Para el precio, entiéndete con el gerente.** *Discuss the price with the manager.*

# 93 enterrar *to bury* tr.

## INDICATIVE

| Present | Imperfect | Perfect |
|---------|-----------|---------|
| entierro | enterraba | he enterrado |
| entierras | enterrabas | has enterrado |
| entierra | enterraba | ha enterrado |
| enterramos | enterrábamos | hemos enterrado |
| enterráis | enterrabais | habéis enterrado |
| entierran | enterraban | han enterrado |

| Future | Pluperfect | Past Definite |
|--------|-----------|---------------|
| enterraré | había enterrado | enterré |
| enterrarás | habías enterrado | enterraste |
| enterrará | había enterrado | enterró |
| enterraremos | habíamos enterrado | enterramos |
| enterraréis | habías enterrado | enterrasteis |
| enterrarán | habían enterrado | enterraron |

| Future Perfect | Past Perfect |
|----------------|--------------|
| habré enterrado | hube enterrado |

## CONDITIONAL / SUBJUNCTIVE

| Present | Present | Imperfect |
|---------|---------|-----------|
| enterraría | entierre | enterr-ara/ase |
| enterrarías | entierres | enterr-aras/ases |
| enterraría | entierre | enterr-ara/ase |
| enterraríamos | enterremos | enterr-áramos/ásemos |
| enterraríais | enterréis | enterr-arais/aseis |
| enterrarían | entierren | enterr-aran/asen |

| Perfect | Perfect | Pluperfect |
|---------|---------|------------|
| habría enterrado | haya enterrado | hub-iera/iese enterrado |

| GERUND | PAST PARTICIPLE | IMPERATIVE |
|--------|-----------------|------------|
| enterrando | enterrado | entierra, enterrad |
| | | entierre (Vd), entierren (Vds) |

**Queremos que la entierren en su pueblo.** *We want her to be buried in her village.*
**La enterraron el sábado.** *She was buried on Saturday.*
**Le van a enterrar dentro de tres días.** *He is going to be buried in three days.*
**Lo enterraré para siempre.** *I shall never mention it or think about it again.*
**El abuelo nos enterrará a todos.** *Grandfather will outlive us all.*
**Se enterró en vida.** *He retired to a quiet place.*

**el enterradero** *burial ground*
**la uña enterrada** *ingrowing nail*
**el enterrador** *grave digger*
**enterrado/a** *buried*

**el enterramiento** *burial, interment*
**el entierro** *burial, funeral*
**el tesoro enterrado** *treasure trove*

# enviar *to send* tr. **94**

## INDICATIVE

| Present | Imperfect | Perfect |
|---|---|---|
| envío | enviaba | he enviado |
| envías | enviabas | has enviado |
| envía | enviaba | ha enviado |
| enviamos | enviábamos | hemos enviado |
| enviáis | enviabais | habéis enviado |
| envían | enviaban | han enviado |

| Future | Pluperfect | Past Definite |
|---|---|---|
| enviaré | había enviado | envié |
| enviarás | habías enviado | enviaste |
| enviará | había enviado | envió |
| enviaremos | habíamos enviado | enviamos |
| enviaréis | habíais enviado | enviasteis |
| enviarán | habían enviado | enviaron |

| Future Perfect | Past Perfect |
|---|---|
| habré enviado | hube enviado |

## CONDITIONAL / SUBJUNCTIVE

| Present | Present | Imperfect |
|---|---|---|
| enviaría | envíe | envi-ara/ase |
| enviarías | envíes | envi-aras/ascs |
| enviaría | envíe | envi-ara/ase |
| enviaríamos | enviemos | envi-áramos/ásemos |
| enviaríais | enviéis | envi-arais/aseis |
| enviarían | envíen | envi-aran/ascn |

| Perfect | Perfect | Pluperfect |
|---|---|---|
| habría enviado | haya enviado | hub-iera/iese enviado |

## GERUND / PAST PARTICIPLE / IMPERATIVE

| GERUND | PAST PARTICIPLE | IMPERATIVE |
|---|---|---|
| enviando | enviado | envía, enviad |
| | | envíe (Vd), envíen (Vds) |

**Te enviaré un recado.** *I'll send you a message.*
**Hemos enviado un regalo a mi madre.** *We have sent my mother a present.*
**Me lo envía Juan.** *Juan is sending it for me.*
**Angy me envió a recoger su paquete.** *Angy sent me to collect her parcel.*
**Voy a enviar un parte.** *I'm going to file a dispatch.*
**Enviaron a Carlos de paseo.** *They sent Carlos packing.*

**el envío** *dispatch*
**los gastos de envío** *transport charges, postage and packing*
**el envión** *push*
**el/la enviado/a** *envoy*

**el enviado especial** *special correspondent*
**la enviada** *sending, shipment, consignment*

# 95 envolver *to wrap up, surround* tr.

## INDICATIVE

| Present | Imperfect | Perfect |
|---|---|---|
| envuelvo | envolvía | he envuelto |
| envuelves | envolvías | has envuelto |
| envuelve | envolvía | ha envuelto |
| envolvemos | envolvíamos | hemos envuelto |
| envolvéis | envolvíais | habéis envuelto |
| envuelven | envolvían | han envuelto |

| Future | Pluperfect | Past Definite |
|---|---|---|
| envolveré | había envuelto | envolví |
| envolverás | habías envuelto | envolviste |
| envolverá | había envuelto | envolvió |
| envolveremos | habíamos envuelto | envolvimos |
| envolveréis | habíais envuelto | envolvisteis |
| envolverán | habían envuelto | envolvieron |

| Future Perfect | Past Perfect |
|---|---|
| habré envuelto | hube envuelto |

## CONDITIONAL · SUBJUNCTIVE

| Present | Present | Imperfect |
|---|---|---|
| envolvería | envuelva | envolv-iera/iese |
| envolverías | envuelvas | envolv-ieras/ieses |
| envolvería | envuelva | envolv-iera/iese |
| envolveríamos | envolvamos | envolv-iéramos/iésemos |
| envolveríais | envolváis | envolv-ierais/ieseis |
| envolverían | envuelvan | envolv-ieran/iesen |

| Perfect | Perfect | Pluperfect |
|---|---|---|
| habría envuelto | haya envuelto | hub-iera/iese envuelto |

## GERUND · PAST PARTICIPLE · IMPERATIVE

| GERUND | PAST PARTICIPLE | IMPERATIVE |
|---|---|---|
| envolviendo | envuelto | envuelve, envolved |
| | | envuelva (Vd), envuelvan (Vds) |

¿Te lo **envuelvo**? *Shall I wrap it up for you?*
**Lo envolvió en un periódico.** *She wrapped it up in a newspaper.*
**La niebla envuelve la ciudad.** *Fog envelops the town.*
**Envolvieron a Miguel.** *Miguel was involved in it.*
**El misterio envuelve la situación.** *Mystery surrounds the situation.*

**la envoltura** *cover, wrapper, wrapping, case*
**el envolvedero** *cover, wrapper, wrapping*
**envuelto/a** *wrapped*
**envolvente** *surrounding*

**el envolvimiento** *wrapping, involvement*
**el envoltorio, envoltijo** *package, wrapping, bundle*

# erguir  *to stand up straight, raise*  tr.  **96**

INDICATIVE

| Present | Imperfect | Perfect |
|---|---|---|
| irgo/yergo | erguía | he erguido |
| irgues/yergues | erguías | has erguido |
| irgue/yergue | erguía | ha erguido |
| erguimos | erguíamos | hemos erguido |
| erguís | erguíais | habéis erguido |
| yerguen | erguían | han erguido |

| Future | Pluperfect | Past Definite |
|---|---|---|
| erguiré | había erguido | erguí |
| erguirás | habías erguido | erguiste |
| erguirá | había erguido | irguió |
| erguiremos | habíamos erguido | erguimos |
| erguiréis | habíais erguido | erguisteis |
| erguirán | habían erguido | irguieron |

| Future Perfect | Past Perfect |
|---|---|
| habré erguido | hube erguido |

CONDITIONAL                      SUBJUNCTIVE

| Present | Present | Imperfect |
|---|---|---|
| erguiría | yerga/irga | irgu-iera/iese |
| erguirías | yergas/irgas | irgu-icras/icscs |
| erguiría | yerga/irga | irgu-iera/iese |
| erguiríamos | irgamos | irgu-iéramos/iésemos |
| erguiríais | irgáis | irgu-ierais/ieseis |
| erguirían | irgan | irgu-ieran/iescn |

| Perfect | Perfect | Pluperfect |
|---|---|---|
| habría crguido | haya erguido | hub-iera/iese erguido |

| GERUND | PAST PARTICIPLE | IMPERATIVE |
|---|---|---|
| irguiendo | erguido | yergue/irgue, erguid |
| | | yerga/irga (Vd), yergan/irgan (Vds) |

**Le gusta erguirse para parecer más alto.** *He likes to stand up straight to appear taller.*
**¡Irgue/yergue la cabeza!** *Raise your head!*
**El caballo irguió las orejas.** *The horse pricked up his ears.*
**Se irguieron de repente.** *They stood up suddenly.*
**¡Vamos a erguir la cabeza!** *Let's hold our heads high!*

**erguido/a** *erect, straight, proud*
**la erección** *erection, raising*
**erecto/a** *standing, straight*

**el erguimiento** *erection, straightening up*
**estar muy erguido** *to swell with pride*

# 97 errar  *to err, miss*  tr./intr.

## INDICATIVE

| Present | Imperfect | Perfect |
|---|---|---|
| yerro | erraba | he errado |
| yerras | errabas | has errado |
| yerra | erraba | ha errado |
| erramos | errábamos | hemos errado |
| erráis | errabais | habéis errado |
| yerran | erraban | han errado |

| Future | Pluperfect | Past Definite |
|---|---|---|
| erraré | había errado | erré |
| errarás | habías errado | erraste |
| errará | había errado | erró |
| erraremos | habíamos errado | erramos |
| erraréis | habíais errado | errasteis |
| errarán | habían errado | erraron |

| Future Perfect | Past Perfect |
|---|---|
| habré errado | hube errado |

## CONDITIONAL                SUBJUNCTIVE

| Present | Present | Imperfect |
|---|---|---|
| erraría | yerre | err-ara/ase |
| errarías | yerres | err-aras/ases |
| erraría | yerre | err-ara/ase |
| erraríamos | erremos | err-áramos/ásemos |
| erraríais | erréis | err-arais/aseis |
| errarían | yerren | err-aran/asen |

| Perfect | Perfect | Pluperfect |
|---|---|---|
| habría errado | haya errado | hub-iera/iese errado |

| GERUND | PAST PARTICIPLE | IMPERATIVE |
|---|---|---|
| errando | errado | yerra, errad |
|  |  | yerre (Vd), yerren (Vds) |

**Perdóname si he errado.** *Please forgive me if I was at fault.*
**Erramos por el parque.** *We wandered in the park.*
**He errado en mi elección.** *I have made a mistake in my choice.*
**Errar es humano.** *To err is human.*
**Caperucita Roja erró el camino.** *Little Red Riding Hood lost her way.*
**Enrique erró el golpe.** *Enrique missed the target.*

| | |
|---|---|
| **el error** *error* | **el error de entrega** *misdelivery* |
| **errante** *wandering, travelling, errant* | **el error de imprenta** *misprint* |
| **estrella errante** *wandering star* | **errático/a** *erratic* |
| **el error de escritura** *graphic error* | **erróneo** *faulty, wrong* |

# escribir *to write, spell* tr. **98**

INDICATIVE

| Present | Imperfect | Perfect |
|---|---|---|
| escribo | escribía | he escrito |
| escribes | escribías | has escrito |
| escribe | escribía | ha escrito |
| escribimos | escribíamos | hemos escrito |
| escribís | escribíais | habéis escrito |
| escriben | escribían | han escrito |

| Future | Pluperfect | Past Definite |
|---|---|---|
| escribiré | había escrito | escribí |
| escribirás | habías escrito | escribiste |
| escribirá | había escrito | escribió |
| escribiremos | habíamos escrito | escribimos |
| escribiréis | habíais escrito | escribisteis |
| escribirán | habían escrito | escribieron |

| Future Perfect | Past Perfect |
|---|---|
| habré escrito | hube escrito |

CONDITIONAL  SUBJUNCTIVE

| Present | Present | Imperfect |
|---|---|---|
| escribiría | escriba | escrib-iera/iese |
| escribirías | escribas | escrib-ieras/ieses |
| escribiría | escriba | escrib-iera/iese |
| escribiríamos | escribamos | escrib-iéramos/iésemos |
| escribiríais | escribáis | escrib-ierais/ieseis |
| escribirían | escriban | escrib-ieran/iesen |

| Perfect | Perfect | Pluperfect |
|---|---|---|
| habría escrito | haya escrito | hub-iera/iese escrito |

| GERUND | PAST PARTICIPLE | IMPERATIVE |
|---|---|---|
| escribiendo | escrito | escribe, escribid |
| | | escriba (Vd), escriban (Vds) |

**Leonor escribe artículos para El País.** *Leonor writes for El País.*
**Paqui lo escribirá todo a máquina.** *Paqui will type everything.*
**Elvira escribe muy bien.** *Elvira writes beatifully.*
**'Burro' se escribe con b.** *'Burro' is spelt with a b.*
**¿Cómo se escribe?** *How do you spell it?*

**escribir a máquina** *to type*　　**el escribiente** *copyist*
**escribir** *to write longhand*　　**el/la escritor(a)** *writer*
**el escriba** *scribe*　　**la escritura** *writing*
**la escribanía** *writing desk, clerkship*　　**el escritorio** *desk*
**el escribano** *clerk*

# 99 estar *to be* intr. (aux.)

## INDICATIVE

| Present | Imperfect | Perfect |
|---------|-----------|---------|
| estoy | estaba | he estado |
| estás | estabas | has estado |
| está | estaba | ha estado |
| estamos | estábamos | hemos estado |
| estáis | estabais | habéis estado |
| están | estaban | han estado |

| Future | Pluperfect | Past Definite |
|--------|------------|---------------|
| estaré | había estado | estuve |
| estarás | habías estado | estuviste |
| estará | había estado | estuvo |
| estaremos | habíamos estado | estuvimos |
| estaréis | habías estado | estuvisteis |
| estarán | habían estado | estuvieron |

| Future Perfect | Past Perfect |
|----------------|--------------|
| habré estado | hube estado |

## CONDITIONAL / SUBJUNCTIVE

| Present | Present | Imperfect |
|---------|---------|-----------|
| estaría | esté | estuv-iera/iese |
| estarías | estés | estuv-ieras/ieses |
| estaría | esté | estuv-iera/iese |
| estaríamos | estemos | estuv-iéramos/iésemos |
| estaríais | estéis | estuv-ierais/ieseis |
| estarían | estén | estuv-ieran/iesen |

| Perfect | Perfect | Pluperfect |
|---------|---------|------------|
| habría estado | haya estado | hub-iera/iese estado |

## GERUND / PAST PARTICIPLE / IMPERATIVE

| GERUND | PAST PARTICIPLE | IMPERATIVE |
|--------|-----------------|------------|
| estando | estado | está, estad |
| | | esté (Vd), estén (Vds) |

**Estamos en Burgos.** *We are in Burgos.*
**El Prado está en Madrid.** *The Prado is in Madrid.*
**Estuve en Berlín en 1982.** *I was in Berlin in 1982.*
**Estoy leyendo un libro.** *I am reading a book.*
**Estoy enamorada de Peter.** *I'm in love with Peter.*
**¿Cómo estás?** *How are you?*
**Está más viejo.** *He looks older.*
**Enseguida estará.** *It will be ready soon.*

**¡Estáte quieto!** *Keep still!*
**¿Estamos?** *Agreed?*
**Estoy de vacaciones** *I am on holiday.*
**Estoy contenta.** *I'm happy.*

**Está enfermo.** *He's ill.*
**Está cansada.** *She is tired.*
**Está dormida.** *She is asleep.*

# evacuar *to evacuate* tr. **100**

## INDICATIVE

| Present | Imperfect | Perfect |
|---|---|---|
| evacuo | evacuaba | he evacuado |
| evacuas | evacuabas | has evacuado |
| evacua | evacuaba | ha evacuado |
| evacuamos | evacuábamos | hemos evacuado |
| evacuáis | evacuabais | habéis evacuado |
| evacuan | evacuaban | han evacuado |

| Future | Pluperfect | Past Definite |
|---|---|---|
| evacuaré | había evacuado | evacué |
| evacuarás | habías evacuado | evacuaste |
| evacuará | había evacuado | evacuó |
| evacuaremos | habíamos evacuado | evacuamos |
| evacuaréis | habíais evacuado | evacuasteis |
| evacuarán | habían evacuado | evacuaron |

| Future Perfect | Past Perfect |
|---|---|
| habré evacuado | hube evacuado |

## CONDITIONAL / SUBJUNCTIVE

| Present | Present | Imperfect |
|---|---|---|
| evacuaría | evacue | evacu-ara/ase |
| evacuarías | evacues | evacu-aras/ases |
| evacuaría | evacue | evacu-ara/ase |
| evacuaríamos | evacuemos | evacu-áramos/ásemos |
| evacuaríais | evacuéis | evacu-arais/aseis |
| evacuarían | evacuen | evacu-aran/asen |

| Perfect | Perfect | Pluperfect |
|---|---|---|
| habría evacuado | haya evacuado | hub-iera/iese evacuado |

## GERUND / PAST PARTICIPLE / IMPERATIVE

| GERUND | PAST PARTICIPLE | IMPERATIVE |
|---|---|---|
| evacuando | evacuado | evacua, evacuad |
| | | evacue (Vd), evacuen (Vds) |

**Hay que evacuar el edificio.** *We must evacuate the building.*
**Están evacuando a los heridos.** *They are taking the wounded out.*
**Evacuaré el recipiente mañana.** *I shall empty the container tomorrow.*
**Está evacuando cenizas.** *He is raking out ashes.*
**Peter va a evacuar la máquina.** *Peter is going to drain the engine.*

**la evacuación** *evacuation*
**el/la evacuado/a** *evacuee*
**el evacuatorio** *public lavatory*
**el evacuante** *diuretic, evacuant*

**el evacuador** *evacuator; wasteway, escape, spillway*
**evacuativo/a** *evacuative, purge, purgative*

# 101 fregar  *to wash up, scrub*  tr.

## INDICATIVE

| Present | Imperfect | Perfect |
|---|---|---|
| friego | fregaba | he fregado |
| friegas | fregabas | has fregado |
| friega | fregaba | ha fregado |
| fregamos | fregábamos | hemos fregado |
| fregáis | fregabais | habéis fregado |
| friegan | fregaban | han fregado |

| Future | Pluperfect | Past Definite |
|---|---|---|
| fregaré | había fregado | fregué |
| fregarás | habías fregado | fregaste |
| fregará | había fregado | fregó |
| fregaremos | habíamos fregado | fregamos |
| fregaréis | habíais fregado | fregasteis |
| fregarán | habían fregado | fregaron |

| Future Perfect | Past Perfect |
|---|---|
| habré fregado | hube fregado |

## CONDITIONAL  SUBJUNCTIVE

| Present | Present | Imperfect |
|---|---|---|
| fregaría | friegue | freg-ara/ase |
| fregarías | friegues | freg-aras/ases |
| fregaría | friegue | freg-ara/ase |
| fregaríamos | freguemos | freg-áramos/ásemos |
| fregaríais | freguéis | freg-arais/aseis |
| fregarían | frieguen | freg-aran/asen |

| Perfect | Perfect | Pluperfect |
|---|---|---|
| habría fregado | haya fregado | hub-iera/iese fregado |

## GERUND  PAST PARTICIPLE  IMPERATIVE

| GERUND | PAST PARTICIPLE | IMPERATIVE |
|---|---|---|
| fregando | fregado | friega, fregad |
| | | friegue (Vd), frieguen (Vds) |

¿Has fregado los platos? *Have you done the washing-up?*
Me toca fregar mañana. *Tomorrow is my turn to do the washing-up.*
Tienes que fregar el suelo. *You are to mop the floor.*
Están fregando las paredes. *They are scrubbing the walls.*
¡No me friegues! *Stop bothering me!*
Está fregando a los niños. *He is pestering the children.*
Había fregación en la sala. *There was some friction in the room.*

la fregada *nuisance, misfortune*
el fregadero/a *sink, scullery; nuisance, annoyance*
el fregador *sink, dishcloth, scourer*

el fregasuelos *mop, cleaner*
la fregona *mop, cleaner, skivvy*
el friegaplatos *dishwasher*
el fregado, la fregadura *scrubbing*

# freír *to fry* tr. **102**

## INDICATIVE

| Present | Imperfect | Perfect |
|---------|-----------|---------|
| frío | freía | he frito |
| fríes | freías | has frito |
| fríe | freía | ha frito |
| freímos | freíamos | hemos frito |
| freís | freíais | habéis frito |
| fríen | freían | han frito |

| Future | Pluperfect | Past Definite |
|--------|-----------|---------------|
| freiré | había frito | freí |
| freirás | habías frito | freíste |
| freirá | había frito | frió |
| freiremos | habíamos frito | freímos |
| freiréis | habías frito | freísteis |
| freirán | habían frito | frieron |

| Future Perfect | Past Perfect |
|----------------|--------------|
| habré frito | hube frito |

## CONDITIONAL | SUBJUNCTIVE

| Present | Present | Imperfect |
|---------|---------|-----------|
| freiría | fría | fr-iera/iese |
| freirías | frías | fr-ieras/ieses |
| freiría | fría | fr-iera/iese |
| freiríamos | friamos | fr-iéramos/iésemos |
| freiríais | friáis | fr-ierais/ieseis |
| freirían | frían | fr-ieran/ieuen |

| Perfect | Perfect | Pluperfect |
|---------|---------|------------|
| habría frito | haya frito | hub-iera/iese frito |

## GERUND | PAST PARTICIPLE | IMPERATIVE

| GERUND | PAST PARTICIPLE | IMPERATIVE |
|--------|-----------------|------------|
| friendo | freído/frito | fríe, freíd |
| | | fría (Vd), frían (Vds) |

**Voy a freír las patatas.** *I am going to fry the potatoes.*
**¿Has frito la carne?** *Have you fried the meat?*
**No lo has frito bastante.** *You have not fried it enough.*
**Al freír será el reír.** *The proof of the pudidng is in the eating.*
**¡Vete a freír espárragos!** *Go to hell!*
**Me frío de calor.** *I am extremely hot.*
**Se la he frito a Carlos.** *I have decieved Carlos.*
**¡Me tienes frito!** *I am fed up with you!*

**la freidera** *frying pan, fryer*
**la fritada** *fried dish*
**la freiduría de pescado** *fried fish shop*

**frito/a** *fried*
**las fritillas** *fritters*
**el/la freidor(a)** *one who fries*

# 103 gobernar  *to govern, rule*  tr./intr.

INDICATIVE

| Present | Imperfect | Perfect |
|---|---|---|
| gobierno | gobernaba | he gobernado |
| gobiernas | gobernabas | has gobernado |
| gobierna | gobernaba | ha gobernado |
| gobernamos | gobernábamos | hemos gobernado |
| gobernáis | gobernabais | habéis gobernado |
| gobiernan | gobernaban | han gobernado |

| Future | Pluperfect | Past Definite |
|---|---|---|
| gobernaré | había gobernado | goberné |
| gobernarás | habías gobernado | gobernaste |
| gobernará | había gobernado | gobernó |
| gobernaremos | habíamos gobernado | gobernamos |
| gobernaréis | habíais gobernado | gobernasteis |
| gobernarán | habían gobernado | gobernaron |

| Future Perfect | Past Perfect |
|---|---|
| habré gobernado | hube gobernado |

CONDITIONAL  SUBJUNCTIVE

| Present | Present | Imperfect |
|---|---|---|
| gobernaría | gobierne | gobern-ara/ase |
| gobernarías | gobiernes | gobern-aras/ases |
| gobernaría | gobierne | gobern-ara/ase |
| gobernaríamos | gobernemos | gobern-áramos/ásemos |
| gobernaríais | gobernéis | gobern-arais/aseis |
| gobernarían | gobiernen | gobern-aran/asen |

| Perfect | Perfect | Pluperfect |
|---|---|---|
| habría gobernado | haya gobernado | hub-iera/iese gobernado |

| GERUND | PAST PARTICIPLE | IMPERATIVE |
|---|---|---|
| gobernando | gobernado | gobierna, gobernad |
| | | gobierne (Vd), gobiernen (Vds) |

**La madre gobierna esta familia.**  *It is the mother who rules this family.*
**Franco gobernó desde 1939.**  *Franco ruled from 1939.*
**Le gobierna su mujer.**  *His wife rules him.*
**No sabe gobernar.**  *She doesn't know how to behave.*
**¿Sabes gobernar el barco?**  *Do you know how to steer the ship?*

**la gobernanta**  *governess*
**el gobernante**  *ruler, governor*
**el gobierno**  *government; steering, helm*
**el gobierno doméstico**  *housekeeping*
**el gobernador**  *ruler*

**la gobernación**  *governing*
**El Ministerio de la Gobernación**
  *Home Office*
**El Ministro de la Gobernación**
  *Home Secretary*

# haber  *to have*  tr. (aux.)  **104**

| Present | Imperfect | Perfect |
|---|---|---|
| he | había | he habido |
| has | habías | has habido |
| ha | había | ha habido |
| hemos | habíamos | hemos habido |
| habéis | habíais | habéis habido |
| han | habían | han habido |

| Future | Pluperfect | Past Definite |
|---|---|---|
| habré | había habido | hube |
| habrás | habías habido | hubiste |
| habrá | había habido | hubo |
| habremos | habíamos habido | hubimos |
| habréis | habíais habido | hubisteis |
| habrán | habían habido | hubieron |

| Future Perfect | Past Perfect |
|---|---|
| habré habido | hube habido |

CONDITIONAL | SUBJUNCTIVE

| Present | Present | Imperfect |
|---|---|---|
| habría | haya | hub-iera/iese |
| habrías | hayas | hub-ieras/ieses |
| habría | haya | hub-iera/iese |
| habríamos | hayamos | hub-iéramos/iésemos |
| habríais | hayáis | hub-ierais/ieseis |
| habrían | hayan | hub-ieran/esen |

| Perfect | Perfect | Pluperfect |
|---|---|---|
| habría habido | haya habido | hub-iera/iese habido |

| GERUND | PAST PARTICIPLE | IMPERATIVE |
|---|---|---|
| habiendo | habido | hé, habed |
| | | haya (Vd), hayan (Vds) |

**Hemos comido.** *We have eaten.*
**Habíamos comido.** *We had eaten.*
**Habremos comido.** *We shall have eaten.*
**Hay dos libros en la mesa.** *There are two books on the table.*
**Hay un libro en la silla.** *There is a book on the chair.*
**¿Habrá tiempo?** *Will there be time?*
**Tomaré lo que haya.** *I'll have whatever is going.*
**La baja de temperatura habida ayer.** *The fall in temperature recorded yesterday.*
**He de hacerlo.** *I have to do it.*
**Ha de llegar mañana.** *He's due to arrive tomorrow.*
**Han de ser las 2.** *It must be 2 o'clock.*
**Hay que hacerlo.** *It has to be done.*
**¿Qué hay?** *What's up?*
**No lo hay.** *There isn't any.*
**No hay de qué.** *Don't mention it.*

# 105 hablar  *to speak, talk*  tr./intr.

## INDICATIVE

| Present | Imperfect | Perfect |
|---|---|---|
| hablo | hablaba | he hablado |
| hablas | hablabas | has hablado |
| habla | hablaba | ha hablado |
| hablamos | hablábamos | hemos hablado |
| habláis | hablabais | habéis hablado |
| hablan | hablaban | han hablado |

| Future | Pluperfect | Past Definite |
|---|---|---|
| hablaré | había hablado | hablé |
| hablarás | habías hablado | hablaste |
| hablará | había hablado | habló |
| hablaremos | habíamos hablado | hablamos |
| hablaréis | habíais hablado | hablasteis |
| hablarán | habían hablado | hablaron |

| Future Perfect | Past Perfect |
|---|---|
| habré hablado | hube hablado |

## CONDITIONAL | SUBJUNCTIVE

| Present | Present | Imperfect |
|---|---|---|
| hablaría | hable | habl-ara/ase |
| hablarías | hables | habl-aras/ases |
| hablaría | hable | habl-ara/ase |
| hablaríamos | hablemos | habl-áramos/ásemos |
| hablaríais | habléis | habl-arais/aseis |
| hablarían | hablen | habl-aran/asen |

| Perfect | Perfect | Pluperfect |
|---|---|---|
| habría hablado | haya hablado | hub-iera/iese hablado |

| GERUND | PAST PARTICIPLE | IMPERATIVE |
|---|---|---|
| hablando | hablado | habla, hablad |
| | | hable (Vd), hablen (Vds) |

¿**Hablan español?** *Do you speak Spanish?*
¿**Hablaste con Juan?** *Did you talk to Juan?*
¿**Quién habla?** *Who's calling? (on phone)*
**Eso es hablar por hablar.** *That's just wasted breath.*
**Susanita habla por los codos.** *Susanita talks nineteen to the dozen.*
**Se habla inglés.** *English spoken.*
¡**Ni hablar!** *Nonsense! Out of the question!*

**el habla** *speech*
**hablador(a)** *talkative, chatterbox, gossipy*
**las habladas** *boasting, bragging*
**las habladurías** *gossip, nasty talk*

**el/la hablante** *talking, speaker*
**el hablista** *good speaker*
**la hablilla** *rumour, tittle-tattle*
**hablantín = hablanchín** *talkative*

# hacer  *to do, make*  tr./intr.  **106**

## INDICATIVE

| Present | Imperfect | Perfect |
|---------|-----------|---------|
| hago | hacía | he hecho |
| haces | hacías | has hecho |
| hace | hacía | ha hecho |
| hacemos | hacíamos | hemos hecho |
| hacéis | hacíais | habéis hecho |
| hacen | hacían | han hecho |

| Future | Pluperfect | Past Definite |
|--------|-----------|---------------|
| haré | había hecho | hice |
| harás | habías hecho | hiciste |
| hará | había hecho | hizo |
| haremos | habíamos hecho | hicimos |
| haréis | habíais hecho | hicisteis |
| harán | habían hecho | hicieron |

| Future Perfect | Past Perfect |
|----------------|--------------|
| habré hecho | hube hecho |

## CONDITIONAL | SUBJUNCTIVE

| Present | Present | Imperfect |
|---------|---------|-----------|
| haría | haga | hic-iera/iese |
| harías | hagas | hic-ieras/ieses |
| haría | haga | hic-iera/iese |
| haríamos | hagamos | hic-iéramos/iésemos |
| haríais | hagáis | hic-ierais/ieseis |
| harían | hagan | hic-ieran/iesen |

| Perfect | Perfect | Pluperfect |
|---------|---------|-----------|
| habría hecho | haya hecho | hub-iera/iese hecho |

| GERUND | PAST PARTICIPLE | IMPERATIVE |
|--------|-----------------|------------|
| haciendo | hecho | haz, haced |
| | | haga (Vd), hagan (Vds) |

**Estoy haciendo café.** *I'm making some coffee.*
**No sabe qué hacer.** *She doesn't know what to do.*
**¿Qué haces ahí?** *What are you doing there?*
**Se hace enfermero.** *He's becoming a nurse.*
**Se hizo cortar el pelo.** *She had her hair cut.*
**Hace calor.** *It's hot.*
**Hace dos años.** *Two years ago.*
**Vivo aquí desde hace un mes.** *I've been living here for a month.*
**¡La has hecho buena!** *A fine mess you've made!*

**hacendoso/a** *industrious, hard working*
**el hecho** *fact, deed*
**hecho/a** *agreed, finished, done, made*

**hacedero/a** *practicable, feasible*
**el/la hacedor(a)** *maker*
**hacerse** *to become, turn; pretend*

# 107 helar  *to freeze, chill*  tr./intr.

## INDICATIVE

| Present | Imperfect | Perfect |
|---------|-----------|---------|
| hielo | helaba | he helado |
| hielas | helabas | has helado |
| hiela | helaba | ha helado |
| helamos | helábamos | hemos helado |
| heláis | helabais | habéis helado |
| hielan | helaban | han helado |

| Future | Pluperfect | Past Definite |
|--------|-----------|---------------|
| helaré | había helado | helé |
| helarás | habías helado | helaste |
| helará | había helado | heló |
| helaremos | habíamos helado | helamos |
| helaréis | habíais helado | helasteis |
| helarán | habían helado | helaron |

| Future Perfect | Past Perfect |
|----------------|--------------|
| habré helado | hube helado |

## CONDITIONAL  SUBJUNCTIVE

| Present | Present | Imperfect |
|---------|---------|-----------|
| helaría | hiele | hel-ara/ase |
| helarías | hieles | hel-aras/ases |
| helaría | hiele | hel-ara/ase |
| helaríamos | helemos | hel-áramos/ásemos |
| helaríais | heléis | hel-arais/aseis |
| helarían | hielen | hel-aran/asen |

| Perfect | Perfect | Pluperfect |
|---------|---------|------------|
| habría helado | haya helado | hub-iera/iese helado |

## GERUND  PAST PARTICIPLE  IMPERATIVE

| GERUND | PAST PARTICIPLE | IMPERATIVE |
|--------|-----------------|------------|
| helando | helado | hiela, helad |
| | | hiele (Vd), hielen (Vds) |

**Va a helar.** *It's going to freeze.*
**¿Helará mañana?** *Is there going to be a frost tomorrow?*
**Voy a helar la fruta.** *I'm going to freeze the fruit.*
**¿Se helarán las plantas?** *Will the plants freeze?*
**Estoy helada.** *I'm frozen.*
**Se ha helado el agua.** *The water has frozen.*
**Me fui porque me estaba helando.** *I left because I was frozen.*

**la helada** *frost*
**la helada tardía** *late frost*
**el helado** *ice-cream*

**el hielo** *ice*
**la heladería** *ice-cream shop*
**el helero** *glacier*

# herir   *to wound, hurt, harm*   tr.   **108**

## INDICATIVE

| Present | Imperfect | Perfect |
|---|---|---|
| hiero | hería | he herido |
| hieres | herías | has herido |
| hiere | hería | ha herido |
| herimos | heríamos | hemos herido |
| herís | heríais | habéis herido |
| hieren | herían | han herido |

| Future | Pluperfect | Past Definite |
|---|---|---|
| heriré | había herido | herí |
| herirás | habías herido | heriste |
| herirá | había herido | hirió |
| heriremos | habíamos herido | herimos |
| heriréis | habíais herido | heristeis |
| herirán | habían herido | hirieron |

| Future Perfect | Past Perfect |
|---|---|
| habré herido | hube herido |

## CONDITIONAL / SUBJUNCTIVE

| Present | Present | Imperfect |
|---|---|---|
| heriría | hiera | hir-iera/iese |
| herirías | hieras | hir-ieras/ieses |
| heriría | hiera | hir-iera/iese |
| heriríamos | hiramos | hir-iéramos/iésemos |
| heriríais | hiráis | hir-ierais/ieseis |
| herirían | hieran | hir-ieran/iesen |

| Perfect | Perfect | Pluperfect |
|---|---|---|
| habría herido | haya herido | hub-iera/iese herido |

| GERUND | PAST PARTICIPLE | IMPERATIVE |
|---|---|---|
| hiriendo | herido | hiere, herid |
| | | hiera (Vd), hieran (Vds) |

**Ha sido herido en el brazo.** *He has been wounded in the arm.*
**Se ha herido la pierna.** *She has hurt her leg.*
**El cristal le hirió en la cabeza.** *The glass injured him in the head.*
**El accidente hirió su confianza.** *The accident dented his confidence.*
**Esos ruidos me hieren los oídos.** *Those noises hurt my ears.*
**Ese color me hiere la vista.** *That colour hurts my eyes.*

**la herida** *wound*
**herido/a** *wounded*
**hiriente** *wounding, cutting*

# 109 hervir *to boil* intr.

## INDICATIVE

| Present | Imperfect | Perfect |
|---|---|---|
| hiervo | hervía | he hervido |
| hierves | hervías | has hervido |
| hierve | hervía | ha hervido |
| hervimos | hervíamos | hemos hervido |
| hervís | hervíais | habéis hervido |
| hierven | hervían | han hervido |

| Future | Pluperfect | Past Definite |
|---|---|---|
| herviré | había hervido | herví |
| hervirás | habías hervido | herviste |
| hervirá | había hervido | hirvió |
| herviremos | habíamos hervido | hervimos |
| herviréis | habíais hervido | hervisteis |
| hervirán | habían hervido | hirvieron |

| Future Perfect | Past Perfect |
|---|---|
| habré hervido | hube hervido |

## CONDITIONAL / SUBJUNCTIVE

| Present | Present | Imperfect |
|---|---|---|
| herviría | hierva | hirv-iera/iese |
| hervirías | hiervas | hirv-ieras/ieses |
| herviría | hierva | hirv-iera/iese |
| herviríamos | hirvamos | hirv-iéramos/iésemos |
| herviríais | hirváis | hirv-ierais/ieseis |
| hervirían | hiervan | hirv-ieran/iesen |

| Perfect | Perfect | Pluperfect |
|---|---|---|
| habría hervido | haya hervido | hub-iera/iese hervido |

| GERUND | PAST PARTICIPLE | IMPERATIVE |
|---|---|---|
| hirviendo | hervido | hierve, hervid |
| | | hierva (Vd), hiervan (Vds) |

**Hierve el agua.** *Boil the water.*
**Herviré las verduras antes de cenar.** *I'll boil the vegetables before supper.*
**Lo herviremos a fuego lento.** *We'll simmer it.*
**Hervir y dejar reposar.** *Boil and allow to settle.*
**Me hierve la sangre.** *I get very worked up.*
**La alfombra hervía de pulgas.** *The carpet was swarming with fleas.*
**La tienda hervía de gente.** *The shop was very crowded.*

**el hervor** *boiling; passion*
**levantar al hervor** *bring to the boil*
**hervir a borbotones** *to boil fast*

**el hervidor** *kettle, boiler*
**el hervidero** *boiling, bubbling; hot spring*

## INDICATIVE

| Present | Imperfect | Perfect |
|---|---|---|
| huyo | huía | he huido |
| huyes | huías | has huido |
| huye | huía | ha huido |
| huimos | huíamos | hemos huido |
| huís | huíais | habéis huido |
| huyen | huían | han huido |

| Future | Pluperfect | Past Definite |
|---|---|---|
| huiré | había huido | huí |
| huirás | habias huido | huiste |
| huirá | había huido | huyó |
| huiremos | habíamos huido | huimos |
| huiréis | habíais huido | huisteis |
| huirán | habían huido | huyeron |

| Future Perfect | Past Perfect |
|---|---|
| habré huido | hube huido |

## CONDITIONAL    SUBJUNCTIVE

| Present | Present | Imperfect |
|---|---|---|
| huiría | huya | hu-yera/yese |
| huirías | huyas | hu-yeras/yeses |
| huiría | huya | hu-yera/yese |
| huiríamos | huyamos | hu-yéramos/yésemos |
| huirías | huyáis | hu-yerais/yeseis |
| huirían | huyan | hu-yeran/yesen |

| Perfect | Perfect | Pluperfect |
|---|---|---|
| habría huido | haya huido | hub-iera/iese huido |

| GERUND | PAST PARTICIPLE | IMPERATIVE |
|---|---|---|
| huyendo | huido | huye, huid |
| | | huya (Vd), huyan (Vds) |

**Siempre huye del peligro.** *He always runs away from danger.*
**Huyen de la guerra.** *They are running away from the war.*
**El prisionero huyó de la cárcel.** *The prisoner escaped from jail.*
**El pájaro huirá del nido.** *The bird will flee the nest.*
**Huyeron a la desbandada.** *They escaped in a mad rush.*

**¡Huye!** *Run!*
**la huida** *flight, escape*
**huidizo** *shy, elusive, receding*

**huido/a** *fugitive, runaway*
**huidero** *fleeting, short lived,*
  *transitory*

# 111 impedir  *to impede, hinder, prevent*  tr.

## INDICATIVE

| Present | Imperfect | Perfect |
|---|---|---|
| impido | impedía | he impedido |
| impides | impedías | has impedido |
| impide | impedía | ha impedido |
| impedimos | impedíamos | hemos impedido |
| impedís | impedíais | habéis impedido |
| impiden | impedían | han impedido |

| Future | Pluperfect | Past Definite |
|---|---|---|
| impediré | había impedido | impedí |
| impedirás | habías impedido | impediste |
| impedirá | había impedido | impidió |
| impediremos | habíamos impedido | impedimos |
| impediréis | habíais impedido | impedisteis |
| impedirán | habían impedido | impidieron |

| Future Perfect | Past Perfect |
|---|---|
| habré impedido | hube impedido |

## CONDITIONAL / SUBJUNCTIVE

| Present | Present | Imperfect |
|---|---|---|
| impediría | impida | impid-iera/iese |
| impedirías | impidas | impid-ieras/ieses |
| impediría | impida | impid-iera/iese |
| impediríamos | impidamos | impid-iéramos/iésemos |
| impediríais | impidáis | impid-ierais/ieseis |
| impedirían | impidan | impid-ieran/iesen |

| Perfect | Perfect | Pluperfect |
|---|---|---|
| habría impedido | haya impedido | hub-iera/iese impedido |

## GERUND / PAST PARTICIPLE / IMPERATIVE

| GERUND | PAST PARTICIPLE | IMPERATIVE |
|---|---|---|
| impidiendo | impedido | impide, impedid |
|  |  | impida (Vd), impidan (Vds) |

**Sus obligaciones le impiden venir.** *His obligations prevent him from coming.*
**Quiso impedirme hablar.** *He tried to stop me from talking.*
**Tratamos de impedir el accidente.** *We tried to prevent the accident.*
**Me veo impedida para ir.** *I'm prevented from going.*
**Me impidió hacerlo.** *He stopped me from doing it.*
**Hay que impedir el tráfico.** *We have to block the traffic.*

**impedido/a** *crippled, disabled*
**impeditivo** *preventative*
**el impedimento** *impediment, obstacle*
**los impedimentos** *handicaps, impairments, impediments*

**impedimento común** *common bar, general ban*
**la impedimenta** *impedimenta*

# invertir *to turn upside down; to invest* tr. **112**

## INDICATIVE

| Present | Imperfect | Perfect |
|---|---|---|
| invierto | invertía | he invertido |
| inviertes | invertías | has invertido |
| invierte | invertía | ha invertido |
| invertimos | invertíamos | hemos invertido |
| invertís | invertíais | habéis invertido |
| invierten | invertían | han invertido |

| Future | Pluperfect | Past Definite |
|---|---|---|
| invertiré | había invertido | invertí |
| invertirás | habías invertido | invertiste |
| invertirá | había invertido | invirtió |
| invertiremos | habíamos invertido | invertimos |
| invertiréis | habíais invertido | invertisteis |
| invertirán | habían invertido | invirtieron |

| Future Perfect | Past Perfect |
|---|---|
| habré invertido | hube invertido |

## CONDITIONAL    SUBJUNCTIVE

| Present | Present | Imperfect |
|---|---|---|
| invertiría | invierta | invirt-iera/ises |
| invertirías | inviertas | invirt-ieras/ieses |
| invertiría | invierta | invirt-iera/iese |
| invertiríamos | invirtamos | invirt-iéramos/iésemos |
| invertirías | invirtáis | invirt-ierais/ieseis |
| invertirían | inviertan | invirt-ieran/iesen |

| Perfect | Perfect | Pluperfect |
|---|---|---|
| habría invertido | haya invertido | hub-iera/iese invertido |

## GERUND    PAST PARTICIPLE    IMPERATIVE

| GERUND | PAST PARTICIPLE | IMPERATIVE |
|---|---|---|
| invirtiendo | invertido | invierte, invertid |
| | | invierta (Vd), inviertan (Vds) |

**He invertido los papeles.** *I've turned the papers upside down.*
**Invierte el vaso.** *Turn the glass upside down.*
**Invertiremos la marcha.** *We'll reverse.*
**He invertido mi capital en acciones.** *I have invested my capital in shares.*
**Pienso invertir las ganancias en el negocio.** *I'll plough back the profits into the business.*
**Invirtieron dos días en el viaje.** *They spent two days on the journey.*
**No sé en qué invierte sus horas libres.** *I don't know what he does with spare time.*

**inverso** *inverse, inverted*
**invertido/a** *reversed, upside down*
**a la inversa** *the other way round*
**la inversión** *reversal; investment*

**la inversión de capitales** *capital investment*
**el inversionista** *investor*

# 113 investir *to invest, confer* tr.

## INDICATIVE

| Present | Imperfect | Perfect |
|---|---|---|
| invisto | investía | he investido |
| invistes | investías | has investido |
| inviste | investía | ha investido |
| investimos | investíamos | hemos investido |
| investís | investíais | habéis investido |
| invisten | investían | han investido |

| Future | Pluperfect | Past Definite |
|---|---|---|
| investiré | había investido | investí |
| investirás | habías investido | investiste |
| investirá | había investido | invistió |
| investiremos | habíamos investido | investimos |
| investiréis | habíais investido | investisteis |
| investirán | habían investido | invistieron |

| Future Perfect | Past Perfect |
|---|---|
| habré investido | hube investido |

## CONDITIONAL     SUBJUNCTIVE

| Present | Present | Imperfect |
|---|---|---|
| investiría | invista | invist-iera/iese |
| investirías | invistas | invist-ieras/ieses |
| investiría | invista | invist-iera/iese |
| investiríamos | invistamos | invist-iéramos/iésemos |
| investiríais | invistáis | invist-ierais/ieseis |
| investirían | invistan | invist-ieran/iesen |

| Perfect | Perfect | Pluperfect |
|---|---|---|
| habría investido | haya investido | hub-iera/iese investido |

## GERUND     PAST PARTICIPLE     IMPERATIVE

| GERUND | PAST PARTICIPLE | IMPERATIVE |
|---|---|---|
| invistiendo | investido | inviste, investid |
| | | invista (Vd), invistan (Vds) |

**Ha sido investida de Doctor Honoris Causa.** *She has had a Doctor Honoris Causa conferred on her.*
**Le invistieron en 1938.** *He was invested in 1938.*
**Te voy a investir de poderes.** *I shall invest you with powers.*
**Te investiré una misión.** *I shall entrust you with a mission.*
**Quiere ser investido con derechos legales.** *He wants to be invested with legal rights.*

**investido/a** *invested*     **investido de autoridad** *authorized*
**el investido** *conferee*     **la investidura** *investiture*

# ir  *to go*  intr.  **114**

## INDICATIVE

| Present | Imperfect | Perfect |
|---|---|---|
| voy | iba | he ido |
| vas | ibas | has ido |
| va | iba | ha ido |
| vamos | íbamos | hemos ido |
| váis | ibais | habéis ido |
| van | iban | han ido |

| Future | Pluperfect | Past Definite |
|---|---|---|
| iré | había ido | fui |
| irás | habías ido | fuiste |
| irá | había ido | fue |
| iremos | habíamos ido | fuimos |
| iréis | habíais ido | fuisteis |
| irán | habían ido | fueron |

| Future Perfect | Past Perfect |
|---|---|
| habré ido | hube ido |

## CONDITIONAL · SUBJUNCTIVE

| Present | Present | Imperfect |
|---|---|---|
| iría | vaya | fu-era/ese |
| irías | vayas | fu-eras/eses |
| iría | vaya | fu-era/ese |
| iríamos | vayamos | fu-éramos/ésemos |
| iríais | vayáis | fu-erais/eseis |
| irían | vayan | fu-eran/esen |

| Perfect | Perfect | Pluperfect |
|---|---|---|
| habría ido | haya ido | hub-iera/iese ido |

| GERUND | PAST PARTICIPLE | IMPERATIVE |
|---|---|---|
| yendo | ido | ve, id |
| | | vaya (Vd), vayan (Vds) |

**Voy a Madrid cada semana.**  *I go to Madrid every week.*
**Fuimos al cine.**  *We went to the cinema.*
**Iremos a la playa.**  *We'll go to the beach.*
**Va en tren hasta Sevilla.**  *She goes to Seville by train.*
**Va para médico.**  *He is going to become a doctor.*
**Voy de compras.**  *I'm going shopping.*
**Ni me va ni me viene.**  *I couldn't care less.*
**Va mucho en ello.**  *A lot depends on it.*
**¿Cómo te va?**  *How are things?*
**¿Me va bien esto?**  *Does this suit me?*

**¡Qué va!**  *Rubbish! Not at all!*          **la ida**  *going, departure*
**¡Vaya!**  *Well!, there!, I say!, I never!*  **de ida y vuelta**  *return*

# 115 jugar *to play* tr./intr.

## INDICATIVE

| Present | Imperfect | Perfect |
|---|---|---|
| juego | jugaba | he jugado |
| juegas | jugabas | has jugado |
| juega | jugaba | ha jugado |
| jugamos | jugábamos | hemos jugado |
| jugáis | jugabais | habéis jugado |
| juegan | jugaban | han jugado |

| Future | Pluperfect | Past Definite |
|---|---|---|
| jugaré | había jugado | jugué |
| jugarás | habías jugado | jugaste |
| jugará | había jugado | jugó |
| jugaremos | habíamos jugado | jugamos |
| jugaréis | habíais jugado | jugasteis |
| jugarán | habían jugado | jugaron |

| Future Perfect | Past Perfect |
|---|---|
| habré jugado | hube jugado |

## CONDITIONAL / SUBJUNCTIVE

| Present | Present | Imperfect |
|---|---|---|
| jugaría | juegue | jug-ara/ase |
| jugarías | juegues | jug-aras/ases |
| jugaría | juegue | jug-ara/ase |
| jugaríamos | juguemos | jug-áramos/ásemos |
| jugaríais | juguéis | jug-arais/aseis |
| jugarían | jueguen | jug-aran/asen |

| Perfect | Perfect | Pluperfect |
|---|---|---|
| habría jugado | haya jugado | hub-iera/iese jugado |

## GERUND / PAST PARTICIPLE / IMPERATIVE

| GERUND | PAST PARTICIPLE | IMPERATIVE |
|---|---|---|
| jugando | jugado | juega, jugad |
| | | juegue (Vd), jueguen (Vds) |

**Juega al tenis.** *He plays tennis.*
**Jugamos al ajedrez.** *We play chess.*
**El partido se juega hoy.** *The match is being played today.*
**Lo jugó todo.** *He gambled it all away.*
**Se han jugado 600 €.** *They staked 600 euros.*
**¡Me la han jugado!** *They've played a trick on me!*
**Solamente está jugando contigo.** *He is trifling with you.*
**¿Quién juega?** *Whose move is it?*

**la jugada** *game, play*
**hacer una jugada** *to make a move*
**el juego** *game*
**jugarse** *to gamble, bet*

**el juego sucio** *foul play*
**el juego limpio** *fair play*
**poner en juego** *to set in motion*
**juguetón/juguetona** *playful*

# lavarse  *to wash oneself*  r.  **116**

INDICATIVE

| Present | Imperfect | Perfect |
|---|---|---|
| me lavo | me lavaba | me he lavado |
| te lavas | te lavabas | te has lavado |
| se lava | se lavaba | se ha lavado |
| nos lavamos | nos lavábamos | nos hemos lavado |
| os laváis | os lavabais | os habéis lavado |
| se lavan | se lavaban | se han lavado |

| Future | Pluperfect | Past Definite |
|---|---|---|
| me lavaré | me había lavado | me lavé |
| tc lavarás | te habías lavado | te lavaste |
| se lavará | se había lavado | se lavó |
| nos lavaremos | nos habíamos lavado | nos lavamos |
| os lavaréi | os habíais lavado | os lavasteis |
| se lavarán | se habían lavado | se lavaron |

| Future Perfect | Past Perfect |
|---|---|
| me habré lavado | me hube lavado |

CONDITIONAL    SUBJUNCTIVE

| Present | Present | Imperfect |
|---|---|---|
| mc lavaría | me lave | me lav-ara/ase |
| te lavarías | te laves | te lav-aras/ases |
| se lavaría | se lave | se lav-ara/ase |
| nos lavaríamos | nos lavemos | nos lav-áramos/ásemos |
| os lavaríais | os lavéis | os lav-arais/aseis |
| se lavarían | se laven | se lav-aran/ascn |

| Perfect | Perfect | Pluperfect |
|---|---|---|
| me habría lavado | me haya lavado | mc hub-iera/iese lavado |

| GERUND | PAST PARTICIPLE | IMPERATIVE |
|---|---|---|
| lavándose | lavado | lávate, laváos |
| | | lávese (Vd), lávense (Vds) |

**Me lavo las manos antes de comer.**  *I wash my hands before meals.*
**Sara se lava el pelo tres veces por semana.**  *Sara washes her hair three times a week.*
**Nos lavamos la ropa en el jardin.**  *We wash our clothes in the garden.*
**Te lavarás aunque no quieras.**  *You'll wash whether you like it or not.*
**Yo me lavo las manos de esto.**  *I wash my hands of this.*

**lavable**  *washable*
**el lavabo**  *sink, washbasin, toilet*
**el lavadero**  *laundry*
**la lavadora**  *washing machine*
**la lavandería**  *launderette*

**el lavaplatos**  *dishwater*
**la lavavajillas**  *diswasher (machine)*
**la lavativa**  *enema, nuisance, bore*
**lavar en seco**  *dry clean*

# 117 leer  *to read*  tr./intr.

## INDICATIVE

| Present | Imperfect | Perfect |
|---------|-----------|---------|
| leo | leía | he leído |
| lees | leías | has leído |
| lee | leía | ha leído |
| leemos | leíamos | hemos leído |
| leéis | leíais | habéis leído |
| leen | leían | han leído |

| Future | Pluperfect | Past Definite |
|--------|-----------|---------------|
| leeré | había leído | leí |
| leerás | habías leído | leíste |
| leerá | había leído | leyó |
| leeremos | habíamos leído | leímos |
| leeréis | habíais leído | leísteis |
| leerán | habían leído | leyeron |

| Future Perfect | Past Perfect |
|----------------|--------------|
| habré leído | hube leído |

## CONDITIONAL

## SUBJUNCTIVE

| Present | Present | Imperfect |
|---------|---------|-----------|
| leería | lea | le-yera/yese |
| leerías | leas | le-yeras/yeses |
| leería | lea | le-yera/yese |
| leeríamos | leamos | le-yéramos/yésemos |
| leeríais | leáis | le-yerais/yeseis |
| leerían | lean | le-yeran/yesen |

| Perfect | Perfect | Pluperfect |
|---------|---------|------------|
| habría leído | haya leído | hub-iera/iese leído |

| GERUND | PAST PARTICIPLE | IMPERATIVE |
|--------|-----------------|------------|
| leyendo | leído | lee, leed |
| | | lea (Vd), lean (Vds) |

**Estoy leyendo una novela policíaca.** *I'm reading a detective novel.*
**Leo todas las noches.** *I read every night.*
**¿Te gusta leer?** *Do you like reading?*
**Elvira sabe leer en la boca.** *Elvira can lip-read.*
**Debes leer entre las líneas.** *You ought to read between the lines.*
**No te va a leer la mano.** *She isn't going to read your palm.*

**al que leyere estas líneas** *to the reader*
**la lectura** *reading*
**dar una lectura** *to deliver a lecture*
**el/la lector(a)** *reader*

**el lector de fichas** *card reader*
**la lectura de marcas** *mark sensing*
  *(computing)*
**la lección** *lesson, class*

# limpiar *to clean, cleanse* tr. **118**

## INDICATIVE

| Present | Imperfect | Perfect |
|---|---|---|
| limpio | limpiaba | he limpiado |
| limpias | limpiabas | has limpiado |
| limpia | limpiaba | ha limpiado |
| limpiamos | limpiábamos | hemos limpiado |
| limpiáis | limpiabais | habéis limpiado |
| limpian | limpiaban | han limpiado |

| Future | Pluperfect | Past Definite |
|---|---|---|
| limpiaré | había limpiado | limpié |
| limpiarás | habías limpiado | limpiaste |
| limpiará | había limpiado | limpió |
| limpiaremos | habíamos limpiado | limpiamos |
| limpiaréis | habíais limpiado | limpiasteis |
| limpiarán | habían limpiado | limpiaron |

| Future Perfect | Past Perfect |
|---|---|
| habré limpiado | hube limpiado |

## CONDITIONAL     SUBJUNCTIVE

| Present | Present | Imperfect |
|---|---|---|
| limpiaría | limpie | limpi-ara/ase |
| limpiarías | limpies | limpi-aras/ases |
| limpiaría | limpie | limpi-ara/ase |
| limpiaríamos | limpiemos | limpi-áramos/ásemos |
| limpiarías | limpiéis | limpi-arais/aseis |
| limpiarían | limpien | limpi-aran/asen |

| Perfect | Perfect | Pluperfect |
|---|---|---|
| habría limpiado | haya limpiado | hub-iera/iese limpiado |

| GERUND | PAST PARTICIPLE | IMPERATIVE |
|---|---|---|
| limpiando | limpiado | limpia, limpiad |
| | | limpie (Vd), limpien (Vds) |

**Tenemos que limpiar los cristales.** *We have to clean the windows.*
**Limpia el suelo.** *Mop the floor.*
**Se ha limpiado los zapatos.** *She has cleaned her shoes.*
**Miguel lo limpió ayer.** *Miguel cleaned it yesterday.*
**La policía quiere limpiar el juego.** *The police want to clean out gambling.*
**Limpiar en seco.** *Dry clean only.*
**Me limpiaron el bolso en el metro.** *I had my bag stolen on the underground.*

**la limpieza** *cleaning, housework*
**limpio/a** *clean*
**el limpiacristales** *window cleaner*

**el limpiametales** *metal polish*
**el limpiaplicador** *cotton-bud*
**el limpiaparabrisas** *windscreen wiper*

# 119 llegar  *to arrive, reach*   tr./intr.

## INDICATIVE

| Present | Imperfect | Perfect |
|---|---|---|
| llego | llegaba | he llegado |
| llegas | llegabas | has llegado |
| llega | llegaba | ha llegado |
| llegamos | llegábamos | hemos llegado |
| llegáis | llegabais | habéis llegado |
| llegan | llegaban | han llegado |

| Future | Pluperfect | Past Definite |
|---|---|---|
| llegaré | había llegado | llegué |
| llegarás | habías llegado | llegaste |
| llegará | había llegado | llegó |
| llegaremos | habíamos llegado | llegamos |
| llegaréis | habíais llegado | llegasteis |
| llegarán | habían llegado | llegaron |

| Future Perfect | Past Perfect |
|---|---|
| habré llegado | hube llegado |

## CONDITIONAL          SUBJUNCTIVE

| Present | Present | Imperfect |
|---|---|---|
| llegaría | llegue | lleg-ara/ase |
| llegarías | llegues | lleg-aras/ases |
| llegaría | llegue | lleg-ara/ase |
| llegaríamos | lleguemos | lleg-áramos/ásemos |
| llegaríais | lleguéis | lleg-arais/aseis |
| llegarían | lleguen | lleg-aran/asen |

| Perfect | Perfect | Pluperfect |
|---|---|---|
| habría llegado | haya llegado | hub-iera/iese llegado |

| GERUND | PAST PARTICIPLE | IMPERATIVE |
|---|---|---|
| llegando | llegado | llega, llegad |
| | | llegue (Vd), lleguen (Vds) |

**Llegaremos a las nueve.** *We'll arrive at nine.*
**Llegué a Madrid el martes.** *I arrived in Madrid on Tuesday.*
**No llegan a 40.** *There are less than 40.*
**No llega el cable.** *The cable doesn't reach.*
**Llegaron a las manos.** *They came to blows.*
**No me llega el dinero.** *I don't have enough money.*
**Por fin llegó a hacerlo.** *In the end he managed to do it.*
**Llegará a ser el jefe.** *He'll end up as the boss.*

**la llegada** *arrival*
**llegar a un acuerdo** *to reach an agreement*
**llegar a las armas** *to resort to arms*

**Está al llegar.** *She is about to arrive.*
**Miguel llegará lejos.** *Miguel will go far.*

# llorar  *to cry, weep*  tr./intr.  **120**

## INDICATIVE

| Present | Imperfect | Perfect |
|---|---|---|
| lloro | lloraba | he llorado |
| lloras | llorabas | has llorado |
| llora | lloraba | ha llorado |
| lloramos | llorábamos | hemos llorado |
| lloráis | llorabais | habéis llorado |
| lloran | lloraban | han llorado |

| Future | Pluperfect | Past Definite |
|---|---|---|
| lloraré | había llorado | lloré |
| llorarás | habías llorado | lloraste |
| llorará | había llorado | lloró |
| lloraremos | habíamos llorado | lloramos |
| lloraréis | habías llorado | llorasteis |
| llorarán | habían llorado | lloraron |

| Future Perfect | Past Perfect |
|---|---|
| habré llorado | hube llorado |

## CONDITIONAL    SUBJUNCTIVE

| Present | Present | Imperfect |
|---|---|---|
| lloraría | llore | llor-ara/ase |
| llorarías | llores | llor-aras/ascs |
| lloraría | llore | llor-ara/ase |
| lloraríamos | lloremos | llor-áramos/ásemos |
| lloraríais | lloréis | llor-arais/aseis |
| llorarían | lloren | llor-aran/asen |

| Perfect | Perfect | Pluperfect |
|---|---|---|
| habría llorado | haya llorado | hub-iera/iese llorado |

| GERUND | PAST PARTICIPLE | IMPERATIVE |
|---|---|---|
| llorando | llorado | llora, llorad |
|  |  | llore (Vd), lloren (Vds) |

**Lloro cuando estoy triste.** *I cry when I'm sad.*
**¡No llores!** *Don't cry!*
**Estamos llorando la pérdida de su libertad.** *We are crying for their lost freedom.*
**Niño que no llora, no mama.** *If you don't ask you don't get.*
**Ximena lloraba a lágrima viva.** *Ximena was crying her eyes out.*
**Marta llora como una fuente.** *Marta weeps buckets.*

**el rey llorado** *the late lamented king*
**el/la llorateas** *crybaby*
**lloriquear** *to whimper*

**el lloro** *weeping, crying*
**llorón/llorona** *weeping, tearful*
**lloroso** *tearful*

# 121 llover *to rain* tr./intr.

## INDICATIVE

| Present | Imperfect | Perfect |
|---|---|---|
| llueve | llovía | ha llovido |

| Future | Pluperfect | Past Definite |
|---|---|---|
| lloverá | había llovido | llovió |

| Future Perfect | Past Perfect | |
|---|---|---|
| habría llovido | hubo llovido | |

| CONDITIONAL | SUBJUNCTIVE | |
|---|---|---|

| Present | Present | Imperfect |
|---|---|---|
| llovería | llueva | llov-iera/iese |

| Perfect | Perfect | Pluperfect |
|---|---|---|
| habría llovido | haya llovido | hub-iera/iese llovido |

| GERUND | PAST PARTICIPLE | IMPERATIVE |
|---|---|---|
| lloviendo | llovido | |

¿**Llueve mucho?** *Does it rain much?*
**Está lloviendo.** *It's raining.*
¿**Lloverá mañana?** *Will it rain tomorrow?*
**como llovido del cielo.** *unexpected, godsend*
**llueva o no** *come what may, rain or shine*
**Siempre que llueve escampa.** *Every cloud has a silver lining.*
**Nos llovieron regalos encima.** *We were showered with gifts.*
**Llueve a cántaros/cubos/mares/chuzos.** *It's raining cats and dogs.*

**la lluvia** *rain*                    **lloviznar** *to drizzle*
**lluvioso/a** *rainy, wet*             **lloviznoso** *drizzly*
**la llovizna** *drizzle*

# medir *to measure* tr. **122**

## INDICATIVE

| Present | Imperfect | Perfect |
|---|---|---|
| mido | medía | he medido |
| mides | medías | has medido |
| mide | medía | ha medido |
| medimos | medíamos | hemos medido |
| medís | medíais | habéis medido |
| miden | medían | han medido |

| Future | Pluperfect | Past Definite |
|---|---|---|
| mediré | había medido | medí |
| medirás | habías medido | mediste |
| medirá | había medido | midió |
| mediremos | habíamos medido | medimos |
| mediréis | habíais medido | medisteis |
| medirán | habían medido | midieron |

| Future Perfect | Past Perfect |
|---|---|
| habré medido | hube medido |

## CONDITIONAL  SUBJUNCTIVE

| Present | Present | Imperfect |
|---|---|---|
| mediría | mida | mid-iera/iese |
| medirías | midas | mid-ieras/ieses |
| mediría | mida | mid-iera/iese |
| mediríamos | midamos | mid-iéramos/iésemos |
| mediríais | midáis | mid-ierais/ieseis |
| medirían | midan | mid-ieran/iesen |

| Perfect | Perfect | Pluperfect |
|---|---|---|
| habría medido | haya medido | hub-iera/iese medido |

| GERUND | PAST PARTICIPLE | IMPERATIVE |
|---|---|---|
| midiendo | medido | mide, medid |
| | | mida (Vd), midan (Vds) |

**Mide la tela.** *Measure the cloth.*
**¿Cómo se mide el cariño?** *How can one measure love?*
**¿Cuánto mide la habitación?** *What are the measurements of the room?*
**No lo has medido bien.** *You haven't measured it properly.*
**Le mide con la vista.** *He sizes him up.*
**Bush se midió con Hassan.** *Bush tested himself against Hassan.*

**la medida** *measurement*
**en cierta medida** *up to a point*
**a medida que...** *as.../according...*
**pesos y medidas** *weights and measures*
**la medición** *measurement*

**medir un terreno** *to survey*
**el traje a la medida** *made-to-measure suit*
**medida preventiva** *preventive measure*

# 123 mentir *to lie* intr.

## INDICATIVE

| Present | Imperfect | Perfect |
|---|---|---|
| miento | mentía | he mentido |
| mientes | mentías | has mentido |
| miente | mentía | ha mentido |
| mentimos | mentíamos | hemos mentido |
| mentís | mentíais | habéis mentido |
| mienten | mentían | han mentido |

| Future | Pluperfect | Past Definite |
|---|---|---|
| mentiré | había mentido | mentí |
| mentirás | habías mentido | mentiste |
| mentirá | había mentido | mintió |
| mentiremos | habíamos mentido | mentimos |
| mentiréis | habíais mentido | mentisteis |
| mentirán | habían mentido | mintieron |

| Future Perfect | Past Perfect |
|---|---|
| habré mentido | hube mentido |

## CONDITIONAL    SUBJUNCTIVE

| Present | Present | Imperfect |
|---|---|---|
| mentiría | mienta | mint-iera/ises |
| mentirías | mientas | mint-ieras/ieses |
| mentiría | mienta | mint-iera/iese |
| mentiríamos | mintamos | mint-iéramos/iésemos |
| mentiríais | mintáis | mint-ierais/ieseis |
| mentirían | mientan | mint-ieran/iesen |

| Perfect | Perfect | Pluperfect |
|---|---|---|
| habría mentido | haya mentido | hub-iera/iese mentido |

## GERUND    PAST PARTICIPLE    IMPERATIVE

| GERUND | PAST PARTICIPLE | IMPERATIVE |
|---|---|---|
| mintiendo | mentido | miente, mentid |
| | | mienta (Vd), mientan (Vds) |

**No mientas.** *Don't tell lies.*
**Mentí para salir del apuro.** *I lied to avoid embarrassment.*
**Mintió para conseguir el empleo.** *He lied to get a job.*
**Mentiremos para que no se enfade.** *We'll lie so that he doesn't get angry.*

**la mentira** *lie, falsehood*
**la mentira piadosa** *white lie*
**la mentirijila** *little lie*
**mentiroso/a** *liar*

**el/la mentirosillo/a** *fibber*
**el mentidero** *gossip shop*
**mentido/a** *deceiving, false*

# merendar   *to have tea/a snack*   tr./intr. **124**

## INDICATIVE

| Present | Imperfect | Perfect |
|---|---|---|
| meriendo | merendaba | he merendado |
| meriendas | merendabas | has merendado |
| merienda | merendaba | ha merendado |
| merendamos | merendábamos | hemos merendado |
| merendáis | merendabais | habéis merendado |
| meriendan | merendaban | han merendado |

| Future | Pluperfect | Past Definite |
|---|---|---|
| merendaré | había merendado | merendé |
| merendarás | habías merendado | merendaste |
| merendará | había merendado | merendó |
| merendaremos | habíamos merendado | merendamos |
| merendaréis | habíais merendado | merendasteis |
| merendarán | habían merendado | merendaron |

| Future Perfect | Past Perfect |
|---|---|
| habré merendado | hube merendado |

## CONDITIONAL

## SUBJUNCTIVE

| Present | Present | Imperfect |
|---|---|---|
| merendaría | meriende | merend-ara/ase |
| merendarías | meriendes | merend-aras/ases |
| merendaría | meriende | merend-ara/ase |
| merendaríamos | merendemos | merend-áramos/ásemos |
| merendaríais | merendéis | merend-arais/aseis |
| merendarían | merienden | merend-aran/asen |

| Perfect | Perfect | Pluperfect |
|---|---|---|
| habría merendado | haya merendado | hub-iera/iese merendado |

| GERUND | PAST PARTICIPLE | IMPERATIVE |
|---|---|---|
| merendando | merendado | merienda, merendad |
| | | meriende (Vd), merienden (Vds) |

**Meriendo a las cinco.** *I have a snack at five.*
**Merendamos pan y chocolate.** *We have bread and chocolate for tea.*
**Merendó jamón.** *He had ham (as a late-afternoon snack).*
**¿Qué quieres merendar?** *What do you want for your tea?*
**Meriendo lo que escribe Miguel.** *I look at what Miguel is writing.*
**Merienda las cartas de Daniel.** *She is peeping at Daniel's cards.*
**Se ha merendado su fortuna.** *She has squandered her fortune.*

**el merendero** *picnic spot*
**la merienda** *tea, afternoon tea, afternoon snack*
**merienda cena** *early supper (before 8 pm in Spain)*

**ir de merienda** *to go for a picnic*
**juntar meriendas** *to join fortunes*

# 125 moler  *to grind, crush, mill*  tr.

## INDICATIVE

| Present | Imperfect | Perfect |
|---|---|---|
| muelo | molía | he molido |
| mueles | molías | has molido |
| muele | molía | ha molido |
| molemos | molíamos | hemos molido |
| moléis | molíais | habéis molido |
| muelen | molían | han molido |

| Future | Pluperfect | Past Definite |
|---|---|---|
| moleré | había molido | molí |
| molerás | habías molido | moliste |
| molerá | había molido | molió |
| moleremos | habíamos molido | molimos |
| moleréis | habíais molido | molisteis |
| molerán | habían molido | molieron |

| Future Perfect | Past Perfect |
|---|---|
| habré molido | hube molido |

## CONDITIONAL   SUBJUNCTIVE

| Present | Present | Imperfect |
|---|---|---|
| molería | muela | mol-iera/iese |
| molerías | muelas | mol-ieras/ieses |
| molería | muela | mol-iera/iese |
| moleríamos | molamos | mol-iéramos/iésemos |
| moleríais | moláis | mol-ierais/ieseis |
| molerían | muelan | mol-ieran/iesen |

| Perfect | Perfect | Pluperfect |
|---|---|---|
| habría molido | haya molido | hub-iera/iese molido |

## GERUND   PAST PARTICIPLE   IMPERATIVE

| GERUND | PAST PARTICIPLE | IMPERATIVE |
|---|---|---|
| moliendo | molido | muele, moled |
| | | muela (Vd), muelan (Vds) |

**Me gusta moler el café.** *I like grindling my own coffee.*
**¿Quieres moler las especias?** *Will you grind the spices?*
**Molerán la aceituna mañana.** *They will crush the olives tomorrow.*
**¿Cuándo vas a moler la carne?** *When are you going to mince the meat?*
**Le molió a palos.** *He gave him a beating.*
**Estoy molida.** *I'm exhausted.*
**Me muele con sus comentarios.** *He annoys/bores me with his comments.*

**el moledor** *grinder, roller, bore; grinding, crushing*
**la molienda** *milling, a mill; a nuisance*
**el/la molinero/a** *miller*

**el molino de agua** *water mill*
**el molino de viento** *windmill*
**el molinillo de café** *coffee mill*
**el molinillo de carne** *mincer*

# morder  *to bite, nip*  tr.  **126**

## INDICATIVE

| Present | Imperfect | Perfect |
|---|---|---|
| muerdo | mordía | he mordido |
| muerdes | mordías | has mordido |
| muerde | mordía | ha mordido |
| mordemos | mordíamos | hemos mordido |
| mordéis | mordíais | habéis mordido |
| muerden | mordían | han mordido |

| Future | Pluperfect | Past Definite |
|---|---|---|
| morderé | había mordido | mordí |
| morderás | habías mordido | mordiste |
| morderá | había mordido | mordió |
| morderemos | habíamos mordido | mordimos |
| morderéis | habíais mordido | mordisteis |
| morderán | habían mordido | mordieron |

| Future Perfect | Past Perfect |
|---|---|
| habré mordido | hube mordido |

## CONDITIONAL        SUBJUNCTIVE

| Present | Present | Imperfect |
|---|---|---|
| mordería | muerda | mord-iera/iese |
| morderías | muerdas | mord-ieras/ieses |
| mordería | muerda | mord-iera/iese |
| morderíamos | mordamos | mord-iéramos/iésemos |
| morderíais | mordáis | mord-ierais/ieseis |
| morderían | muerdan | mord-icran/iescn |

| Perfect | Perfect | Pluperfect |
|---|---|---|
| habría mordido | haya mordido | hub-iera/iese mordido |

## GERUND        PAST PARTICIPLE        IMPERATIVE

| GERUND | PAST PARTICIPLE | IMPERATIVE |
|---|---|---|
| mordiendo | mordido | muerde, morded |
| | | muerda (Vd), muerdan (Vds) |

**El niño me ha mordido el dedo.** *The boy has bitten my finger.*
**Eva mordió la manzana.** *Eve bit the apple.*
**Este perro no muerde.** *This dog doesn't bite.*
**Se ha mordido el labio.** *He has bitten his lip.*
**Estoy que muerdo.** *I'm furious.*
**Está que muerde.** *He is hopping mad.*
**¡Hombre, que no muerde!** *Don't be shy!*
**Perro que ladra no muerde.** *A barking dog does not bite.*

**la mordedura** *bite*
**el mordisco** *bite, nibble*
**mordiscar** *to nibble, gnaw*

**la mordida** *bite; bribe*
**morder sobre** *to bite into*
**mordedor(a)** *biting*

# 127 morir *to die* intr.

## INDICATIVE

| Present | Imperfect | Perfect |
|---|---|---|
| muero | moría | he muerto |
| mueres | morías | has muerto |
| muere | moría | ha muerto |
| morimos | moríamos | hemos muerto |
| morís | moríais | habéis muerto |
| mueren | morían | han muerto |

| Future | Pluperfect | Past Definite |
|---|---|---|
| moriré | había muerto | morí |
| morirás | habías muerto | moriste |
| morirá | había muerto | murió |
| moriremos | habíamos muerto | morimos |
| moriréis | habíais muerto | moristeis |
| morirán | habían mierto | murieron |

| Future Perfect | Past Perfect |
|---|---|
| habré muerto | hube muerto |

## CONDITIONAL / SUBJUNCTIVE

| Present | Present | Imperfect |
|---|---|---|
| moriría | muera | mur-iera/iese |
| morirías | mueras | mur-ieras/ieses |
| moiría | muera | mur-iera/iese |
| moriríamos | muramos | mur-iéramos/iésemos |
| moriríais | muráis | mur-ierais/ieseis |
| morirían | mueran | mur-ieran/iesen |

| Perfect | Perfect | Pluperfect |
|---|---|---|
| habría muerto | haya muerto | hub-iera/iese muerto |

| GERUND | PAST PARTICIPLE | IMPERATIVE |
|---|---|---|
| muriendo | muerto | muere, morid |
| | | muera (Vd), mueran (Vds) |

**Muchos niños mueren de hambre.** *Many children die of hunger.*
**Jan murió de cáncer.** *Jan died of cancer.*
**Mi abuelo murió hace diez años.** *My grandfather died ten years ago.*
**Fredes resultó muerta en el acto.** *Fredes died instantly.*
**Moría el día.** *Night was falling.*
**Sara está muerta de hambre.** *Sara is starving.*
**Paula se murió de risa.** *Paula couldn't stop laughing.*
**Daniel se muere por el fútbol.** *Daniel is mad on football.*

**la muerte** *death*
**muerto/a** *dead*
**Fue muerto a tiros.** *He was shot dead.*
**hacerse el muerto/a** *to play dead*
**la naturaleza muerta** *still-life*

**¡Muera el tirano!** *Down with the tyrant!*
**mortal** *fatal, mortal*
**la mortalidad** *mortality*

# mover   *to move*   tr./intr.   **128**

## INDICATIVE

| Present | Imperfect | Perfect |
|---|---|---|
| muevo | movía | he movido |
| mueves | movías | has movido |
| mueve | movía | ha movido |
| movemos | movíamos | hemos movido |
| movéis | movíais | habéis movido |
| mueven | movían | han movido |

| Future | Pluperfect | Past Definite |
|---|---|---|
| moveré | había movido | moví |
| moverás | habías movido | moviste |
| moverá | había movido | movió |
| moveremos | habíamos movido | movimos |
| moveréis | habíais movido | movisteis |
| moverán | habían movido | movieron |

| Future Perfect | Past Perfect |
|---|---|
| habré movido | hube movido |

## CONDITIONAL                SUBJUNCTIVE

| Present | Present | Imperfect |
|---|---|---|
| movería | mueva | mov-iera/iese |
| moverías | muevas | mov-ieras/ieses |
| movería | mueva | mov-iera/iese |
| moveríamos | movamos | mov-iéramos/iésemos |
| moveríais | mováis | mov-ierais/ieseis |
| moverían | muevan | mov-ieran/iesen |

| Perfect | Perfect | Pluperfect |
|---|---|---|
| habría movido | haya movido | hub-iera/iese movido |

| GERUND | PAST PARTICIPLE | IMPERATIVE |
|---|---|---|
| moviendo | movido | mueve, moved |
| | | mueva (Vd), muevan (Vds) |

**¿Podemos mover la mesa?** *Can we move the table?*
**Te toca mover.** *It's your move.*
**No me he movido del sitio.** *I've not moved from my place.*
**Tenemos que movernos.** *We have to get a move on.*
**Movió un jaleo tremendo.** *He caused a big row.*
**Deja de moverte.** *Stop fidgeting.*
**¡Muévete!** *Hurry up!*

**el movimiento** *movement, motion*
**la movida** *move; affair, happening*
**la movida madrileña** *the Madrid scene*
**móvil** *mobile*

**la movilidad** *mobility*
**la movilización** *mobilization*
**movible** *changeable, mobile*
**el movimiento de intercambio**
   *turnover*

# 129 mudar *to change, alter* tr./intr.

## INDICATIVE

| Present | Imperfect | Perfect |
|---------|-----------|---------|
| mudo | mudaba | he mudado |
| mudas | mudabas | has mudado |
| muda | mudaba | ha mudado |
| mudamos | mudábamos | hemos mudado |
| mudáis | mudabais | habéis mudado |
| mudan | mudaban | han mudado |

| Future | Pluperfect | Past Definite |
|--------|------------|---------------|
| mudaré | había mudado | mudé |
| mudarás | habías mudado | mudaste |
| mudará | había mudado | mudó |
| mudaremos | habíamos mudado | mudamos |
| mudaréis | habíais mudado | mudasteis |
| mudarán | habían mudado | mudaron |

| Future Perfect | Past Perfect |
|----------------|--------------|
| habré mudado | hube mudado |

## CONDITIONAL  ·  SUBJUNCTIVE

| Present | Present | Imperfect |
|---------|---------|-----------|
| mudaría | mude | mud-ara/ase |
| mudarías | mudes | mud-aras/ases |
| mudaría | mude | mud-ara/ase |
| mudaríamos | mudemos | mud-áramos/ásemos |
| mudarías | mudéis | mud-arais/aseis |
| mudarían | muden | mud-aran/asen |

| Perfect | Perfect | Pluperfect |
|---------|---------|------------|
| habría mudado | haya mudado | hub-iera/iese mudado |

| GERUND | PAST PARTICIPLE | IMPERATIVE |
|--------|-----------------|------------|
| mudando | mudado | muda, mudad |
| | | mude (Vd), muden (Vds) |

**Peter se ducha antes de mudar de ropa.** *Peter has a shower before he changes his clothes.*
**He mudado de opinión.** *I've changed my mind.*
**Los pollitos mudarán las plumas pronto.** *The chicks will shed their feathers soon.*
**Lo he mudado de sitio.** *I've put it somewhere else.*
**Nos mudamos de ciudad.** *We are moving to another town.*
**Mi hermana se ha mudado de casa.** *My sister has moved house.*
**A Carlos se le está mudando la voz.** *Carlos's voice is starting to break.*

**mudar de color** *to change colour*
**mudarse (de casa)** *to move house*
**la muda** *change, alteration, change of clothing*

**la mudanza** *change, move of house*
**mudable** *changeable, fickle, inconstant*

# negar  *to refuse, deny*  tr./intr.  **130**

## INDICATIVE

| Present | Imperfect | Perfect |
|---|---|---|
| niego | negaba | he negado |
| niegas | negabas | has negado |
| niega | negaba | ha negado |
| negamos | negábamos | hemos negado |
| negáis | negabais | habéis negado |
| niegan | negaban | han negado |

| Future | Pluperfect | Past Definite |
|---|---|---|
| negaré | había negado | negué |
| negarás | habías negado | negaste |
| negará | había negado | negó |
| negaremos | habíamos negado | negamos |
| negaréis | habías negado | negasteis |
| negarán | habían negado | negaron |

| Future Perfect | Past Perfect |
|---|---|
| habré negado | hube negado |

## CONDITIONAL · SUBJUNCTIVE

| Present | Present | Imperfect |
|---|---|---|
| negaría | niegue | neg-ara/ase |
| negarías | niegues | neg-aras/ases |
| negaría | niegue | neg-ara/ase |
| negaríamos | neguemos | neg-áramos/ásemos |
| negarías | neguéis | neg-arais/aseis |
| negarían | nieguen | neg-aran/asen |

| Perfect | Perfect | Pluperfect |
|---|---|---|
| habría negado | haya negado | hub-iera/iese negado |

| GERUND | PAST PARTICIPLE | IMPERATIVE |
|---|---|---|
| negando | negado | niega, negad |
| | | niegue (Vd), nieguen (Vds) |

**Le niegan todo lo que pide.** *They refuse him everything.*
**Me negó la mano.** *He refused to shake hands with me.*
**Nos negaron la entrada.** *They wouldn't let us in.*
**No creo que se niegue.** *I don't think he'll refuse.*
**Jacky se negó a hacerlo.** *Jacky refused to do it.*

**la negación** *negation, refusal, denial*
**negado/a** *inept, stupid*
**la negativa** *negative, refusal, denial*

**negarse a** *to refuse to*
**negativamente** *negatively*
**negable** *deniable*

# 131 oír  *to hear, listen*  tr./intr.

## INDICATIVE

| Present | Imperfect | Perfect |
|---|---|---|
| oigo | oía | he oído |
| oyes | oías | has oído |
| oye | oía | ha oído |
| oímos | oíamos | hemos oído |
| oís | oíais | habéis oído |
| oyen | oían | han oído |

| Future | Pluperfect | Past Definite |
|---|---|---|
| oiré | había oído | oí |
| oirás | habías oído | oíste |
| oirá | había oído | oyó |
| oiremos | habíamos oído | oímos |
| oiréis | habíais oído | oísteis |
| oirán | habían oído | oyeron |

| Future Perfect | Past Perfect |
|---|---|
| habré oído | hube oído |

## CONDITIONAL / SUBJUNCTIVE

| Present | Present | Imperfect |
|---|---|---|
| oiría | oiga | o-yera/yese |
| oirías | oigas | o-yeras/yeses |
| oiría | oiga | o-yera/yese |
| oiríamos | oigamos | o-yéramos/yésemos |
| oiríais | oigáis | o-yerais/yeseis |
| oirían | oigan | o-yeran/yesen |

| Perfect | Perfect | Pluperfect |
|---|---|---|
| habría oído | haya oído | hub-iera/iese oído |

| GERUND | PAST PARTICIPLE | IMPERATIVE |
|---|---|---|
| oyendo | oído | oye, oíd |
| | | oiga (Vd), oigan (Vds) |

**He oído hablar de ti.** *I have heard about you.*
**Me gusta oír la radio.** *I like to listen to the radio.*
**Le oí abrir la ventana.** *I heard him opening the window.*
**Oigo música por las mañanas.** *I listen to music in the morning.*
**Tal y como lo oyes.** *Just like I'm telling you.*
**Lo oyó como quien oye llover.** *He turned a deaf ear to it.*
**¡Oiga, por favor!** *Excuse me, please!*

**el oído** *ear, sense of hearing*
**el oído interno** *inner ear*
**de oídas** *by hearsay*
**dar oídos** *to lend an ear, to listen*

**oye, oiga Vd** *listen, excuse me*
**oír, ver y callar** *to mind your own business*

# oler  *to smell*  tr./intr.  **132**

INDICATIVE

| Present | Imperfect | Perfect |
|---|---|---|
| huelo | olía | he olido |
| hueles | olías | has olido |
| huele | olía | ha olido |
| olemos | olíamos | hemos olido |
| oléis | olíais | habéis olido |
| huelen | olían | han olido |

| Future | Pluperfect | Past Definite |
|---|---|---|
| oleré | había olido | olí |
| olerás | habías olido | oliste |
| olerá | había olido | olió |
| oleremos | habíamos olido | olimos |
| oleréis | habíais olido | olisteis |
| olerán | habían olido | olieron |

| Future Perfect | Past Perfect |
|---|---|
| habré olido | hube olido |

| CONDITIONAL | SUBJUNCTIVE | |
|---|---|---|

| Present | Present | Imperfect |
|---|---|---|
| olería | huela | ol-iera/iese |
| olerías | huelas | ol-ieras/ieses |
| olería | huela | ol-iera/iese |
| oleríamos | olamos | ol-iéramos/iésemos |
| oleríais | oláis | ol-ierais/ieseis |
| olerían | huelan | ol-ieran/iesen |

| Perfect | Perfect | Pluperfect |
|---|---|---|
| habría olido | haya olido | hub-iera/iese olido |

| GERUND | PAST PARTICIPLE | IMPERATIVE |
|---|---|---|
| oliendo | olido | huele, oled |
| | | huela (Vd), huelan (Vds) |

**Huele a madreselva.** *It smells of honeysuckle.*
**Siempre huelen mal.** *They always smell bad.*
**¿Quieres oler mi perfume?** *Do you want to smell my perfume?*
**Ya se ha olido lo que estamos haciendo.** *He has already guessed what we are doing.*
**Esto me huele a excusa.** *I have a feeling that this is just an excuse.*
**Huelen todo.** *They pry into everything.*
**Huele que apesta.** *It stinks.*

**el olor** *smell*
**el olfato** *sense of smell*
**inodoro** *odourless*
**olfativo** *olfactory*

**oloroso/a = aromático/a** *fragrant, sweet smelling*
**olfatear** *to sniff*

# 133 partir   *to divide; to leave, set off*   tr./intr.

## INDICATIVE

| Present | Imperfect | Perfect |
|---|---|---|
| parto | partía | he partido |
| partes | partías | has partido |
| parte | partía | ha partido |
| partimos | partíamos | hemos partido |
| partís | partíais | habéis partido |
| parten | partían | han partido |

| Future | Pluperfect | Past Definite |
|---|---|---|
| partiré | había partido | partí |
| partirás | habías partido | partiste |
| partirá | había partido | partió |
| partiremos | habíamos partido | partimos |
| partiréis | habíais partido | partisteis |
| partirán | habían partido | partieron |

| Future Perfect | Past Perfect |
|---|---|
| habré partido | hube partido |

## CONDITIONAL                SUBJUNCTIVE

| Present | Present | Imperfect |
|---|---|---|
| partiría | parta | part-iera/iese |
| partirías | partas | part-ieras/ieses |
| partiría | parta | part-iera/iese |
| partiríamos | partamos | part-iéramos/iésemos |
| partiríais | partáis | part-ierais/ieseis |
| partirían | partan | part-ieran/iesen |

| Perfect | Perfect | Pluperfect |
|---|---|---|
| habría partido | haya partido | hub-iera/iese partido |

| GERUND | PAST PARTICIPLE | IMPERATIVE |
|---|---|---|
| partiendo | partido | parte, partid |
| | | parta (Vd), partan (Vds) |

**Vamos a partir la diferencia.** *Let's split the difference.*
**He partido la naranja en dos.** *I have cut the orange in two.*
**Paqui partió de Chicago el viernes pasado.** *Paqui left Chicago last Friday.*
**El avión parte de Ibiza.** *The plane departs from Ibiza.*
**¡Te voy a partir la cara!** *I'll split your head open!*
**a partir del lunes** *starting from Monday*

**la partida** *departure, register; game*
  *(of cards)*
**la partida de nacimiento** *birth certificate*
**la partida de matrimonio** *marriage*
  *certificate*
**la partida de defunción** *death certificate*

**la partitura** *musical score*
**el partido** *(political) party; game,*
  *match*
**repartir** *to distribute*

# pedir  *to ask, request*  tr.  **134**

## INDICATIVE

| Present | Imperfect | Perfect |
|---|---|---|
| pido | pedía | he pedido |
| pides | pedías | has pedido |
| pide | pedía | ha pedido |
| pedimos | pedíamos | hemos pedido |
| pedís | pedíais | habéis pedido |
| piden | pedían | han pedido |

| Future | Pluperfect | Past Definite |
|---|---|---|
| pediré | había pedido | pedí |
| pedirás | habías pedido | pediste |
| pedirá | había pedido | pidió |
| pediremos | habíamos pedido | pedimos |
| pediréis | había pedido | pedisteis |
| pedirán | había pedido | pidieron |

| Future Perfect | Past Perfect |
|---|---|
| habré pedido | hube pedido |

## CONDITIONAL        SUBJUNCTIVE

| Present | Present | Imperfect |
|---|---|---|
| pediría | pida | pid-iera/iese |
| pedirías | pidas | pid-ieras/ieses |
| pediría | pida | pid-iera/iese |
| pediríamos | pidamos | pid-iéramos/iésemos |
| pediríais | pidáis | pid-ierais/ieseis |
| pedirían | pidan | pid-ieran/iesen |

| Perfect | Perfect | Pluperfect |
|---|---|---|
| habría pedido | haya pedido | hub-iera/iese pedido |

## GERUND        PAST PARTICIPLE        IMPERATIVE

| GERUND | PAST PARTICIPLE | IMPERATIVE |
|---|---|---|
| pidiendo | pedido | pide, pedid |
| | | pida (Vd), pidan (Vds) |

¿**Te puedo pedir un favor?**  *Can I ask you a favour?*
**Me pidió que le comprara un coche.**  *He asked me to buy him a car.*
¿**Cuánto piden por esto?**  *How much are they asking for this?*
**Les pediremos perdón.**  *We shall ask them to forgive us.*
**La pared está pidiendo una mano de pintura.**  *The wall could do with a coat of paint.*
**Ese gris pide un color rosa.**  *That grey needs a pink.*
**El triunfo pide una celebración.**  *The victory calls for a celebration.*

**la petición**  *request, plea*           **el pedido**  *order*
**a petición de...**  *at the request of...*   **el pedidor**  *petitioner*
**pedigüeño/a**  *insistent, demanding*       **el pedimento**  *petition*
**pedilón/pedilona**  *demanding*

# 135 pensar *to think* tr./intr.

## INDICATIVE

| Present | Imperfect | Perfect |
|---|---|---|
| pienso | pensaba | he pensado |
| piensas | pensabas | has pensado |
| piensa | pensaba | ha pensado |
| pensamos | pensábamos | hemos pensado |
| pensáis | pensabais | habéis pensado |
| piensan | pensaban | han pensado |

| Future | Pluperfect | Past Definite |
|---|---|---|
| pensaré | había pensado | pensé |
| pensarás | habías pensado | pensaste |
| pensará | había pensado | pensó |
| pensaremos | habíamos pensado | pensamos |
| pensaréis | habíais pensado | pensasteis |
| pensarán | habían pensado | pensaron |

| Future Perfect | Past Perfect |
|---|---|
| habré pensado | hube pensado |

## CONDITIONAL          SUBJUNCTIVE

| Present | Present | Imperfect |
|---|---|---|
| pensaría | piense | pens-ara/ase |
| pensarías | pienses | pens-aras/ases |
| pensaría | piense | pens-ara/ase |
| pensaríamos | pensemos | pens-áramos/ásemos |
| pensaríais | penséis | pens-arais/aseis |
| pensarían | piensen | pens-aran/asen |

| Perfect | Perfect | Pluperfect |
|---|---|---|
| habría pensado | haya pensado | hub-iera/iese pensado |

## GERUND          PAST PARTICIPLE          IMPERATIVE

| GERUND | PAST PARTICIPLE | IMPERATIVE |
|---|---|---|
| pensando | pensado | piensa, pensad |
| | | piense (Vd), piensen (Vds) |

¿En qué piensas? *What are you thinking about?*
Pensaba en las vacaciones. *I was thinking about the holidays.*
Luis piensa que Francisca es amable. *Luis thinks that Francisca is nice.*
No sé qué pensar de Lola. *I don't know what to think about Lola.*
Mi ropa da que pensar. *My clothes set people thinking.*
¡Ni lo pienses! *Not a bit of it!*
Te voy a dar que pensar. *I'm going to give you food for thought.*

el pensamiento *thought; the mind*
el/la pensador(a) *thinker*
pensado/a *thought of*
pensante *thinking*

pensativo/a *thoughtful, pensive*
sin pensar *without thinking*
pensar mal de *to think ill of*

# perder  *to lose*  tr./intr.  **136**

## INDICATIVE

| Present | Imperfect | Perfect |
|---|---|---|
| pierdo | perdía | he perdido |
| pierdes | perdías | has perdido |
| pierde | perdía | ha perdido |
| perdemos | perdíamos | hemos perdido |
| perdéis | perdíais | habéis perdido |
| pierden | perdían | han perdido |

| Future | Pluperfect | Past Definite |
|---|---|---|
| perderé | había perdido | perdí |
| perderás | habías perdido | perdiste |
| perderá | había perdido | perdió |
| perderemos | habíamos perdido | perdimos |
| perderéis | habías perdido | perdisteis |
| perderán | habían perdido | perdieron |

| Future Perfect | Past Perfect |
|---|---|
| habré perdido | hube perdido |

## CONDITIONAL / SUBJUNCTIVE

| Present | Present | Imperfect |
|---|---|---|
| perdería | pierda | perd-iera/iese |
| perderías | pierdas | perd-icras/ieses |
| perdería | pierda | perd-iera/iese |
| perderíamos | perdamos | perd-iéramos/iésemos |
| perderáis | perdáis | perd-ierais/ieseis |
| perderían | pierdan | perd-ieran/iesen |

| Perfect | Perfect | Pluperfect |
|---|---|---|
| habría perdido | haya perdido | hub-iera/iese perdido |

| GERUND | PAST PARTICIPLE | IMPERATIVE |
|---|---|---|
| perdiendo | perdido | pierde, perded |
| | | pierda (Vd), pierdan (Vds) |

**Sara ha perdido 5 kg.** *Sara has lost 5 kg.*
**Elena va a perder la costumbre.** *Elena is going to lose the habit.*
**Daniel no se pierde nada.** *Daniel doesn't miss a thing.*
**Leonor no pierde un momento.** *Leonor doesn't waste a moment.*
**Se ha echado a perder.** *It has gone to waste.*
**Lo doy por perdido.** *I give up.*

**la pérdida** *loss, waste*
**perdido/a** *lost*
**perdidamente enamorado/a** *passionately in love*

**estar pedido por** *to be crazy about*
**perdidoso** *losing, easily lost*
**la perdición** *ruin, undoing, waste*
**el perdido** *scoundrel*

# 137 poblar  *to populate, stock*   tr./intr.

## INDICATIVE

| Present | Imperfect | Perfect |
|---|---|---|
| pueblo | poblaba | he poblado |
| pueblas | poblabas | has poblado |
| puebla | poblada | ha poblado |
| poblamos | poblábamos | hemos poblado |
| pobláis | poblabais | habéis poblado |
| pueblan | poblaban | han poblado |

| Future | Pluperfect | Past Definite |
|---|---|---|
| poblaré | había poblado | poblé |
| poblarás | habías poblado | poblaste |
| poblará | había poblado | pobló |
| poblaremos | habíamos poblado | poblamos |
| poblaréis | habíais poblado | poblasteis |
| poblarán | habían poblado | poblaron |

| Future Perfect | Past Perfect |
|---|---|
| habré poblado | hube poblado |

## CONDITIONAL                SUBJUNCTIVE

| Present | Present | Imperfect |
|---|---|---|
| poblaría | pueble | pobl-ara/ase |
| poblarías | puebles | pobl-aras/ases |
| poblaría | pueble | pobl-ara/ase |
| poblaríamos | poblemos | pobl-áramos/ásemos |
| poblaríais | pobléis | pobl-arais/aseis |
| poblarían | pueblen | pobl-aran/asen |

| Perfect | Perfect | Pluperfect |
|---|---|---|
| habría poblado | haya poblado | hub-iera/iese poblado |

| GERUND | PAST PARTICIPLE | IMPERATIVE |
|---|---|---|
| poblando | poblando | puebla, poblad |
| | | pueble (Vd), pueblen (Vds) |

**Los ingleses poblaron Australia.** *The English populated Australia.*
**Vamos a poblar la colina de pinos.** *We are going to plant pines on the hill.*
**Pobló la colmena con abejas importadas.** *He stocked the hive with imported bees.*
**Me gustaría conocer los peces que pueblan el fondo del mar.** *I would like to study the fish that inhabit the bottom of the sea.*
**El arbusto se ha poblado.** *The bush has come into leaf.*
**Estas tribus se pueblan mucho.** *These tribes have many children.*

**poblarse** *to fill, come into leaf*
**la población** *population, town, village*
**el poblachón** *dump*
**poblado/a** *inhabited*

**el poblador** *settler*
**el pueblo** *village, town; people, nation*
**el pueblecito** *little village*

# poder  *to be able to, can*   tr./intr.   **138**

## INDICATIVE

| Present | Imperfect | Perfect |
|---|---|---|
| puedo | podía | he podido |
| puedes | podías | has podido |
| puede | podía | ha podido |
| podemos | podíamos | hemos podido |
| podéis | podíais | habéis podido |
| pueden | podían | han podido |

| Future | Pluperfect | Past Definite |
|---|---|---|
| podré | había podido | pude |
| podrás | habías podido | pudiste |
| podrá | había podido | pudo |
| podremos | habíamos podido | pudimos |
| podréis | habíais podido | pudisteis |
| podrán | habían podido | pudieron |

| Future Perfect | Past Perfect |
|---|---|
| habré podido | hube podido |

## CONDITIONAL                SUBJUNCTIVE

| Present | Present | Imperfect |
|---|---|---|
| podría | pueda | pud-iera/iese |
| podrías | pucdas | pud-ieras/ieses |
| podría | pueda | pud-iera/iese |
| podríamos | podamos | pud-iéramos/iésemos |
| podríais | podáis | pud-ierais/ieseis |
| podrían | puedan | pud-ieran/iesen |

| Perfect | Perfect | Pluperfect |
|---|---|---|
| habría podido | haya podido | hub-iera/iese podido |

## GERUND                PAST PARTICIPLE                IMPERATIVE

| | | |
|---|---|---|
| pudiendo | podido | puede, poded |
| | | pueda (Vd), puedan (Vds) |

**¿Puedes venir un momento?**  *Can you come for a moment?*
**Puede que esté en Burgos.**  *She may be in Burgos.*
**No podemos ir a Pamplona.**  *We can't go to Pamplona.*
**No se puede comer.**  *It is not fit to eat.*
**¿Se puede?**  *May I come in?*
**No puedo con él.**  *I can't deal with him any more.*
**¡No puedo más!**  *I've had enough!*
**a más no poder**  *for all it's worth/to the limit/as much as possible*

**el poder**  *power, strength, law*                **poderoso/a**  *powerful*
**los plenos poderes**  *full powers*               **poderosamente**  *powerfully*
**el poderío**  *power; might*

# 139 poner *to put* tr.

## INDICATIVE

| Present | Imperfect | Perfect |
|---|---|---|
| pongo | ponía | he puesto |
| pones | ponías | has puesto |
| pone | ponía | ha puesto |
| ponemos | poníamos | hemos puesto |
| ponéis | poníais | habéis puesto |
| ponen | ponían | han puesto |

| Future | Pluperfect | Past Definite |
|---|---|---|
| pondré | había puesto | puse |
| pondrás | habías puesto | pusiste |
| pondrá | había puesto | puso |
| pondremos | habíamos puesto | pusimos |
| pondréis | habíais puesto | pusisteis |
| pondrán | habían puesto | pusieron |

| Future Perfect | Past Perfect |
|---|---|
| habré puesto | hube puesto |

## CONDITIONAL | SUBJUNCTIVE

| Present | Present | Imperfect |
|---|---|---|
| pondría | ponga | pus-iera/iese |
| pondrías | pongas | pus-ieras/ieses |
| pondría | ponga | pus-iera/iese |
| pondríamos | pongamos | pus-iéramos/iésemos |
| pondríais | pongáis | pus-ierais/ieseis |
| pondrían | pongan | pus-ieran/iesen |

| Perfect | Perfect | Pluperfect |
|---|---|---|
| habría puesto | haya puesto | hub-iera/iese puesto |

| GERUND | PAST PARTICIPLE | IMPERATIVE |
|---|---|---|
| poniendo | puesto | pon, poned |
|  |  | ponga (Vd), pongan (Vds) |

**Quiero poner la silla ahí.** *I want to put the chair there.*
**Pedro está poniendo la mesa.** *Pedro is laying the table.*
**Frank puso la radio más alta.** *Frank turned the radio up.*
**La gallina ha puesto un huevo.** *The hen has laid an egg.*
**Me pone miedo.** *It scares me.*
**¿Que ponen en el cine?** *What's on at the cinema?*
**Ana se ha puesto pantalones.** *Ana is wearing trousers.*
**Elena se ha puesto roja.** *Elena has gone red.*
**Leonor se puso seria.** *Leonor became serious.*
**¡Paqui, no te pongas así!** *Please, Paqui, don't be like that!*

**ponerse** *to put on (clothes); to become, turn*          **el poner en escena** *staging (theatre)*
**el ponedero** *nestling box*          **el poner en marcha** *launch*
**la puesta de sol** *sunset*

# preferir *to prefer* tr. **140**

## INDICATIVE

| Present | Imperfect | Perfect |
|---|---|---|
| prefiero | perfería | he preferido |
| prefieres | preferías | has preferido |
| prefiere | prefería | ha preferido |
| preferimos | preferíamos | hemos preferido |
| preferís | preferíais | habéis preferido |
| prefieren | preferían | han preferido |

| Future | Pluperfect | Past Definite |
|---|---|---|
| preferiré | había preferido | preferí |
| preferirás | habias preferido | preferiste |
| preferirá | había preferido | prefirió |
| preferiremos | habíamos preferido | preferimos |
| preferiréis | habíais preferido | preferisteis |
| preferirán | habían preferido | prefirieron |

| Future Perfect | Past Perfect |
|---|---|
| habré preferido | hube preferido |

## CONDITIONAL      SUBJUNCTIVE

| Present | Present | Imperfect |
|---|---|---|
| preferiría | prefiera | prefir-iera/iese |
| preferirías | prefieras | prefir-icras/ieses |
| preferiría | prefiera | prefir-iera/iese |
| preferiríamos | prefiramos | prefir-iéramos/iésemos |
| preferiríais | prefiráis | prefir-ierais/ieseis |
| preferirían | prefieran | prefir-ieran/iesen |

| Perfect | Perfect | Pluperfect |
|---|---|---|
| habría preferido | haya preferido | hub-iera/iese preferido |

| GERUND | PAST PARTICIPLE | IMPERATIVE |
|---|---|---|
| prefiriendo | preferido | prefiere, preferid |
| | | prefiera (Vd), prefieran (Vds) |

**¿Cuál prefieres?** *Which one do you prefer?*
**Prefiero el azul.** *I prefer the blue one.*
**Preferiría ir a casa.** *I would rather go home.*
**Han preferido ir en taxi.** *They have preferred to go by taxi.*
**¿Qué prefieres?** *What will you have?*

**la preferencia** *preference*
**preferencial** *preferential*
**preferente** *preferential, preferred*
**preferible** *preferable*

**mostar preferencia por** *to show preference to*
**preferido/a** *favourite*
**la clase preferida** *club class*
**preferiblemente** *preferably*

# 141 probar *to prove, try (on), taste* tr./intr.

## INDICATIVE

| Present | Imperfect | Perfect |
|---------|-----------|---------|
| pruebo | probaba | he probado |
| pruebas | probabas | has probado |
| prueba | probaba | ha probado |
| probamos | probábamos | hemos probado |
| probáis | probabais | habéis probado |
| prueban | probaban | han probado |

| Future | Pluperfect | Past Definite |
|--------|------------|---------------|
| probaré | había probado | probé |
| probarás | habías probado | probaste |
| probará | había probado | probó |
| probaremos | habíamos probado | probamos |
| probaréis | habíais probado | probasteis |
| probarán | habían probado | probaron |

| Future Perfect | Past Perfect |
|----------------|--------------|
| habré probado | hube probado |

## CONDITIONAL / SUBJUNCTIVE

| Present | Present | Imperfect |
|---------|---------|-----------|
| probaría | pruebe | prob-ara/ase |
| probarías | pruebes | prob-aras/ases |
| probaría | pruebe | prob-ara/ase |
| probaríamos | probemos | prob-áramos/ásemos |
| probaríais | probéis | prob-arais/aseis |
| probarían | prueben | prob-aran/asen |

| Perfect | Perfect | Pluperfect |
|---------|---------|------------|
| habría probado | haya probado | hub-iera/iese probado |

## GERUND / PAST PARTICIPLE / IMPERATIVE

| GERUND | PAST PARTICIPLE | IMPERATIVE |
|--------|-----------------|------------|
| probando | probado | prueba, probad |
| | | pruebe (Vd), prueben (Vds) |

**Prueba el postre, está buenísimo.** *Try the dessert, it's very good.*
**Está probado que la tierra es redonda.** *It has been proved that the earth is round.*
**¿Puedo probarme la falda?** *Can I try the skirt on?*
**No puede probar la máquina.** *He can't test the machine.*
**¿Probamos?** *Shall we have a go?*
**No me prueba bien el café.** *Coffee doesn't agree with me.*
**Mark no lo prueba nunca.** *Mark never touches it.*
**No me prueba el verde.** *Green doesn't suit me.*

**el probador** *fitting room*
**el/la probador(a)** *taster (wine, tea)*
**probado/a** *tasted, proven*
**la probanza** *proof, evidence*

**probatorio** *convincing*
**la probeta** *test tube*
**la prueba** *proof, evidence*

# pudrir

*to rot, decay*   tr.

## INDICATIVE

| Present | Imperfect | Perfect |
|---|---|---|
| pudro | podría | he podrido |
| pudres | podrías | has podrido |
| pudre | podría | ha podrido |
| pudrimos | podríamos | hemos podrido |
| pudrís | podríais | habéis podrido |
| pudren | podrían | han podrido |

| Future | Pluperfect | Past Definite |
|---|---|---|
| pudriré | había podrido | pudrí |
| pudrirás | habías podrido | pudriste |
| pudrirá | había podrido | pudrió |
| pudriremos | habíamos podrido | pudrimos |
| pudriréis | habíais podrido | pudristeis |
| pudrirán | habían podrido | pudrieron |

| Future Perfect | Past Perfect |
|---|---|
| habré podrido | hube podrido |

## CONDITIONAL          SUBJUNCTIVE

| Present | Present | Imperfect |
|---|---|---|
| pudriría | pudra | pudr-iera/iese |
| pudrirías | pudras | pudr-ieras/ieses |
| pudriría | pudra | pudr-iera/iese |
| pudriríamos | pudramos | pudr-iéramos/iésemos |
| pudriríais | pudráis | pudr-ierais/ieseis |
| pudrirían | pudran | pudr-ieran/iesen |

| Perfect | Perfect | Pluperfect |
|---|---|---|
| habría podrido | haya podrido | hub-iera/iese podrido |

| GERUND | PAST PARTICIPLE | IMPERATIVE |
|---|---|---|
| pudriendo | podrido | pudre, podrid |
| | | pudra (Vd), pudran (Vds) |

**Se han podrido las manzanas.** *The apples have gone rotten.*
**Está podrido por dentro.** *It's rotten inside.*
**¡Qué se pudra!** *Let him rot!*
**Están podridos de dinero.** *They are stinking rich.*
**Te vas a pudrir de aburrimiento.** *You'll die of boredom.*
**Y mientras se pudría en el exilio.** *Meanwhile he was languishing in exile.*

**podrido/a** *rotten*
**la podredumbre** *pus, rot, decay*
**la pudrición** *rotting, rottenness*

**la pudrición seca** *dry rot*
**el pudrimiento** *rotting, rot, rottenness*

# 143 quebrar  *to break, smash*  tr./intr.

## INDICATIVE

| Present | Imperfect | Perfect |
|---|---|---|
| quiebro | quebraba | he quebrado |
| quiebras | quebrabas | has quebrado |
| quiebra | quebraba | ha quebrado |
| quebramos | quebrábamos | hemos quebrado |
| quebráis | quebrabais | habéis quebrado |
| quiebran | quebraban | han quebrado |

| Future | Pluperfect | Past Definite |
|---|---|---|
| quebraré | había quebrado | quebré |
| quebrarás | habías quebrado | quebraste |
| quebrará | había quebrado | quebró |
| quebraremos | habíamos quebrado | quebramos |
| quebraréis | habíais quebrado | quebrasteis |
| quebrarán | habían quebrado | quebraron |

| Future Perfect | Past Perfect |
|---|---|
| habré quebrado | hube quebrado |

## CONDITIONAL  ·  SUBJUNCTIVE

| Present | Present | Imperfect |
|---|---|---|
| quebraría | quiebre | quebr-ara/ase |
| quebrarías | quiebres | quebr-aras/ases |
| quebraría | quiebre | quebr-ara/ase |
| quebraríamos | quebremos | quebr-áramos/ásemos |
| quebraríais | quebréis | quebr-arais/aseis |
| quebrarían | quiebren | quebr-aran/asen |

| Perfect | Perfect | Pluperfect |
|---|---|---|
| habría quebrado | haya quebrado | hub-iera/iese quebrado |

| GERUND | PAST PARTICIPLE | IMPERATIVE |
|---|---|---|
| quebrando | quebrado | quiebra, quebrad |
| | | quiebre (Vd), quiebren (Vds) |

**Se ha quebrado un hueso.** *He has broken a bone.*
**No quiebres el estante.** *Don't break the shelf.*
**La compañía ha quebrado.** *The company has gone bankrupt.*
**Carmen ha quebrado con Pepe.** *Carmen has broken up with Pepe.*
**Quiebra ese azul.** *Make that blue softer.*
**Está empezando a quebrar.** *She is getting wrinkles.*
**No tiene quiebra.** *It can't go wrong.*

**la quiebra** *break, loss, bankruptcy*
**quebrazón** *crushing, smashing*
**la quebrada** *gorge, gap, pass*
**el quebrado** *fraction (maths)*
**el quebradero de cabeza** *headache, worry*

**quebradizo/a** *brittle, fragile*
**quebrado/a** *rough, bankrupt*
**quebrado/a de color** *pale*

# querer *to love; to want* tr. **144**

## INDICATIVE

| Present | Imperfect | Perfect |
|---|---|---|
| quiero | quería | he querido |
| quieres | querías | has querido |
| quiere | quería | ha querido |
| queremos | queríamos | hemos querido |
| queréis | queríais | habéis querido |
| quieren | querían | han querido |

| Future | Pluperfect | Past Definite |
|---|---|---|
| querré | había querido | quise |
| querrás | habías querido | quisiste |
| querrá | había querido | quiso |
| querremos | habíamos querido | quisimos |
| querréis | habíais querido | quisisteis |
| querrán | habían querido | quisieron |

| Future Perfect | Past Perfect |
|---|---|
| habré querido | hube querido |

## CONDITIONAL     SUBJUNCTIVE

| Present | Present | Imperfect |
|---|---|---|
| querría | quiera | quis-iera/iese |
| querrías | quieras | quis-ieras/ieses |
| querría | quiera | quis-iera/iese |
| querríamos | queramos | quis-iéramos/iésemos |
| querríais | queráis | quis-ierais/ieseis |
| querrían | quieran | quis-ieran/iesen |

| Perfect | Perfect | Pluperfect |
|---|---|---|
| habría querido | haya querido | hub-iera/iese querido |

## GERUND     PAST PARTICIPLE     IMPERATIVE

| GERUND | PAST PARTICIPLE | IMPERATIVE |
|---|---|---|
| queriendo | querido | quiere, quered |
| | | quiera (Vd), quieran (Vds) |

**Te quiero mucho.** *I love you a lot.*
**¿Quieres pan?** *Do you want some bread?*
**Ven cuando quieras.** *Come whenever you want.*
**¿Cuánto quieres por el coche?** *How much do you want for the car?*
**Lo hizo queriendo.** *He did it deliberately.*
**Quiero decir...** *I mean...*
**Querer es poder.** *Where there's a will there's a way.*
**¿Quiere cerrar la puerta?** *Would you mind shutting the door?*

**No quiero.** *I refuse.*
**el/la querido/a** *loved, beloved, lover*
**el queridongo** *lover (pejorative)*
**sin querer** *without meaning to*

**la querencia** *lair, haunt, favourite spot*
**el querendón** *affectionate, spoiled child, favourite pet*

# 145 recomendar  *to recommend*  tr.

## INDICATIVE

| Present | Imperfect | Perfect |
|---|---|---|
| recomiendo | recomendaba | he recomendado |
| recomiendas | recomendabas | has recomendado |
| recomienda | recomendaba | ha recomendado |
| recomendamos | recomendábamos | hemos recomendado |
| recomendáis | recomendabais | habéis recomendado |
| recomiendan | recomendaban | han recomendado |

| Future | Pluperfect | Past Definite |
|---|---|---|
| recomendaré | había recomendado | recomendé |
| recomendarás | habías recomendado | recomendaste |
| recomendará | había recomendado | recomendó |
| recomendaremos | habíamos recomendado | recomendamos |
| recomendaréis | habíais recomendado | recomendasteis |
| recomendarán | habían recomendado | recomendaron |

| Future Perfect | Past Perfect |
|---|---|
| habré recomendado | hube recomendado |

## CONDITIONAL

## SUBJUNCTIVE

| Present | Present | Imperfect |
|---|---|---|
| recomendaría | recomiende | recomend-ara/ase |
| recomendarías | recomiendes | recomend-aras/ases |
| recomendaría | recomiende | recomend-ara/ase |
| recomendaríamos | recomendemos | recomend-áramos/ásemos |
| recomendaríais | recomendéis | recomend-arais/aseis |
| recomendarían | recomienden | recomend-aran/asen |

| Perfect | Perfect | Pluperfect |
|---|---|---|
| habría recomendado | haya recomendado | hub-iera/iese recomendado |

## GERUND

## PAST PARTICIPLE

## IMPERATIVE

| | | |
|---|---|---|
| recomendando | recomendado | recomienda, recomendad |
| | | recomiende (Vd), recomienden |
| | | (Vds) |

**Te recomiendo el helado de mango.** *I can recommend the mango ice-cream.*
**Nos recomendaron a su hijo.** *They entrusted their son to us.*
**¿Me recomiendas un dentista?** *Can you recommend a dentist?*

**recomendable** *recommendable*
**la recomendación** *recommendation,*
   *suggestion; reference*
**recomendado/a** *registered*

**recomendatorio/a** *recommendatory*
**recomendablemente** *commendably*
**recomendante** *recommending;*
   *recommender, endorser*

# recordar  *to remind, remember*  tr./intr. **146**

INDICATIVE

| Present | Imperfect | Perfect |
|---|---|---|
| recuerdo | recordaba | he recordado |
| recuerdas | recordabas | has recordado |
| recuerda | recordaba | ha recordado |
| recordamos | recodábamos | hemos recordado |
| recordáis | recordabais | habéis recordado |
| recuerdan | recordaban | han recordado |

| Future | Pluperfect | Past Definite |
|---|---|---|
| recordaré | había recordado | recordé |
| recordarás | habías recordado | recordaste |
| recordará | había recordado | recordó |
| recordaremos | habíamos recordado | recordamos |
| recordaréis | habíais recordado | recordasteis |
| recordarán | habían recordado | recordaron |

| Future Perfect | Past Perfect |
|---|---|
| habré recordado | hube recordado |

CONDITIONAL | SUBJUNCTIVE

| Present | Present | Imperfect |
|---|---|---|
| recordaría | recuerde | record-ara/ase |
| recordarías | recuerdes | record-aras/ases |
| recordaría | recuerde | record-ara/ase |
| recordaríamos | recordemos | record-áramos/ásemos |
| recordaríais | recordéis | record-arais/aseis |
| recordarían | recuerden | record-aran/asen |

| Perfect | Perfect | Pluperfect |
|---|---|---|
| habría aprobado | haya recordado | hub-iera/iese recordado |

| GERUND | PAST PARTICIPLE | IMPERATIVE |
|---|---|---|
| recordando | recordado | recuerda, recordad |
| | | recuerde (Vd), recuerden (Vds) |

**Eduardo te recordará siempre.** *Eduardo will always remember you.*
**No lo recuerdo.** *I don't remember it.*
**Esto me recuerda a Quevedo.** *This reminds me of Quevedo.*
**Recuérdale que me debe 20 €.** *Remind him that he owes me 20 euros.*
**Que yo recuerde...** *As far as I can remember...*
**Si mal no recuerdo...** *If my memory serves me right...*
**Creo recordar...** *I seem to remember...*

**el récord** *record*
**en un tiempo récord** *in record time*
**batir el récord** *to break a record*
**recordable** *memorable*
**la recordación** *recollection*

**digno de recordar** *memorable*
**recordativo** *reminiscent*
**el recuerdo** *memory, memento,*
  *souvenir, regards*
**los recuerdos** *good wishes, regards*

# 147 **referir** *to refer, relate* tr.

## INDICATIVE

| Present | Imperfect | Perfect |
|---|---|---|
| refiero | refería | he referido |
| refieres | referías | has referido |
| refiere | refería | ha referido |
| referimos | referíamos | hemos referido |
| referís | referíais | habéis referido |
| refieren | referían | han referido |

| Future | Pluperfect | Past Definite |
|---|---|---|
| referiré | había referido | referí |
| referirás | habías referido | referiste |
| referirá | había referido | refirió |
| referiremos | habíamos referido | referimos |
| referiréis | habíais referido | referisteis |
| referirán | habían referido | refirieron |

| Future Perfect | Past Perfect |
|---|---|
| habré referido | hube referido |

## CONDITIONAL / SUBJUNCTIVE

| Present | Present | Imperfect |
|---|---|---|
| referiría | refiera | refir-iera/iese |
| referirías | refieras | refir-ieras/ieses |
| referiría | refiera | refir-iera/iese |
| referiríamos | refiramos | refir-iéramos/iésemos |
| referiríais | refiráis | refir-ierais/ieseis |
| referirían | refieran | refir-ieran/iesen |

| Perfect | Perfect | Pluperfect |
|---|---|---|
| habría referido | haya referido | hub-iera/iese referido |

| GERUND | PAST PARTICIPLE | IMPERATIVE |
|---|---|---|
| refiriendo | referido | refiere, referid |
| | | refiera (Vd), refieran (Vds) |

**Me estaba refiriendo a Goya.** *I was referring to Goya.*
**Han referido la obra a Cervantes.** *They have referred the work to Cervantes.*
**¿Te refieres a Leonor de Castilla?** *Are you referring to Eleanor of Castile?*
**Por lo que es refiere a eso...** *As for that...*
**En lo que se refiere a su trabajo...** *As regards his work...*

**la referencia** *reference, allusion*       **el referí** *referee, umpire*
**el referéndum** *referendum*                **referible** *referable*
**referente** *referring, relating*
**referido/a** *related, said, above mentioned*

# reforzar _to reinforce, strengthen_ tr. **148**

## INDICATIVE

| Present | Imperfect | Perfect |
|---|---|---|
| refuerzo | reforzaba | he reforzado |
| refuerzas | reforzabas | has reforzado |
| refuerza | reforzaba | ha reforzado |
| reforzamos | reforzábamos | hemos reforzado |
| reforzáis | reforzabais | habéis reforzado |
| refuerzan | reforzaban | han reforzado |

| Future | Pluperfect | Past Definite |
|---|---|---|
| reforzaré | había reforzado | reforcé |
| reforzarás | habías reforzado | reforzaste |
| reforzará | había reforzado | reforzó |
| reforzaremos | habíamos reforzado | reforzamos |
| reforzaréis | habíais reforzado | reforzasteis |
| reforzarán | habían reforzado | reforzaron |

| Future Perfect | Past Perfect |
|---|---|
| habré reforzado | hube reforzado |

## CONDITIONAL        SUBJUNCTIVE

| Present | Present | Imperfect |
|---|---|---|
| reforzaría | refuerce | reforz-ara/ase |
| reforzarías | refuerces | reforz-aras/ases |
| reforzaría | refuerce | reforz-ara/ase |
| reforzaríamos | reforcemos | reforz-áramos/ásemos |
| reforzaríais | reforcéis | reforz-arais/aseis |
| reforzarían | refuercen | reforz-aran/asen |

| Perfect | Perfect | Pluperfect |
|---|---|---|
| habría reforzado | haya reforzado | hub-iera/iese reforzado |

| GERUND | PAST PARTICIPLE | IMPERATIVE |
|---|---|---|
| reforzando | reforzado | refuerza, reforzad |
| | | refuerce (Vd), refuercen (Vds) |

**Tengo que reforzar la mesa.** _I have to reinforce the table._
**¿Has reforzado la guarnición del libro?** _Have you reinforced the book-binding?_
**No refuerces el nudo.** _Don't reinforce the knot._
**Reforzaron las paredes.** _They reinforced the walls._

**el reforzador** _booster, intensifier_
**el refuerzo** _strengthening, reinforcement, brace_
**los refuerzos** _reinforcements_

**reforzado/a** _reinforced, strengthened, magnified_
**el reforzamiento** _reinforcement, strengthening_

# 149 regar *to water, irrigate* tr.

## INDICATIVE

| Present | Imperfect | Perfect |
|---------|-----------|---------|
| riego | regaba | he regado |
| riegas | regabas | has regado |
| riega | regaba | ha regado |
| regamos | regábamos | hemos regado |
| regáis | regabais | habéis regado |
| riegan | regaban | han regado |

| Future | Pluperfect | Past Definite |
|--------|------------|---------------|
| regaré | había regado | regué |
| regarás | habías regado | regaste |
| regará | había regado | regó |
| regaremos | habíamos regado | regamos |
| regaréis | habíais regado | regasteis |
| regarán | habían regado | regaron |

| Future Perfect | Past Perfect |
|----------------|--------------|
| habré regado | hube regado |

## CONDITIONAL     SUBJUNCTIVE

| Present | Present | Imperfect |
|---------|---------|-----------|
| regaría | riegue | reg-ara/ase |
| regarías | riegues | reg-aras/ases |
| regaría | riegue | reg-ara/ase |
| regaríamos | reguemos | reg-áramos/ásemos |
| regaríais | reguéis | reg-arais/aseis |
| regarían | rieguen | reg-aran/asen |

| Perfect | Perfect | Pluperfect |
|---------|---------|------------|
| habría regado | haya regado | hub-iera/iese regado |

| GERUND | PAST PARTICIPLE | IMPERATIVE |
|--------|-----------------|------------|
| regando | regado | riega, regad |
| | | riegue (Vd), rieguen (Vds) |

**Riego las plantas con una regadera.** *I water the plants with a watering can.*
**Peter está regando con la manga.** *Peter is watering with the hose.*
**¿Has regado las lechugas?** *Have you watered the lettuces?*
**Ángel riega el plato con vino.** *Ángel has wine with his meal.*
**Cele iba regando monedas.** *Cele was scattering coins all over the place.*
**Nos está regando.** *She is having us on.*

**la regata** *irrigation channel; boat race*
**el riego** *watering, irrigation*
**el riego por aspersión** *watering by sprinkler*

**la regadura** *irrigation*
**la tierra de regadío** *irrigable, irrigated land*
**la regadera** *watering can*

# reír  *to laugh*  tr./intr.  **150**

## INDICATIVE

| Present | Imperfect | Perfect |
|---|---|---|
| río | reía | he reído |
| ríes | reías | has reído |
| ríe | reía | ha reído |
| reímos | reíamos | hemos reído |
| reís | reíais | habéis reído |
| ríen | reían | han reído |

| Future | Pluperfect | Past Definite |
|---|---|---|
| reiré | había reído | reí |
| reirás | habías reído | reíste |
| reirá | había reído | rió |
| reiremos | habíamos reído | reímos |
| reiréis | habíais reído | reísteis |
| reirán | habían reído | rieron |

| Future Perfect | Past Perfect |
|---|---|
| habré reído | hube reído |

## CONDITIONAL  SUBJUNCTIVE

| Present | Present | Imperfect |
|---|---|---|
| reiría | ría | ri-era/ese |
| reirías | rías | ri-eras/eses |
| reiría | ría | ri-era/ese |
| reiríamos | riamos | ri-éramos/ésemos |
| reiríais | riáis | ri-erais/eseis |
| reirían | rían | ri-eran/esen |

| Perfect | Perfect | Pluperfect |
|---|---|---|
| habría reído | haya reído | hub-iera/iese reído |

## GERUND  PAST PARTICIPLE  IMPERATIVE

| GERUND | PAST PARTICIPLE | IMPERATIVE |
|---|---|---|
| riendo | reído | ríe, reíd |
| | | ría (Vd), rían (Vds) |

**Nos reímos mucho con Juan.** *We laugh a lot with Juan.*
**Se ríe mucho de Juan.** *He laughs a lot at Juan.*
**Pedro nos hace reír siempre.** *Pedro always makes us laugh.*
**Le ríen los ojos.** *His eyes sparkle.*
**Fue para reírse.** *It was utterly absurd.*
**Mi jersey se ríe por los codos.** *My jumper is coming apart at the elbows.*
**Al freír será el reír.** *You'll get your come-uppance.*

**la risa** *laughter*
**risueño/a** *smiling*
**soltar la risa** *to burst out laughing*
**risible** *risible, ludicrous*

**la sonrisa** *smile*
**risiblemente** *laughably*
**la risica/risita/risilla** *giggle*
**la risotada** *guffaw, boisterous laughter*

# 151 remendar *to mend* tr.

## INDICATIVE

| Present | Imperfect | Perfect |
|---|---|---|
| remiendo | remendaba | he remendado |
| remiendas | remendabas | has remendado |
| remienda | remendaba | ha remendado |
| remendamos | remendábamos | hemos remendado |
| remendáis | remendabais | habéis remendado |
| remiendan | remendaban | han remendado |

| Future | Pluperfect | Past Definite |
|---|---|---|
| remendaré | había remendado | remendé |
| remendarás | habías remendado | remendaste |
| remendará | había remendado | remendó |
| remendaremos | habíamos remendado | remendamos |
| remendaréis | habíais remendado | remendasteis |
| remendarán | habían remendado | remendaron |

| Future Perfect | Past Perfect |
|---|---|
| habré remendado | hube remendado |

## CONDITIONAL        SUBJUNCTIVE

| Present | Present | Imperfect |
|---|---|---|
| remendaría | remiende | remend-ara/ase |
| remendarías | remiendes | remend-aras/ases |
| remendaría | remiende | remend-ara/ase |
| remendaríamos | remendemos | remend-áramos/ásemos |
| remendarías | remendéis | remend-arais/aseis |
| remendarían | remienden | remend-aran/asen |

| Perfect | Perfect | Pluperfect |
|---|---|---|
| habría remendado | haya remendado | hub-iera/iese remendado |

| GERUND | PAST PARTICIPLE | IMPERATIVE |
|---|---|---|
| remendando | remendado | remienda, remendad |
| | | remiende (Vd), remienden |
| | | (Vds) |

**Peter va a remendar la silla.** *Peter is going to mend the chair.*
**¿Has remendado la camisa?** *Have you mended the shirt?*
**Mi abuela remienda calcetines.** *My grandmother darns socks.*
**Tengo que remendar los errores.** *I have to correct the mistakes.*

**el remendón** *cobbler*
**el zapatero remendón** *shoe repairer*
**remendado/a** *mended*
**a remiendos** *piecemeal, in bits*

**el/la remendista** *mender*
**el remiendo** *patch, darn; mending, patching*
**echar un remiendo a** *to patch*

# renegar *to deny, renounce, detest* tr./intr. **152**

INDICATIVE

| Present | Imperfect | Perfect |
|---|---|---|
| reniego | renegaba | he renegado |
| reniegas | renegabas | has renegado |
| reniega | renegaba | ha renegado |
| renegamos | renegábamos | hemos renegado |
| renegáis | renegabais | habéis renegado |
| reniegan | renegaban | han renegado |

| Future | Pluperfect | Past Definite |
|---|---|---|
| renegaré | había renegado | renegué |
| renegarás | habías renegado | renegaste |
| renegará | habías renegado | renegó |
| renegaremos | habíamos renegado | renegamos |
| renegaréis | habíais renegado | renegasteis |
| renegarán | habían renegado | renegaron |

| Future Perfect | Past Perfect |
|---|---|
| habré renegado | hube renegado |

CONDITIONAL | SUBJUNCTIVE

| Present | Present | Imperfect |
|---|---|---|
| renegaría | reniegue | reneg-ara/ase |
| renegarías | reniegues | reneg-aras/ases |
| renegaría | reniegue | reneg-ara/ase |
| renegaríamos | reneguemos | reneg-áramos/ásemos |
| renegaríais | reneguéis | reneg-arais/aseis |
| renegarían | renieguen | reneg-aran/asen |

| Perfect | Perfect | Pluperfect |
|---|---|---|
| habría renegado | haya renegado | hub-iera/iese renegado |

| GERUND | PAST PARTICIPLE | IMPERATIVE |
|---|---|---|
| renegando | renegado | reniega, renegad |
| | | reniegue (Vd), renieguen (Vds) |

**Pedro reniega haberlo dicho.** *Pedro vigorously denies having said that.*
**Renegó de la religión cristiana y se hizo mahometano.** *He renounced Christianity and became a Moslem.*
**Sara reniega del profesorado.** *Sara detests the teachers.*
**Bob renegó de su propio hijo.** *Bob disowned his own son.*
**Renegaremos de su amistad.** *We shall break completely with him.*

**renegado/a** *renegade, cantankerous*
**renegón/renegona** *grumbling, grouchy, cantankerous*

**el reniego** *curse, grumble, complaint, blasphemy*

# 153 reñir  *to quarrel, scold*  tr./intr.

## INDICATIVE

| Present | Imperfect | Perfect |
|---|---|---|
| riño | reñía | he reñido |
| riñes | reñías | has reñido |
| riñe | reñía | ha reñido |
| reñimos | reñíamos | hemos reñido |
| reñís | reñíais | habéis reñido |
| riñen | reñían | han reñido |

| Future | Pluperfect | Past Definite |
|---|---|---|
| reñiré | había reñido | reñí |
| reñirás | habías reñido | reñiste |
| reñirá | había reñido | riñó |
| reñiremos | habíamos reñido | reñimos |
| reñiréis | habíais reñido | reñisteis |
| reñirán | habían reñido | riñeron |

| Future Perfect | Past Perfect |
|---|---|
| habré reñido | hube reñido |

## CONDITIONAL

## SUBJUNCTIVE

| Present | Present | Imperfect |
|---|---|---|
| reñiría | riña | riñ-era/ese |
| reñirías | riñas | riñ-eras/eses |
| reñiría | riña | riñ-era/ese |
| reñiríamos | riñamos | riñ-éramos/ésemos |
| reñiríais | riñáis | riñ-erais/eseis |
| reñirían | riñan | riñ-eran/esen |

| Perfect | Perfect | Pluperfect |
|---|---|---|
| habría reñido | haya reñido | hub-iera/iese reñido |

| GERUND | PAST PARTICIPLE | IMPERATIVE |
|---|---|---|
| riñendo | reñido | riñe, reñid |
| | | riña (Vd), riñan (Vds) |

**Elena riñe a los niños.** *Elena scolds the children.*
**No me riñas.** *Don't tell me off.*
**Le reñiré por romperlo.** *I shall reprimand him for breaking it.*
**Marta ha reñido con Pedro.** *Marta has fallen out with Pedro.*
**Se pasan la vida riñendo.** *They are always quarrelling.*
**Riñeron por cuestión de dinero.** *They quarrelled over money.*

**reñidamente** *bitterly, hard, stubbornly*
**reñidor(a)** *quarrelsome*
**reñido/a** *bitter, hard fought*

**la riña** *quarrel, argument, fight, brawl*
**el reñidero de gallos** *cockpit*

# repetir    *to repeat*    tr./intr.    **154**

INDICATIVE

| Present | Imperfect | Perfect |
|---|---|---|
| repito | repetía | he repetido |
| repites | repetías | has repetido |
| repite | repetía | ha repetido |
| repetimos | repetíamos | hemos repetido |
| repetís | repetíais | habéis repetido |
| repiten | repetían | han repetido |

| Future | Pluperfect | Past Definite |
|---|---|---|
| repetiré | había repetido | repetí |
| repetirás | habías repetido | repetiste |
| repetirá | había repetido | repitió |
| repetiremos | habíamos repetido | repetimos |
| repetiréis | habíais repetido | repetisteis |
| repetirán | habían repetido | repitieron |

| Future Perfect | Past Perfect |
|---|---|
| habré repetido | hube repetido |

CONDITIONAL            SUBJUNCTIVE

| Present | Present | Imperfect |
|---|---|---|
| repetiría | repita | repit-iera/iese |
| repetirías | repitas | repit-icras/icscs |
| repetiría | repita | repit-iera/iese |
| repetiríamos | repitamos | repit-iéramos/iésemos |
| repetiríais | repitáis | repit-ierais/ieseis |
| repetirían | repitan | repit-icran/icscn |

| Perfect | Perfect | Pluperfect |
|---|---|---|
| habría repetido | haya repetido | hub-iera/iese repetido |

| GERUND | PAST PARTICIPLE | IMPERATIVE |
|---|---|---|
| repitiendo | repetido | repite, repetid |
| | | repita (Vd), repitan (Vds) |

**¿Quieres repetir la explicación, por favor?** *Can you repeat the explanation, please?*
**Repiten que es imposible.** *They repeat that it is impossible.*
**No lo volveré a repetir.** *I shall not say it again.*
**La audiencia pidió que repitieran.** *The audience asked for an encore.*
**Los niños repiten lo que hacen los mayores.** *Children imitate adults.*
**¡Ojalá no se repita eso!** *I hope this will not happen again!*

**la repetición** *repetition, recurrence, encore*
**repetidamente** *repeatedly*
**repetido/a** *repeated*
**repetidas veces** *many times, over and over again*

**el repetidor** *booster, repeater*
**repetir de un plato** *to have a second helping*

# 155 requerir *to require, need* tr.

## INDICATIVE

| Present | Imperfect | Perfect |
|---|---|---|
| requiero | requería | he requerido |
| requieres | requerías | has requerido |
| requiere | requería | ha requerido |
| requerimos | requeríamos | hemos requerido |
| requerís | requeríais | habéis requerido |
| requieren | requerían | han requerido |

| Future | Pluperfect | Past Definite |
|---|---|---|
| requeriré | había requerido | requerí |
| reguerirás | habías requerido | requeriste |
| requerirá | había requerido | requirió |
| requeriremos | habíamos requerido | requerimos |
| requeriréis | habías requerido | requeristeis |
| requerirán | habían requerido | requirieron |

| Future Perfect | Past Perfect |
|---|---|
| habré requerido | hube requerido |

## CONDITIONAL  SUBJUNCTIVE

| Present | Present | Imperfect |
|---|---|---|
| requeriría | requiera | requir-iera/iese |
| requierirías | requieras | requir-ieras/ieses |
| requeriría | requiera | requir-iera/iese |
| requeriríamos | requiramos | requir-iéramos/iésemos |
| requeriríais | requiráis | requir-ierais/ieseis |
| requerirían | requieran | requir-ieran/iesen |

| Perfect | Perfect | Pluperfect |
|---|---|---|
| habría requerido | haya requerido | hub-iera/iese requerido |

## GERUND  PAST PARTICIPLE  IMPERATIVE

| GERUND | PAST PARTICIPLE | IMPERATIVE |
|---|---|---|
| requiriendo | requerido | requiere, requerid |
| | | requiera (Vd), requieran (Vds) |

**Esto requiere mucho cuidado.** *This requires a lot of care.*
**El trabajo requería atención.** *The job needed attention.*
**¿Requerirás las gafas?** *Will you need your glasses?*
**Se requiere experiencia para el trabajo.** *Experience is required for the job.*
**Calixto requiere de amores a Melibea.** *Calixto woos Melibea*

**el requerimiento** *request, demand,*
  *summons, notification*
**el requeriente** *one who requires/demands*
**el requisito** *requirement*
**el requiriente** *petitioner, process-server*

**la requisa** *levy*
**el requerimiento de pago** *demand*
  *for payment*
**el requerimiento al pago** *request for*
  *payment*

# retemblar *to shake, tremble* intr. **156**

## INDICATIVE

| Present | Imperfect | Perfect |
|---|---|---|
| retiemblo | retemblaba | he retemblado |
| retiemblas | retemblabas | has retemblado |
| retiembla | retemblaba | ha retemblado |
| retemblamos | retemblábamos | hemos retemblado |
| retembláis | retemblabais | habéis retemblado |
| retiemblan | retemblaban | han retemblado |

| Future | Pluperfect | Past Definite |
|---|---|---|
| retemblaré | había retemblado | retemblé |
| retemblarás | habías retemblado | retemblaste |
| retemblará | había retemblado | retembló |
| retemblaremos | habíamos retemblado | retemblamos |
| retemblaréis | habíais retemblado | retemblasteis |
| retemblarán | habían retemblado | retemblaron |

| Future Perfect | Past Perfect |
|---|---|
| habré retemblado | hube retemblado |

## CONDITIONAL | SUBJUNCTIVE

| Present | Present | Imperfect |
|---|---|---|
| retemblaría | retiemble | retembl-ara/ase |
| retemblarías | retiembles | retembl-aras/ases |
| retemblaría | retiemble | retembl-ara/ase |
| retemblaríamos | retemblemos | retembl-áramos/ásemos |
| retemblaríais | retembléis | retembl-arais/aseis |
| retemblarían | retiemblen | retembl aran/asen |

| Perfect | Perfect | Pluperfect |
|---|---|---|
| habría retemblado | haya retemblado | hub-iera/iese retemblado |

| GERUND | PAST PARTICIPLE | IMPERATIVE |
|---|---|---|
| retemblando | retemblado | retiembla, retemblad |
| | | retiemble (Vd), retiemblen |
| | | (Vds) |

**La casa retiembla cuando pasa el tren.** *The house shakes every time a train goes by.*
**Retembló todo el piso.** *The whole of the floor trembled.*
**Los truenos nos hacían retemblar.** *The thunder made us shudder.*
**Retiemblo de miedo.** *I shake with fear.*
**Retemblaron al verle.** *They shuddered whey they saw him.*
**La casa retembló con la explosión.** *The house shook with the explosion.*

# 157 reventar *to burst, explode* tr./intr.

## INDICATIVE

| Present | Imperfect | Perfect |
|---|---|---|
| reviento | reventaba | he reventado |
| revientas | reventabas | has reventado |
| revienta | reventaba | ha reventado |
| reventamos | reventábamos | hemos reventado |
| reventáis | reventabais | habéis reventado |
| revientan | reventaban | han reventado |

| Future | Pluperfect | Past Definite |
|---|---|---|
| reventaré | había reventado | reventé |
| reventarás | habías reventado | reventaste |
| reventará | había reventado | reventó |
| reventaremos | habíamos reventado | reventamos |
| reventaréis | habíais reventado | reventasteis |
| reventarán | habían reventado | reventaron |

| Future Perfect | Past Perfect |
|---|---|
| habré reventado | hube reventado |

## CONDITIONAL / SUBJUNCTIVE

| Present | Present | Imperfect |
|---|---|---|
| reventaría | reviente | revent-ara/ase |
| reventarías | revientes | revent-aras/ases |
| reventaría | reviente | revent-ara/ase |
| reventaríamos | reventemos | revent-áramos/ásemos |
| reventarías | reventéis | revent-arais/aseis |
| reventarían | revienten | revent-aran/asen |

| Perfect | Perfect | Pluperfect |
|---|---|---|
| habría reventado | haya reventado | hub-iera/iese reventado |

| GERUND | PAST PARTICIPLE | IMPERATIVE |
|---|---|---|
| reventando | reventado | revienta, reventad |
| | | reviente (Vd), revienten (Vds) |

**Se ha reventado el globo.** *The balloon has burst.*
**Casi reventé de ira.** *I almost exploded with anger.*
**Reventamos de risa.** *We burst out laughing*
**Me revienta hacer eso.** *I hate doing that.*
**Les revienta de aburrimiento.** *It bores them to tears.*
**Reviento por un chocolate.** *I'm dying for a chocolate.*
**Elvira está que revienta.** *Elvira is full to bursting.*

**el/la reventador(a)** *trouble maker*
**el reventón** *burst, explosion*
**dar un reventón** *to burst, explode*

**el reventadero** *rough ground, tough job*
**reventado/a** *burst, flat (tyre)*

# rodar   *to roll*   tr./intr.      **158**

## INDICATIVE

| Present | Imperfect | Perfect |
|---|---|---|
| ruedo | rodaba | he rodado |
| ruedas | rodabas | has rodado |
| rueda | rodaba | ha rodado |
| rodamos | rodábamos | hemos rodado |
| rodáis | rodabais | habéis rodado |
| ruedan | rodaban | han rodado |

| Future | Pluperfect | Past Definite |
|---|---|---|
| rodaré | había rodado | rodé |
| rodarás | habías rodado | rodaste |
| rodará | había rodado | rodó |
| rodaremos | habíamos rodado | rodamos |
| rodaréis | habíais rodado | rodasteis |
| rodarán | habían rodado | rodaron |

| Future Perfect | Past Perfect |
|---|---|
| habré rodado | hube rodado |

## CONDITIONAL

## SUBJUNCTIVE

| Present | Present | Imperfect |
|---|---|---|
| rodaría | ruede | rod-ara/ase |
| rodarías | ruedes | rod-aras/ases |
| rodaría | ruede | rod-ara/ase |
| rodaríamos | rodemos | rod-áramos/ásemos |
| roderíais | rodéis | rod-arais/aseis |
| rodarían | rueden | rod-aran/asen |

| Perfect | Perfect | Pluperfect |
|---|---|---|
| habría rodado | haya rodado | hub-iera/iese rodado |

| GERUND | PAST PARTICIPLE | IMPERATIVE |
|---|---|---|
| rodando | rodado | rueda, rodad |
| | | ruede (Vd), rueden (Vds) |

**¡Rueda la pelota!** *Roll the ball!*
**El coche rodó cuesta abajo.** *The car rolled downhill.*
**El motor lleva rodando toda la mañana.** *The engine has been running all morning.*
**Va a rodar una película.** *She is going to shoot a film.*
**Ha rodado medio mundo.** *She has travelled halfway round the world.*
**Le quiere rodar a patadas.** *He wants to knock him over.*
**Lo he echado todo a rodar.** *I have spoiled everything.*
**Va rodando de aquí para allá.** *He drifts from place to place.*

| | |
|---|---|
| **la rodada** *wheel track, route* | **la rueda** *wheel* |
| **el rodadero** *cliff, precipice* | **la rueda de atrás** *rear wheel* |
| **rodado/a** *on wheels* | **la rueda de recambio** *spare wheel* |
| **la rodaja** *slice, small wheel, small disc* | **la rueda de prensa** *press conference* |
| **el ruedo** *rotation, bullring, arena* | |

# 159 rogar *to beg, ask for*   tr.

## INDICATIVE

| Present | Imperfect | Perfect |
|---|---|---|
| ruego | rogaba | he rogado |
| ruegas | rogabas | has rogado |
| ruega | rogaba | ha rogado |
| rogamos | rogábamos | hemos rogado |
| rogáis | rogabais | habéis rogado |
| ruegan | rogaban | han rogado |

| Future | Pluperfect | Past Definite |
|---|---|---|
| rogaré | había rogado | rogué |
| rogarás | habías rogado | rogaste |
| rogará | había rogado | rogó |
| rogaremos | habíamos rogado | rogamos |
| rogaréis | habíais rogado | rogasteis |
| rogarán | habían rogado | rogaron |

| Future Perfect | Past Perfect |
|---|---|
| habré rogado | hube rogado |

## CONDITIONAL / SUBJUNCTIVE

| Present | Present | Imperfect |
|---|---|---|
| rogaría | ruegue | rog-ara/ase |
| rogarías | ruegues | rog-aras/ases |
| rogaría | ruegue | rog-ara/ase |
| rogaríamos | roguemos | rog-áramos/ásemos |
| rogaríais | roguéis | rog-arais/aseis |
| rogarían | rueguen | rog-aran/asen |

| Perfect | Perfect | Pluperfect |
|---|---|---|
| habría rogado | haya rogado | hub-iera/iese rogado |

| GERUND | PAST PARTICIPLE | IMPERATIVE |
|---|---|---|
| rogando | rogado | ruega, rogad |
| | | ruegue (Vd), rueguen (Vds) |

**Por favor, te lo ruego.** *Please, I beg of you.*
**Les rogué que lo hicieran.** *I begged them to do it.*
**Te ruego que lo hagas.** *I ask you to do it.*
**Se lo he rogado muchas veces.** *I have pleaded with him many a time.*
**Se ruega no fumar.** *Please do not smoke.*
**No se hace de rogar.** *You do not have to ask him twice.*

**la rogación** *request, pleading*
**la rogatoria** *request, pleading* (LA)
**ruegos y preguntas** *any other business*

**el ruego** *request, entreaty*
**a ruego de...** *at the request of ...*
**rogador/rogadora/rogante** *pleader*

# saber

*to know, know how to;*
*to taste of*  tr./intr.

**160**

## INDICATIVE

| Present | Imperfect | Perfect |
|---|---|---|
| sé | sabía | he sabido |
| sabes | sabías | has sabido |
| sabe | sabía | ha sabido |
| sabemos | sabíamos | hemos sabido |
| sabéis | sabíais | habéis sabido |
| saben | sabían | han sabido |

| Future | Pluperfect | Past Definite |
|---|---|---|
| sabré | había sabido | supe |
| sabrás | habías sabido | supiste |
| sabrá | había sabido | supo |
| sabremos | habíamos sabido | supimos |
| sabréis | habíais sabido | supisteis |
| sabrán | habían sabido | supieron |

| Future Perfect | Past Perfect |
|---|---|
| habré sabido | hube sabido |

## CONDITIONAL | SUBJUNCTIVE

| Present | Present | Imperfect |
|---|---|---|
| sabría | sepa | sup-iera/iese |
| sabrías | sepas | sup-ieras/ieses |
| sabría | sepa | sup-iera/iese |
| sabríamos | sepamos | sup-iéramos/iésemos |
| sabríais | sepáis | sup-ierais/ieseis |
| sabrían | sepan | sup-ieran/iesen |

| Perfect | Perfect | Pluperfect |
|---|---|---|
| habría sabido | haya sabido | hub-iera/iese sabido |

| GERUND | PAST PARTICIPLE | IMPERATIVE |
|---|---|---|
| sabiendo | sabido | sabe, sabed |
| | | sepa (Vd), sepan (Vds) |

**¿Sabes dónde está Sara?** *Do you know where Sara is?*
**No, no sé.** *No, I don't know.*
**Yo sí sé, está en la biblioteca.** *I do, she's in the library.*
**¿Sabes nadar?** *Can you swim?*
**Te hago saber...** *I'm informing you...*
**¡Yo qué sé!** *How should I know!*
**Que yo sepa...** *As far as I know...*
**Esto sabe a vainilla.** *This tastes of vanilla.*

**hacer saber algo a uno** *to let someone know something*
**el sabelotodo** *know-all*
**el sabio** *expert, learned, sensible, wise*

**el/la sabihondo/a** *self-proclaimed expert*
**sabiduría** *wisdom*
**a sabiendas** *in the know, knowing*
**un no sé que** *a certain something*

# 161 salir *to go out, leave*  intr.

## INDICATIVE

| Present | Imperfect | Perfect |
|---|---|---|
| salgo | salía | he salido |
| sales | salías | has salido |
| sale | salía | ha salido |
| salimos | salíamos | hemos salido |
| salís | salíais | habéis salido |
| salen | salían | han salido |

| Future | Pluperfect | Past Definite |
|---|---|---|
| saldré | había salido | salí |
| saldrás | habías salido | saliste |
| saldrá | había salido | salió |
| saldremos | habíamos salido | salimos |
| saldréis | habíais salido | salisteis |
| saldrán | habían salido | salieron |

| Future Perfect | Past Perfect |
|---|---|
| habré salido | hube salido |

## CONDITIONAL  SUBJUNCTIVE

| Present | Present | Imperfect |
|---|---|---|
| saldría | salga | sal-iera/iese |
| saldrías | salgas | sal-ieras/ieses |
| saldría | salga | sal-iera/iese |
| saldríamos | salgamos | sal-iéramos/iésemos |
| saldríais | salgáis | sal-ierais/ieseis |
| saldrían | salgan | sal-ieran/iesen |

| Perfect | Perfect | Pluperfect |
|---|---|---|
| habría salido | haya salido | hub-iera/iese salido |

| GERUND | PAST PARTICIPLE | IMPERATIVE |
|---|---|---|
| saliendo | salido | sal, salid |
| | | salga (Vd), salgan (Vds) |

¿**Salimos esta noche?** *Shall we go out tonight?*
**Saldremos el domingo por la mañana.** *We'll leave on Sunday morning.*
**La sidra sale de las manzanas.** *Cider comes from apples.*
**Salen juntos desde hace dos años.** *They have been going out together for two years.*
¿**De dónde has salido?** *Where did you spring from?*
**Salimos del apuro.** *We managed to get out of the jam.*
**El vestido le sale muy caro.** *The dress works out very expensive.*
**Me salió mal el proyecto.** *The plan went badly for me.*

**la salida** *exit, way out, departure*
**la salida de tono** *inept remark*
**la salida de artistas** *stage door*
**la salida de urgencias** *emergency exit*

**salido/a** *gone, projecting, protuberant; on heat*
**saliente** *projecting, prominent*

# segar  *to mow, cut*  tr./intr.  **162**

INDICATIVE

| Present | Imperfect | Perfect |
|---------|-----------|---------|
| siego | segaba | he segado |
| siegas | segabas | has segado |
| siega | segaba | ha segado |
| segamos | segábamos | hemos segado |
| segáis | segabais | habéis segado |
| siegan | segaban | han segado |

| Future | Pluperfect | Past Definite |
|--------|------------|---------------|
| segaré | había segado | segué |
| segarás | habías segado | segaste |
| segará | había segado | segó |
| segaremos | habíamos segado | segamos |
| segaréis | habíais segado | segasteis |
| segarán | habían segado | segaron |

| Future Perfect | Past Perfect |
|----------------|--------------|
| habré segado | hube segado |

CONDITIONAL　　　　SUBJUNCTIVE

| Present | Present | Imperfect |
|---------|---------|-----------|
| segaría | siegue | seg-ara/ase |
| segarías | siegues | seg-aras/ases |
| segaría | siegue | seg-ara/ase |
| segaríamos | seguemos | seg-áramos/ásemos |
| segarías | seguéis | seg-arais/aseis |
| segarían | sieguen | seg-aran/asen |

| Perfect | Perfect | Pluperfect |
|---------|---------|------------|
| habría scgado | haya segado | hub-iera/iese segado |

| GERUND | PAST PARTICIPLE | IMPERATIVE |
|--------|-----------------|------------|
| segando | segado | siega, segad |
| | | siegue (Vd), sieguen (Vds) |

**Siegan el césped los lunes.** *They mow the lawn on Mondays.*
**Van a segar el trigo.** *They are going to harvest the corn.*
**El accidente le segó la juventud.** *The accident cut him off in his prime.*
**Ha segado mis esperanzas.** *She has ruined my hopes.*

**segable** *ready to cut*
**la segadera** *sickle*
**el/la segador(a)** *harvester, reaper*
**la segadora** *mower*

**la segadora de césped** *lawnmower*
**la segadora-trilladora**
　**(cosechadora)** *combine harvester*
**la siega** *harvesting, reaping, mowing*

# 163 sembrar *to sow* tr.

## INDICATIVE

| Present | Imperfect | Perfect |
|---|---|---|
| siembro | sembraba | he sembrado |
| siembras | sembrabas | has sembrado |
| siembra | sembraba | ha sembrado |
| sembramos | sembrábamos | hemos sembrado |
| sembráis | sembrabais | habéis sembrado |
| siembran | sembraban | han sembrado |

| Future | Pluperfect | Past Definite |
|---|---|---|
| sembraré | había sembrado | sembré |
| sembrarás | habías sembrado | sembraste |
| sembrará | había sembrado | sembró |
| sembraremos | habíamos sembrado | sembramos |
| sembraréis | habíais sembrado | sembrasteis |
| sembrarán | habían sembrado | sembraron |

| Future Perfect | Past Perfect |
|---|---|
| habré sembrado | hube sembrado |

## CONDITIONAL     SUBJUNCTIVE

| Present | Present | Imperfect |
|---|---|---|
| sembraría | siembre | sembr-ara/ase |
| sembrarías | siembres | sembr-aras/ases |
| sembraría | siembre | sembr-ara/ase |
| sembraríamos | sembremos | sembr-áramos/ásemos |
| sembraríais | sembréis | sembr-arais/aseis |
| sembrarían | siembren | sembr-aran/asen |

| Perfect | Perfect | Pluperfect |
|---|---|---|
| habría sembrado | haya sembrado | hub-iera/iese sembrado |

## GERUND     PAST PARTICIPLE     IMPERATIVE

| GERUND | PAST PARTICIPLE | IMPERATIVE |
|---|---|---|
| sembrado | sembrado | siembra, sembrad |
| | | siembre (Vd), siembren (Vds) |

**Voy a sembrar lechuga.** *I am going to plant some lettuce.*
**¿Estás sembrando patatas?** *Are you sowing potatoes?*
**Siembran todo en la primavera.** *They sow everything in spring.*
**Sembraremos flores y verduras juntas.** *We'll sow flowers and vegetables together.*
**El que siembra recoge.** *One reaps what one has sown.*

**sembrar a voleo** *to scatter seeds*
**la sembradera** *seed drill*
**el sembrado** *sown field*

**el/la sembrador(a)** *sower*
**la sembradura** *sowing*
**la siembra** *sowing time, sowing*

# sentarse *to sit down* r. **164**

## INDICATIVE

| Present | Imperfect | Perfect |
|---|---|---|
| me siento | me sentaba | me he sentado |
| te sientas | te sentabas | te has sentado |
| se sienta | se sentaba | se ha sentado |
| nos sentamos | nos sentábamos | nos hemos sentado |
| os sentáis | os sentabais | os habéis sentado |
| se sientan | se sentaban | se han sentado |

| Future | Pluperfect | Past Definite |
|---|---|---|
| me sentaré | me había sentado | me senté |
| te sentarás | te habías sentado | te sentaste |
| se sentará | se había sentado | se sentó |
| nos sentaremos | nos habíamos sentado | nos sentamos |
| os sentaréis | os habíais sentado | os sentasteis |
| se sentarán | se habían sentado | se sentaron |

| Future Perfect | Past Perfect |
|---|---|
| me habré sentado | me hube sentado |

## CONDITIONAL — SUBJUNCTIVE

| Present | Present | Imperfect |
|---|---|---|
| me sentaría | me siente | me sent-ara/ase |
| te sentarías | te sientes | te sent-aras/ases |
| se sentaría | se siente | se sent-ara/ase |
| nos sentaríamos | nos sentemos | nos sent-áramos/ásemos |
| os sentaríais | os sentéis | os sent-arais/aseis |
| se sentarían | se sienten | se sent-aran/asen |

| Perfect | Perfect | Pluperfect |
|---|---|---|
| me habría sentado | me haya sentado | me hub-iera/iese sentado |

| GERUND | PAST PARTICIPLE | IMPERATIVE |
|---|---|---|
| sentándose | sentado | siéntate, sentáos |
| | | siéntese (Vd), siéntense (Vds) |

**Luis Antonio se sentó a comer.** *Luis Antonio sat down to eat.*
**Paqui y yo nos sentamos al fuego.** *Paqui and I sit by the fire.*
**¡Peter, sentémonos aquí!** *Peter, let's sit here!*
**¡Siéntese usted!** *Please, do sit down!*
**sentar** *to suit, agree with*
**El sol me sienta bien.** *The sun agrees with me.*
**No me sientan bien los pimientos.** *Peppers don't agree with me.*
**Ese corte de pelo te sienta mal.** *That haircut doesn't suit you.*

**el asiento** *seat*
**el sentadero** *seat*
**de una sentada** *at one sitting*

**sentado/a** *seated*
**sentador(a)** *smart, elegant*
**dar por sentado** *to take for granted*

# 165 sentir  *to feel, regret*  tr./intr.

## INDICATIVE

| Present | Imperfect | Perfect |
|---|---|---|
| siento | sentía | he sentido |
| sientes | sentías | has sentido |
| siente | sentía | ha sentido |
| sentimos | sentíamos | hemos sentido |
| sentís | sentíais | habéis sentido |
| sienten | sentían | han sentido |

| Future | Pluperfect | Past Definite |
|---|---|---|
| sentiré | había sentido | sentí |
| sentirás | habías sentido | sentiste |
| sentirá | había sentido | sintió |
| sentiremos | habíamos sentido | sentimos |
| sentiréis | habíais sentido | sentisteis |
| sentirán | habían sentido | sintieron |

| Future Perfect | Past Perfect |
|---|---|
| habré sentido | hube sentido |

## CONDITIONAL

## SUBJUNCTIVE

| Present | Present | Imperfect |
|---|---|---|
| sentiría | sienta | sint-iera/iese |
| sentirías | sientas | sint-ieras/ieses |
| sentiría | sienta | sint-iera/iese |
| sentiríamos | sintamos | sint-iéramos/iésemos |
| sentiríais | sintáis | sint-ierais/ieseis |
| sentirían | sientan | sint-ieran/iesen |

| Perfect | Perfect | Pluperfect |
|---|---|---|
| habría sentido | haya sentido | hub-iera/iese sentido |

| GERUND | PAST PARTICIPLE | IMPERATIVE |
|---|---|---|
| sintiendo | sentido | siente, sentid |
| | | sienta (Vd), sientan (Vds) |

**Siento ganas de comer.** *I feel like eating.*
**Siente un dolor en el pecho.** *He feels a pain in his chest.*
**No sentíamos el frío.** *We didn't feel the cold.*
**Sentiré no haberlo hecho antes.** *I shall regret not having done it before.*
**El tiempo pasó sin sentir.** *Time went by very quickly.*
**Me siento como en mi casa.** *I feel at home here.*
**Lo siento muchísimo.** *I'm very sorry.*

**los sentimientos** *feelings, emotions*
**la sensación** *sensation, feeling*
**sensiblero/a** *sentimental*
**sentimental** *sentimental, emotional*

**el sentimentalismo** *sentimentalism*
**la sensiblería** *sentimentality*
**sensible** *sensitive*

# ser  *to be*  intr. (aux.)

## INDICATIVE

| Present | Imperfect | Perfect |
|---|---|---|
| soy | era | he sido |
| eres | eras | has sido |
| es | era | ha sido |
| somos | éramos | hemos sido |
| sois | erais | habéis sido |
| son | eran | han sido |

| Future | Pluperfect | Past Definite |
|---|---|---|
| seré | había sido | fui |
| serás | habías sido | fuiste |
| scrá | había sido | fue |
| seremos | habíamos sido | fuimos |
| seréis | habíais sido | fuisteis |
| serán | habían sido | fueron |

| Future Perfect | Past Perfect |
|---|---|
| habré sido | hube sido |

## CONDITIONAL          SUBJUNCTIVE

| Present | Present | Imperfect |
|---|---|---|
| sería | sea | fu-era/ese |
| serías | seas | fu-eras/eses |
| sería | sea | fu-era/ese |
| seríamos | seamos | fu-éramos/ésemos |
| seríais | seáis | fu-erais/eseis |
| serían | sean | fu-eran/esen |

| Perfect | Perfect | Pluperfect |
|---|---|---|
| habría sido | haya sido | hub-iera/iese sido |

## GERUND          PAST PARTICIPLE          IMPERATIVE

| GERUND | PAST PARTICIPLE | IMPERATIVE |
|---|---|---|
| siendo | sido | se, sed |
| | | sea (Vd), sean (Vds) |

**¿Quién es?** *Who is he? Who is she? Who is it?*
**Soy María.** *I am María.*
**Es mi hermano Miguel Ángel.** *This is my brother, Miguel Angel.*
**¿Eres española?** *Are you Spanish?*
**Sí, soy española, soy de Burgos.** *Yes, I am, I'm from Burgos.*
**Mi padre es granjero.** *My father is a farmer.*
**Santiago es egoísta y tonto.** *Santiago is selfish and silly.*
**Son las cuatro.** *It is four o'clock.*

**es decir** *i.e., that is to say*          **un ser** *being, essence*
**o sea...** *in other words, or rather...*          **los seres vivos** *living things*

# 167 servir  *to serve; be of use*  tr./intr.

## INDICATIVE

| Present | Imperfect | Perfect |
|---|---|---|
| sirvo | servía | he servido |
| sirves | servías | has servido |
| sirve | servía | ha servido |
| servimos | servíamos | hemos servido |
| servís | servíais | habéis servido |
| sirven | servían | han servido |

| Future | Pluperfect | Past Definite |
|---|---|---|
| serviré | había servido | serví |
| servirás | habías servido | serviste |
| servirá | había servido | sirvió |
| serviremos | habíamos servido | servimos |
| serviréis | habíais servido | servisteis |
| servirán | habían servido | sirvieron |

| Future Perfect | Past Perfect |
|---|---|
| habré servido | hube servido |

## CONDITIONAL / SUBJUNCTIVE

| Present | Present | Imperfect |
|---|---|---|
| serviría | sirva | sirv-iera/iese |
| servirías | sirvas | sirv-ieras/ieses |
| serviría | sirva | sirv-iera/iese |
| serviríamos | sirvamos | sirv-iéramos/iésemos |
| serviríais | sirváis | sirv-ierais/ieseis |
| servirían | sirvan | siev-ieran/iesen |

| Perfect | Perfect | Pluperfect |
|---|---|---|
| habría servido | haya servido | hub-iera/iese servido |

| GERUND | PAST PARTICIPLE | IMPERATIVE |
|---|---|---|
| sirviendo | servido | sirve, servid |
| | | sirva (Vd), sirvan (Vds) |

**No piensa servir a la patria.** *He will not serve his country.*
**Las monjas sirven a Dios.** *Nuns serve God.*
**¿Nos servirá vino?** *Will he serve us with wine?*
**¿Ya le sirven, señora?** *Are you being served, madam?*
**¿En qué puedo servirle?** *How can I help you?*
**¡Para servirle!** *At your service!*
**Simón no sirve para nada.** *Simón is good for nothing.*

**el servicio** *service*
**el servicio a domicilio** *home delivery*
**servicial** *helpful, obliging*
**el/la servidor(a)** *servant, employee*
**la servidumbre** *servitude*

**servicialmente** *obligingly*
**servible** *usable, useful, serviceable*
**el serviciador** *tax collector, toll collector*

# situar *to put, situate, locate* tr. **168**

## INDICATIVE

| Present | Imperfect | Perfect |
|---|---|---|
| sitúo | situaba | he situado |
| sitúas | situabas | has situado |
| sitúa | situaba | ha situado |
| situamos | situábamos | hemos situado |
| situáis | situabais | habéis situado |
| sitúan | situaban | han situado |

| Future | Pluperfect | Past Definite |
|---|---|---|
| situaré | había situado | situé |
| situarás | habías situado | situaste |
| situará | había situado | situó |
| situaremos | habíamos situado | situamos |
| situaréis | habíais situado | situasteis |
| situarán | habían situado | situaron |

| Future Perfect | Past Perfect |
|---|---|
| habré situado | hube situado |

## CONDITIONAL

| Present |
|---|
| situaría |
| situarías |
| situaría |
| situaríamos |
| situaríais |
| situarían |

| Perfect |
|---|
| habría situado |

## SUBJUNCTIVE

| Present | Imperfect |
|---|---|
| sitúe | situ-ara/ase |
| sitúes | situ-aras/ases |
| sitúe | situ-ara/ase |
| situemos | situ-áramos/ásemos |
| situéis | situ-arais/aseis |
| sitúen | situ-aran/asen |

| Perfect | Pluperfect |
|---|---|
| haya situado | hub-iera/iese situado |

| GERUND | PAST PARTICIPLE | IMPERATIVE |
|---|---|---|
| situando | situado | sitúa, situad |
| | | sitúe (Vd), sitúen (Vds) |

**Sitúan la obra en el siglo XVI.** *They place the play in the 16th century.*
**Han situado Troya en Turquía.** *Troy has been placed in Turkey.*
**Marcos situó fondos en el extranjero.** *Marcos placed money in accounts abroad.*
**Nos situaremos en frente de la tienda.** *We'll place ourselves opposite the shop.*
**Situaré una pensión para mi sobrina.** *I shall settle an income on my niece.*

**la situación** *situation*
**el sitio** *place, location, siege*
**situado/a** *located, placed*

**sito/a** *situated, located, lying*
**estar situado/a** *to be well placed, financially secure*

# 169 soler *to be in the habit of* intr.

## INDICATIVE

| Present | Imperfect | Perfect |
|---|---|---|
| suelo | solía | he solido |
| sueles | solías | has solido |
| suele | solía | ha solido |
| solemos | solíamos | hemos solido |
| soléis | solíais | habéis solido |
| suelen | solían | han solido |

| Future | Pluperfect | Past Definite |
|---|---|---|
| *(not used)* | había solido | solí |
| | habías solido | soliste |
| | había solido | solió |
| | habíamos solido | solimos |
| | habíais solido | solisteis |
| | habían solido | solieron |

| Future Perfect | Past Perfect | |
|---|---|---|
| (not used) | hube solido | |

## CONDITIONAL    SUBJUNCTIVE

| Present | Present | Imperfect |
|---|---|---|
| *(not used)* | suela | sol-iera/iese |
| | suelas | sol-ieras/ieses |
| | suela | sol-iera/iese |
| | solamos | sol-iéramos/iésemos |
| | soláis | sol-ierais/ieseis |
| | suelan | sol-ieran/iesen |

| Perfect | Perfect | Pluperfect |
|---|---|---|
| *(not used)* | haya solido | hub-iera/iese solido |

| GERUND | PAST PARTICIPLE | IMPERATIVE |
|---|---|---|
| soliendo | solido | *(not used)* |

**Suele pasar por aquí.** *He usually comes this way.*
**Solíamos ir todos los años.** *We used to go every year.*
**No suelen beber cerveza.** *They don't normally drink beer.*
**¿Sueles venir tarde?** *Do you normally get there late?*
**¿Soléis venir los martes?** *Do you normally come on Tuesdays?*

# soltar  *to loosen, undo, let go of*  tr.  **170**

## INDICATIVE

| Present | Imperfect | Perfect |
|---|---|---|
| suelto | soltaba | he soltado |
| sueltas | soltabas | has soltado |
| suelta | soltaba | ha soltado |
| soltamos | soltábamos | hemos soltado |
| soltáis | soltabais | habéis soltado |
| sueltan | soltaban | han soltado |

| Future | Pluperfect | Past Definite |
|---|---|---|
| soltaré | había soltado | solté |
| soltarás | habías soltado | soltaste |
| soltará | había soltado | soltó |
| soltaremos | habíamos soltado | soltamos |
| soltaréis | habíais soltado | soltasteis |
| soltarán | habían soltado | soltaron |

| Future Perfect | Past Perfect |
|---|---|
| habré soltado | hube soltado |

## CONDITIONAL       SUBJUNCTIVE

| Present | Present | Imperfect |
|---|---|---|
| soltaría | suelte | solt-ara/ase |
| soltarías | sueltes | solt-aras/ases |
| soltaría | suelte | solt-ara/ase |
| soltaríamos | soltemos | solt-áramos/ásemos |
| soltaríais | soltéis | solt-arais/aseis |
| soltarían | suelten | solt-aran/asen |

| Perfect | Perfect | Pluperfect |
|---|---|---|
| habría soltado | haya soltado | hub-iera/iese soltado |

## GERUND       PAST PARTICIPLE       IMPERATIVE

| GERUND | PAST PARTICIPLE | IMPERATIVE |
|---|---|---|
| soltando | soltado | suelta, soltad |
|  |  | suelte (Vd), suelten (Vds) |

**No sueltes la cuerda.** *Don't let go of the rope.*
**David soltó el globo.** *David let go of the balloon.*
**Paqui soltó el nudo.** *Paqui undid the knot.*
**Soltaremos al pájaro la semana que viene.** *We'll free the bird next week.*
**Franco no soltaba el puesto por nada.** *Franco would not give up the job for anything.*
**Se me soltó un grito.** *I let out a yell.*
**Me suelto con cada tontería...** *I come out with such silly ideas...*
**¡Suéltame!** *Let go of me!*

**la soltura** *looseness, slackness*
**la soltura de vientre** *diarrhoea*

**Habla árabe con soltura.** *She speaks Arabic fluently.*

# 171 sonar *to ring, sound* tr./intr.

## INDICATIVE

| Present | Imperfect | Perfect |
|---|---|---|
| sueno | sonaba | he sonado |
| suenas | sonabas | has sonado |
| suena | sonaba | ha sonado |
| sonamos | sonábamos | hemos sonado |
| sonáis | sonabais | habéis sonado |
| suenan | sonaban | han sonado |

| Future | Pluperfect | Past Definite |
|---|---|---|
| sonaré | había sonado | soné |
| sonarás | habías sonado | sonaste |
| sonará | había sonado | sonó |
| sonaremos | habíamos sonado | sonamos |
| sonaréis | habíais sonado | sonasteis |
| sonarán | habían sonado | sonaron |

| Future Perfect | Past Perfect |
|---|---|
| habré sonado | hube sonado |

## CONDITIONAL · SUBJUNCTIVE

| Present | Present | Imperfect |
|---|---|---|
| sonaría | suene | son-ara/ase |
| sonarías | suenes | son-aras/ases |
| sonaría | suene | son-ara/ase |
| sonaríamos | sonemos | son-áramos/ásemos |
| sonaríais | sonéis | son-arais/aseis |
| sonarían | suenen | son-aran/asen |

| Perfect | Perfect | Pluperfect |
|---|---|---|
| habría sonado | haya sonado | hub-iera/iese sonado |

| GERUND | PAST PARTICIPLE | IMPERATIVE |
|---|---|---|
| sonando | sonado | suena, sonad |
| | | suene (Vd), suenen (Vds) |

**Sonaremos la alarma.** *We'll ring the alarm.*
**Han sonado las diez.** *It has struck ten.*
**Esta frase no me suena bien.** *This sentence doesn't sound right to me.*
**Suena a hueco.** *It sounds hollow.*
**Me sonaban las tripas.** *My tummy was rumbling.*
**Me suena ese nombre.** *That name rings a bell.*

**sonado/a** *famous, talked about, talked of*
**la sonaja** *little bell, jingle stick*
**el sonajero** *rattle*
**sonarse (las narices)** *blow one's nose*

**sonante** *audible, resounding*
**la sonata** *sonata*
**contante y sonante** *ready cash*
**se suena que...** *it is rumoured that...*

# soñar  *to dream*  tr./intr.  **172**

## INDICATIVE

| Present | Imperfect | Perfect |
|---|---|---|
| sueño | soñaba | he soñado |
| sueñas | soñabas | has soñado |
| sueña | soñaba | ha soñado |
| soñamos | soñábamos | hemos soñado |
| soñais | soñabais | habéis soñado |
| sueñan | soñaban | han soñado |

| Future | Pluperfect | Past Definite |
|---|---|---|
| soñaré | había soñado | soñé |
| soñarás | habías soñado | soñaste |
| soñará | había soñado | soñó |
| soñaremos | habíamos soñado | soñamos |
| soñaréis | habíais soñado | soñasteis |
| soñarán | habían soñado | soñaron |

| Future Perfect | Past Perfect |
|---|---|
| habré soñado | hube soñado |

## CONDITIONAL / SUBJUNCTIVE

| Present | Present | Imperfect |
|---|---|---|
| soñaría | sueñe | soñ-ara/ase |
| soñarías | sueñes | soñ-aras/ases |
| soñaría | sueñe | soñ-ara/ase |
| soñaríamos | soñemos | soñ-áramos/ásemos |
| soñaríais | soñéis | soñ-arais/aseis |
| soñarían | sueñen | soñ-aran/asen |

| Perfect | Perfect | Pluperfect |
|---|---|---|
| habría soñado | haya soñado | hub-iera/iese soñado |

| GERUND | PAST PARTICIPLE | IMPERATIVE |
|---|---|---|
| soñando | soñado | sueña, soñad |
| | | sueñe (Vd), sueñen (Vds) |

**Sueño todas las noches.** *I dream every night.*
**Anoche soñé con Daniel.** *Last night I dreamt about Daniel*
**Soñaba con un Rolex.** *She dreamed about having a Rolex.*
**Soñaron lo mismo.** *They had the same dream.*
**Charo sueña despierta.** *Charo daydreams.*
**Elvira sueña en voz alta.** *Elvira talks in her sleep.*
**¡Ni lo sueñes!** *Not on your life!*

**el sueño** *dream*
**la vida es sueño** *life is a dream*
**soñado/a** *ideal, dreamed of*
**el/la soñador(a)** *dreamer, dreamy, idealist, romantic*

**la soñolencia** *somnolencia*
**soñoliento/a** *sleepy, drowsy, somnolent*
**tener sueño** *be sleepy*
**echar un sueño** *take a nap*

# 173 subir *to go up, rise, climb* tr./intr.

## INDICATIVE

| Present | Imperfect | Perfect |
|---|---|---|
| subo | subía | he subido |
| subes | subías | has subido |
| sube | subía | ha subido |
| subimos | subíamos | hemos subido |
| subís | subíais | habéis subido |
| suben | subían | han subido |

| Future | Pluperfect | Past Definite |
|---|---|---|
| subiré | había subido | subí |
| subirás | habías subido | subiste |
| subirá | había subido | subió |
| subiremos | habíamos subido | subimos |
| subiréis | habíais subido | subisteis |
| subirán | habían subido | subieron |

| Future Perfect | Past Perfect |
|---|---|
| habré subido | hube subido |

## CONDITIONAL        SUBJUNCTIVE

| Present | Present | Imperfect |
|---|---|---|
| subiría | suba | sub-iera/iese |
| subirías | subas | sub-ieras/ieses |
| subiría | suba | sub-iera/iese |
| subiríamos | subamos | sub-iéramos/iésemos |
| subiríais | subáis | sub-ierais/ieseis |
| subirían | suban | sub-ieran/iesen |

| Perfect | Perfect | Pluperfect |
|---|---|---|
| habría subido | haya subido | hub-iera/iese subido |

## GERUND        PAST PARTICIPLE        IMPERATIVE

| GERUND | PAST PARTICIPLE | IMPERATIVE |
|---|---|---|
| subiendo | subido | sube, subid |
| | | suba (Vd), suban (Vds) |

**Subimos las escaleras corriendo.** *We ran upstairs.*
**Subí hasta el último piso.** *I went up to the top floor.*
**Han subido los precios.** *Prices have gone up.*
**Me subiré a una escalera.** *I'll climb a ladder.*
**Vamos a subir al tren.** *Let's get on the train.*
**Se le ha subido el vino a la cabeza.** *The wine has gone to her head.*
**Pedro sube el tono cuando se enfada.** *Pedro raises his voice when he gets angry.*

**la subida** *rise, ascent, climb; increase*
**la subienda** *shoal*
**de subida** *on the increase*

**subido/a** *strong (smell), high (price), loud (noise), tall (plant), bright (colour)*

# sugerir  *to suggest, hint*  tr.  **174**

INDICATIVE

| Present | Imperfect | Perfect |
|---|---|---|
| sugiero | sugería | he sugerido |
| sugieres | sugerías | has sugerido |
| sugiere | sugería | ha sugerido |
| sugerimos | sugeríamos | hemos sugerido |
| sugerís | sugeríais | habéis sugerido |
| sugieren | sugerían | han sugerido |

| Future | Pluperfect | Past Definite |
|---|---|---|
| sugeriré | había sugerido | sugerí |
| sugerirás | habías sugerido | sugeriste |
| sugerirá | había sugerido | sugirió |
| sugeriremos | habíamos sugerido | sugerimos |
| sugeriréis | habíais sugerido | sugeristeis |
| sugerirán | habían sugerido | sugirieron |

| Future Perfect | Past Perfect |
|---|---|
| habré sugerido | hube sugerido |

CONDITIONAL | SUBJUNCTIVE

| Present | Present | Imperfect |
|---|---|---|
| sugeriría | sugiera | sugir-iera/iese |
| sugerirías | sugieras | sugir-ieras/ieses |
| sugeniría | sugiera | sugir-iera/iese |
| sugeriríamos | sugiramos | sugir-iéramos/iésemos |
| sugeriríais | sugiráis | sugir-ierais/ieseis |
| sugerirían | sugieran | sugir-ieran/iesen |

| Perfect | Perfect | Pluperfect |
|---|---|---|
| habría sugerido | haya sugerido | hub-iera/iese sugerido |

| GERUND | PAST PARTICIPLE | IMPERATIVE |
|---|---|---|
| sugiriendo | sugerido | sugiere, sugerid |
| | | sugiera (Vd), sugieran (Vds) |

**Te sugiero el verde.** *I suggest the green one.*
**El accidente me sugirió el tema del libro.** *The accident gave me the idea for the book.*
**Se lo sugerimos a Carlos.** *We prompted Carlos to do it.*
**Sugiero que lo hagas.** *I suggest that you do it.*

**la sugerencia** *suggestion*
**sugerente** *full of suggestion, evocative*
**sugerible** *suggestive*
**sugestionable** *suggestive, impressionable, easily influenced*

**la sugestión** *suggestion, hint*
**sugestivo/a** *suggestive, expressive; interesting, attractive*

# 175 tapar *to cover, hide* tr.

## INDICATIVE

| Present | Imperfect | Perfect |
|---|---|---|
| tapo | tapaba | he tapado |
| tapas | tapabas | has tapado |
| tapa | tapaba | ha tapado |
| tapamos | tapábamos | hemos tapado |
| tapáis | tapabais | habéis tapado |
| tapan | tapaban | han tapado |

| Future | Pluperfect | Past Definite |
|---|---|---|
| taparé | había tapado | tapé |
| taparás | habías tapado | tapaste |
| tapará | había tapado | tapó |
| taparemos | habíamos tapado | tapamos |
| taparéis | habíais tapado | tapasteis |
| taparán | habían tapado | taparon |

| Future Perfect | Past Perfect |
|---|---|
| habré tapado | hube tapado |

## CONDITIONAL / SUBJUNCTIVE

| Present | Present | Imperfect |
|---|---|---|
| taparía | tape | tap-ara/ase |
| taparías | tapes | tap-aras/ases |
| taparía | tape | tap-ara/ase |
| taparíamos | tapemos | tap-áramos/ásemos |
| taparíais | tapéis | tap-arais/aseis |
| taparían | tapen | tap-aran/asen |

| Perfect | Perfect | Pluperfect |
|---|---|---|
| habría tapado | haya tapado | hub-iera/iese tapado |

## GERUND / PAST PARTICIPLE / IMPERATIVE

| GERUND | PAST PARTICIPLE | IMPERATIVE |
|---|---|---|
| tapando | tapado | tapa, tapad |
| | | tape (Vd), tapen (Vds) |

**Tapa la botella.** *Put the top on the bottle.*
**¿Has tapado la cazuela?** *Have you put the lid on the pan?*
**Guille es tímido y se tapa la cara.** *Guille is shy and covers his face.*
**La valla nos tapa el viento.** *The fence protects us from the wind.*
**¡Tápate la boca!** *Shut your mouth!*
**No me tapes la luz.** *Don't stand in my light.*

**la tapa** *lid, cap, top*
**la tapadera** *lid, cover*
**el tapón** *plug, stopper, cap*

**el tapete** *rug, table cloth, tapestry*
**el tapagujeros** *stopgap, stand-in*

# templar

*to tremble, shake* intr. **176**

## INDICATIVE

| Present | Imperfect | Perfect |
|---------|-----------|---------|
| tiemblo | temblaba | he temblado |
| tiemblas | temblabas | has temblado |
| tiembla | temblaba | ha temblado |
| temblamos | temblábamos | hemos temblado |
| tembláis | temblabais | habéis temblado |
| tiemblan | temblaban | han temblado |

| Future | Pluperfect | Past Definite |
|--------|-----------|---------------|
| temblaré | había temblado | temblé |
| temblarás | habías temblado | temblaste |
| temblará | había temblado | tembló |
| temblaremos | habíamos temblado | temblamos |
| temblaréis | habíais temblado | temblasteis |
| temblarán | habían temblado | temblaron |

| Future Perfect | Past Perfect |
|----------------|--------------|
| habré temblado | hube temblado |

## CONDITIONAL / SUBJUNCTIVE

| Present | Present | Imperfect |
|---------|---------|-----------|
| temblaría | tiemble | tembl-ara/ase |
| temblarías | tiembles | tembl-aras/ases |
| temblaría | tiemble | tembl-ara/ase |
| temblaríamos | temblemos | tembl-áramos/ásemos |
| temblaríais | tembléis | tembl-arais/aseis |
| temblarían | tiemblen | tembl-aran/asen |

| Perfect | Perfect | Pluperfect |
|---------|---------|------------|
| habría temblado | haya temblado | hub-iera/iese temblado |

| GERUND | PAST PARTICIPLE | IMPERATIVE |
|--------|-----------------|------------|
| temblando | temblado | tiembla, temblad |
| | | tiemble (Vd), tiemblen (Vds) |

**Mafalda está temblando.** *Mafalda is trembling.*
**El chico temblaba de miedo.** *The boy was shaking with fear.*
**Temblamos de emoción.** *We trembled with emotion.*
**Carlos tiembla como un azogado.** *Carlos trembles like a leaf.*
**Tiembla de frío.** *She is shivering with cold.*
**Dejamos la botella temblando.** *We made the bottle look pretty silly.*

**la tembladera** *violent shaking*
**el tembleque** *shaking fit*
**el temblor de tierra** *earthquake*
**temblante** *trembling, shaking*

**el temblor** *trembling*
**la temblequera** *fear, cowardice*
**tembloroso** *trembling, shaking*

# 177 temer *to fear, dread* tr./intr.

## INDICATIVE

| Present | Imperfect | Perfect |
|---|---|---|
| temo | temía | he temido |
| temes | temías | has temido |
| teme | temía | ha temido |
| tememos | temíamos | hemos temido |
| teméis | temíais | habéis temido |
| temen | temían | han temido |

| Future | Pluperfect | Past Definite |
|---|---|---|
| temeré | había temido | temí |
| temerás | habías temido | temiste |
| temerá | había temido | temió |
| temeremos | habíamos temido | temimos |
| temeréis | habíais temido | temisteis |
| temerán | habían temido | temieron |

| Future Perfect | Past Perfect |
|---|---|
| habré temido | hube temido |

## CONDITIONAL

## SUBJUNCTIVE

| Present | Present | Imperfect |
|---|---|---|
| temería | tema | tem-iera/iese |
| temerías | temas | tem-ieras/ieses |
| temería | tema | tem-iera/iese |
| temeríamos | temamos | tem-iéramos/iésemos |
| temeríais | temáis | tem-ierais/ieseis |
| temerían | teman | tem-ieran/iesen |

| Perfect | Perfect | Pluperfect |
|---|---|---|
| habría temido | haya temido | hub-iera/iese temido |

| GERUND | PAST PARTICIPLE | IMPERATIVE |
|---|---|---|
| temiendo | temido | teme, temed |
| | | tema (Vd), teman (Vds) |

**Temen a los ladrones.** *They are afraid of thieves.*
**¿Temes a tu padre?** *Are you afraid of your father?*
**Teme que vaya a volver.** *She is afraid he'll come back.*
**No temas.** *Don't be afraid.*

**el temor** *fear, dread, apprehension*
**temible** *frightening, fearsome*
**temeroso/a** *timid; dreadful, fearful*
**temerosamente** *timorously, timidly*

**la temeridad** *temerity, boldness, daring*
**temerario** *bold, imprudent*
**temerariamente** *rashly, foolhardily*

# tender  *to spread, lay out; tend*  tr./intr. **178**

## INDICATIVE

| Present | Imperfect | Perfect |
|---|---|---|
| tiendo | tendía | he tendido |
| tiendes | tendías | has tendido |
| tiende | tendía | ha tendido |
| tendemos | tendíamos | hemos tendido |
| tendéis | tendíais | habéis tendido |
| tienden | tendían | han tendido |

| Future | Pluperfect | Past Definite |
|---|---|---|
| tenderé | había tendido | tendí |
| tenderás | habías tendido | tendiste |
| tenderá | habías tendido | tendió |
| tenderemos | habíamos tendido | tendimos |
| tenderéis | habíais tendido | tendisteis |
| tenderán | habían tendido | tendieron |

| Future Perfect | Past Perfect |
|---|---|
| habré tendido | hube tendido |

## CONDITIONAL · SUBJUNCTIVE

| Present | Present | Imperfect |
|---|---|---|
| tendería | tienda | tend-iera/icsc |
| tenderías | tiendas | tend-ieras/ieses |
| tendería | tienda | tend-iera/iese |
| tenderíamos | tendamos | tend-iéramos/iésemos |
| tenderíais | tendáis | tend-ierais/ieseis |
| tenderían | tiendan | tend-ieran/iescn |

| Perfect | Perfect | Pluperfect |
|---|---|---|
| habría tendido | haya tendido | hub-iera/iese tendido |

| GERUND | PAST PARTICIPLE | IMPERATIVE |
|---|---|---|
| tendiendo | tendido | tiende, tended |
| | | tienda (Vd), tiendan (Vds) |

**Tiende el mantel.** *Spread out the tablecloth.*
**Grego está tendiendo la ropa.** *Grego is hanging the clothes out.*
**Lo tendió de un golpe.** *He floored him with one blow.*
**Susana tiende a exagerar.** *Susana tends to exaggerate.*
**El color tiende más al verde que al azul.** *The colour seems to be more green than blue.*
**Pablo tiende al pesimismo.** *Pablo is prone to pessimism.*
**Las plantas tienden a la luz.** *Plants turn towards the light.*

**tenderse**  *to lie down, stretch out*  **la tendencia**  *tendency, trend, drift*
**el tendal**  *spread, jumble, disorder*  **el tendero(a)**  *shopkeeper*
**la tendalera**  *disorder*  **el tendedero**  *clothes line*
**tienda**  *shop; tent*
**tendido**  *lying down, flat*

# 179 tener  *to have, possess*  tr./intr.

## INDICATIVE

| Present | Imperfect | Perfect |
|---|---|---|
| tengo | tenía | he tenido |
| tienes | tenías | has tenido |
| tiene | tenía | has tendido |
| tenemos | teníamos | hemos tenido |
| tenéis | teníais | habéis tenido |
| tienen | tenían | han tenido |

| Future | Pluperfect | Past Definite |
|---|---|---|
| tendré | había tenido | tuve |
| tendrás | habías tenido | tuviste |
| tendrá | había tenido | tuvo |
| tendremos | habíamos tenido | tuvimos |
| tendréis | habíais tenido | tuvisteis |
| tendrán | habían tenido | tuvieron |

| Future Perfect | Past Perfect |
|---|---|
| habré tenido | hube tenido |

## CONDITIONAL | SUBJUNCTIVE

| Present | Present | Imperfect |
|---|---|---|
| tendría | tenga | tuv-iera/iese |
| tendrías | tengas | tuv-ieras/ieses |
| tendría | tenga | tuv-iera/iese |
| tendríamos | tengamos | tuv-iéramos/iésemos |
| tendríais | tengáis | tuv-ierais/ieseis |
| tendrían | tengan | tuv-ieran/iesen |

| Perfect | Perfect | Pluperfect |
|---|---|---|
| habría tenido | haya tenido | hub-iera/iese tenido |

| GERUND | PAST PARTICIPLE | IMPERATIVE |
|---|---|---|
| teniendo | tenido | ten, tened |
| | | tenga (Vd), tengan (Vds) |

**Miguel tiene un piso en Burgos.** *Miguel owns a flat in Burgos.*
**¿Tienes coche?** *Have you got a car?*
**No teníamos sitio.** *We didn't have room.*
**Tengo una reunión mañana.** *I've got a meeting tomorrow.*
**¿Qué tienes?** *What's the matter with you?*
**Tenemos que marcharnos.** *We have to go.*
**No tiene nada que ver contigo.** *It's got nothing to do with you.*
**Leonor tiene prisa.** *Leonor is in a hurry.*

**Tiene calor.** *She's hot.*
**Tenemos hambre.** *We're hungry.*
**Tienes sueño.** *You're sleepy.*
**Ten cuidado.** *Be careful.*

**la tenencia**  *holding, tenancy*
**el tenedor**  *holder, fork*
**la teneduría**  *bookkeeping*
**el/la tenedor/a de acciones**
   *shareholder*

# tentar   *to feel, try; to tempt*   tr.   **180**

## INDICATIVE

| Present | Imperfect | Perfect |
|---|---|---|
| tiento | tentaba | he tentado |
| tientas | tentabas | has tentado |
| tienta | tentaba | ha tentado |
| tentamos | tentábamos | hemos tentado |
| tentáis | tentabais | habéis tentado |
| tientan | tentaban | han tentado |

| Future | Pluperfect | Past Definite |
|---|---|---|
| tentaré | había tentado | tenté |
| tentarás | habías tentado | tentaste |
| tentará | había tentado | tentó |
| tentaremos | habíamos tentado | tentamos |
| tentaréis | habíais tentado | tentasteis |
| tentarán | habían tentado | tentaron |

| Future Perfect | Past Perfect |
|---|---|
| habré tentado | hube tentado |

## CONDITIONAL

## SUBJUNCTIVE

| Present | Present | Imperfect |
|---|---|---|
| tentaría | tiente | tent-ara/ase |
| tentarías | tientes | tent-aras/ases |
| tentaría | tiente | tent-ara/ase |
| tentaríamos | tentemos | tent-áramos/ásemos |
| tentaríais | tentéis | tent-arais/aseis |
| tentarían | tienten | tent-aran/asen |

| Perfect | Perfect | Pluperfect |
|---|---|---|
| habría tentado | haya tentado | hub-iera/iese tentado |

| GERUND | PAST PARTICIPLE | IMPERATIVE |
|---|---|---|
| tentando | tentado | tienta, tentad |
| | | tiente (Vd), tienten (Vds) |

**Voy a tentar hacerlo.** *I'm going to do it.*
**El ciego iba tentando su camino.** *The blind man was feeling his way.*
**Hemos tentado todos los remedios.** *We've tried all the remedies.*
**No me tienta la idea.** *The idea doesn't tempt me.*
**No le tientes a fumar.** *Don't encourage him to smoke.*
**Me tienta un vino.** *I fancy a glass of wine.*
**No tientes al diablo.** *Don't look for trouble.*

**el tentáculo** *tentacle, feeler*
**la tentación** *temptation*
**el/la tentador(a)** *tempter, temptress*
**la tentativa** *attempt*

**la tentativa de asesinato** *attempted murder*
**tentativo/a** *tentative*

# 181 teñir   *to dye, stain*   tr.

## INDICATIVE

| Present | Imperfect | Perfect |
|---|---|---|
| tiño | teñía | he teñido |
| tines | teñías | has teñido |
| tiñe | teñía | ha teñido |
| teñimos | teñíamos | hemos teñido |
| teñís | teñíais | habéis teñido |
| tiñen | teñían | han teñido |

| Future | Pluperfect | Past Definite |
|---|---|---|
| teñiré | había teñido | teñí |
| teñirás | había teñido | teñiste |
| teñirá | había teñido | tiñó |
| teñiremos | habíamos teñido | teñimos |
| teñiréis | habías teñido | teñisteis |
| teñirán | habían teñido | tiñeron |

| Future Perfect | Past Perfect |
|---|---|
| habré teñido | hube teñido |

## CONDITIONAL | SUBJUNCTIVE

| Present | Present | Imperfect |
|---|---|---|
| teñiría | tiña | tiñ-era/ese |
| teñirías | tiñas | tiñ-eras/eses |
| teñiría | tiña | tiñ-era/ese |
| teñiríamos | tiñamos | tiñ-éramos/ésemos |
| teñiríais | tiñáis | tiñ-erais/eseis |
| teñirían | tiñan | tiñ-eran/esen |

| Perfect | Perfect | Pluperfect |
|---|---|---|
| habría teñido | haya teñido | hub-iera/iese teñido |

| GERUND | PAST PARTICIPLE | IMPERATIVE |
|---|---|---|
| tiñendo | teñido | tiñe, teñid |
| | | tiña (Vd), tiñan (Vds) |

**He teñido la falda de azul.** *I've dyed the skirt blue.*
**La toalla ha teñido la camiseta.** *The colour of the towel has come out on the T-shirt.*
**¿Te tiñes el pelo?** *Do you dye your hair?*
**Tiñeron todo de color negro.** *They dyed everything black.*
**Pedro está teñido de amor.** *Pedro is love-struck.*
**Su pintura está teñida con melancolía.** *His paintings have got melancholic tinges.*

**tinto/a**  *dyed; tinged*
**el tinto**  *red wine*
**teñido/a**  *dyed, tinted, stained*

**el tinte**  *dye, dyeing*
**la tintura**  *dyeing*
**la tintorería**  *dry cleaner's*

# tocar   *to touch; to play*   tr./intr.   **182**

## INDICATIVE

| Present | Imperfect | Perfect |
|---|---|---|
| toco | tocaba | he tocado |
| tocas | tocabas | has tocado |
| toca | tocaba | ha tocado |
| tocamos | tocábamos | hemos tocado |
| tocáis | tocabais | habéis tocado |
| tocan | tocaban | han tocado |

| Future | Pluperfect | Past Definite |
|---|---|---|
| tocaré | había tocado | toqué |
| tocarás | habías tocado | tocaste |
| tocará | había tocado | tocó |
| tocaremos | habíamos tocado | tocamos |
| tocaréis | habíais tocado | tocasteis |
| tocarán | habían tocado | tocaron |

| Future Perfect | Past Perfect |
|---|---|
| habré tocado | hube tocado |

## CONDITIONAL  SUBJUNCTIVE

| Present | Present | Imperfect |
|---|---|---|
| tocaría | toque | toc-ara/ase |
| tocarías | toques | toc-aras/ases |
| tocaría | toque | toc-ara/ase |
| tocaríamos | toquemos | toc-áramos/ásemos |
| tocaríais | toquéis | toc-arais/aseis |
| tocarían | toquen | toc-aran/asen |

| Perfect | Perfect | Pluperfect |
|---|---|---|
| habría tocado | haya tocado | hub-iera/iese tocado |

| GERUND | PAST PARTICIPLE | IMPERATIVE |
|---|---|---|
| tocando | tocado | toca, tocad |
| | | toque (Vd), toquen (Vds) |

**Puedo tocar el fondo.** *I can touch the bottom.*
**¡No me toques!** *Don't touch me!*
**Toca el timbre.** *Ring the bell.*
**Toco el piano.** *I play the piano.*
**Te tocaba hablar a ti.** *It was your turn to speak.*
**Le tocó la lotería.** *He won the lottery.*
**Por lo que a mí me toca...** *As far as I'm concerned...*
**Está tocado.** *He is crazy.*

**tocarle a uno** *to fall to somebody, to be somebody's turn*
**el toque** *touch*
**el tocador** *dressing table*
**el/la tocador(a)** *player, performer*

**la toca** *headdress, bonnet*
**el tocado** *headdress, hair-do*
**tocante** *with regards to*
**tocadiscos** *record player*

# 183 tomar  *to take, have*  tr./intr.

## INDICATIVE

| Present | Imperfect | Perfect |
|---|---|---|
| tomo | tomaba | he tomado |
| tomas | tomabas | has tomado |
| toma | tomaba | ha tomado |
| tomamos | tomábamos | hemos tomado |
| tomáis | tomabais | habéis tomado |
| toman | tomaban | han tomado |

| Future | Pluperfect | Past Definite |
|---|---|---|
| tomaré | había tomado | tomé |
| tomarás | habías tomado | tomaste |
| tomará | había tomado | tomó |
| tomaremos | habíamos tomado | tomamos |
| tomaréis | habíais tomado | tomasteis |
| tomarán | habían tomado | tomaron |

| Future Perfect | Past Perfect |
|---|---|
| habré tomado | hube tomado |

## CONDITIONAL    SUBJUNCTIVE

| Present | Present | Imperfect |
|---|---|---|
| tomaría | tome | tom-ara/ase |
| tomarías | tomes | tom-aras/ases |
| tomaría | tome | tom-ara/ase |
| tomaríamos | tomemos | tom-áramos/ásemos |
| tomaríais | toméis | tom-arais/aseis |
| tomarían | tomen | tom-aran/asen |

| Perfect | Perfect | Pluperfect |
|---|---|---|
| habría tomado | haya tomado | hub-iera/iese tomado |

| GERUND | PAST PARTICIPLE | IMPERATIVE |
|---|---|---|
| tomando | tomado | toma, tomad |
| | | tome (Vd), tomen (Vds) |

**Tomamos unos vinos.** *We had a few glasses of wine.*
**Tomé la primera calle a la derecha.** *I took the first turning on the right.*
**Nos tomaremos unas vacaciones en junio.** *We'll take a holiday in June.*
**Tomaron a Guille por un policía.** *They took Guille to be a policeman.*
**Te toman por loco.** *They think you are mad.*
**¡Toma!** *Fancy that!, Here you are!, There!*

**la toma** *taking, capture; plug, socket*
**la toma de aire** *air intake*
**la toma de corriente** *power point*
**tomar el sol** *to sunbathe*

**Está tomado.** *He is drunk.*
**el tomadero** *handle, tap, outlet*
**la tomadura** *hoax, rip-off*
**la tomadura de pelo** *practical joke*

# torcer *to twist, turn, bend* tr.   **184**

INDICATIVE

| Present | Imperfect | Perfect |
|---|---|---|
| tuerzo | torcía | he torcido |
| tuerces | torcías | has torcido |
| tuerce | torcía | ha torcido |
| torcemos | torcíamos | hemos torcido |
| torcéis | torcíais | habéis torcido |
| tuercen | torcían | han torcido |

| Future | Pluperfect | Past Definite |
|---|---|---|
| torceré | había torcido | torcí |
| torcerás | habías torcido | torciste |
| torcerá | había torcido | torció |
| torceremos | habíamos torcido | torcimos |
| torceréis | habíais torcido | torcisteis |
| torcerán | habían torcido | torcieron |

| Future Perfect | Past Perfect |
|---|---|
| habré torcido | hube torcido |

CONDITIONAL | SUBJUNCTIVE

| Present | Present | Imperfect |
|---|---|---|
| torcería | tuerza | torc-iera/iese |
| torcerías | tuerzas | torc-ieras/ieses |
| torcería | tuerza | torc-iera/iese |
| torceríamos | torzamos | torc-iéramos/iésemos |
| torceríais | torzáis | torc-ierais/ieseis |
| torcerían | tuerzan | torc-ieran/iesen |

| Perfect | Perfect | Pluperfect |
|---|---|---|
| habría torcido | haya torcido | hub-iera/iese torcido |

GERUND | PAST PARTICIPLE | IMPERATIVE

| | | |
|---|---|---|
| torciendo | torcido | tuerce, torced |
| | | tuerza (Vd), tuerzan (Vds) |

**El coche torció a la izquierda.** *The car turned left.*
**Quiere torcer la madera.** *He wants to bend the wood.*
**Torcieron la barra de hierro.** *They bent the iron bar.*
**Tom no da el brazo a torcer.** *You can't twist Tom's arm.*
**Se ha torcido la leche.** *The milk has gone sour.*

**el torcimiento** *twisting, sprain*
**la torcedura** *sprain, twisting*
**la torcida** *wick*

**torcido/a** *twisted, crooked*
**torcidamente** *crookedly, deviously*
**el retorcijón** *sudden twist*

# 185 **tostar** *to toast, roast, tan* tr.

## INDICATIVE

| Present | Imperfect | Perfect |
|---|---|---|
| tuesto | tostaba | he tostado |
| tuestas | tostabas | has tostado |
| tuesta | tostaba | ha tostado |
| tostamos | tostábamos | hemos tostado |
| tostáis | tostabais | habéis tostado |
| tuestan | tostaban | han tostado |

| Future | Pluperfect | Past Definite |
|---|---|---|
| tostaré | había tostado | tosté |
| tostarás | habías tostado | tostaste |
| tostará | había tostado | tostó |
| tostaremos | habíamos tostado | tostamos |
| tostaréis | habíais tostado | tostasteis |
| tostarán | habían tostado | tostaron |

| Future Perfect | Past Perfect |
|---|---|
| habré tostado | hube tostado |

## CONDITIONAL  SUBJUNCTIVE

| Present | Present | Imperfect |
|---|---|---|
| tostaría | tueste | tost-ara/ase |
| tostarías | tuestes | tost-aras/ases |
| tostaría | tueste | tost-ara/ase |
| tostaríamos | tostemos | tost-áramos/ásemos |
| tostaríais | tostéis | tost-arais/aseis |
| tostarían | tuesten | tost-aran/asen |

| Perfect | Perfect | Pluperfect |
|---|---|---|
| habría tostado | haya tostado | hub-iera/iese tostado |

| GERUND | PAST PARTICIPLE | IMPERATIVE |
|---|---|---|
| tostando | tostado | tuesta, tostad |
| | | tueste (Vd), tuesten (Vds) |

**Tuesta el pan.** *Make some toast, please.*
**Lo tostó demasiado.** *He toasted it too much.*
**¿Has tostado el café?** *Have you roasted the coffee?*
**Nos tostaremos al sol.** *We'll get brown in the sun.*

**la tostada** *piece of toast*
**dar una tostada a uno** *to put one over on someone*
**tostado/a** *toasted, with a tan, brown*

**el tostador** *toaster*
**el tostón** *crouton; roast suckling pig*
**dar el tostón** *to be a bore*
**la tostadura** *toasting, roasting*

# trabajar *to work* tr./intr. **186**

## INDICATIVE

| Present | Imperfect | Perfect |
|---|---|---|
| trabajo | trabajaba | he trabajado |
| trabajas | trabajabas | has trabajado |
| trabaja | trabajaba | ha trabajado |
| trabajamos | trabajábamos | hemos trabajado |
| trabajáis | trabajabais | habéis trabajado |
| trabajan | trabajaban | han trabajado |

| Future | Pluperfect | Past Definite |
|---|---|---|
| trabajaré | había trabajado | trabajé |
| trabajarás | había trabajado | trabajaste |
| trabajará | había trabajado | trabajó |
| trabajaremos | habíamos trabajado | trabajamos |
| trabajaréis | habíais trabajado | trabajasteis |
| trabajarán | habían trabajado | trabajaron |

| Future Perfect | Past Perfect |
|---|---|
| habré trabajado | hube trabajado |

## CONDITIONAL / SUBJUNCTIVE

| Present | Present | Imperfect |
|---|---|---|
| trabajaría | trabaje | trabaj-ara/ase |
| trabajarías | trabajes | trabaj-aras/ases |
| trabajaría | trabaje | trabaj-ara/ase |
| trabajaríamos | trabajemos | trabaj-áramos/ásemos |
| trabajaríais | trabajéis | trabaj-arais/aseis |
| trabajarían | trabajen | trabaj-aran/asen |

| Perfect | Perfect | Pluperfect |
|---|---|---|
| habría trabajado | haya trabajado | hub-iera/iese trabajado |

| GERUND | PAST PARTICIPLE | IMPERATIVE |
|---|---|---|
| trabajando | trabajado | trabaja, trabajad |
| | | trabaje (Vd), trabajen (Vds) |

**¿Dónde trabajas?** *Where do you work?*
**Trabajo en un banco.** *I work in a bank.*
**Trabajaron en un hospital.** *They worked in a hospital.*
**Trabajaré a tiempo parcial.** *I'll work part time.*
**Me cuesta trabajo entenderlo.** *It is hard for me to understand it.*
**Angela se tomó el trabajo de venir.** *Angela took the trouble to come.*

**el trabajo** *work, labour*
**el/la trabajador(a)** *worker*
**trabajador(a)** *hard-working*
**trabajado** *worn out*

**trabajoso/a** *hard, laborious*
**los trabajos forzados** *hard labour*
**ahorrarse el trabajo** *to save oneself the trouble*

# 187 traducir *to translate* tr.

## INDICATIVE

| Present | Imperfect | Perfect |
|---------|-----------|---------|
| traduzco | traducía | he traducido |
| traduces | traducías | has traducido |
| traduce | traducía | ha traducido |
| traducimos | traducíamos | hemos traducido |
| traducís | traducíais | habéis traducido |
| traducen | traducían | han traducido |

| Future | Pluperfect | Past Definite |
|--------|-----------|---------------|
| traduciré | había traducido | traduje |
| traducirás | habías traducido | tradujiste |
| traducirá | había traducido | tradujo |
| traduciremos | había traducido | tradujimos |
| traduciréis | habías traducido | tradujisteis |
| traducirán | habían traducido | tradujeron |

| Future Perfect | Past Perfect |
|----------------|--------------|
| habré traducido | hube traducido |

## CONDITIONAL    SUBJUNCTIVE

| Present | Present | Imperfect |
|---------|---------|-----------|
| traduciría | traduzca | traduj-era/ese |
| traducirías | traduzcas | traduj-eras/eses |
| traduciría | traduzca | traduj-era/ese |
| traduciríamos | traduzcamos | traduj-éramos/ésemos |
| traduciríais | traduzcáis | traduj-erais/eseis |
| traducirían | traduzcan | traduj-eran/esen |

| Perfect | Perfect | Pluperfect |
|---------|---------|------------|
| habría traducido | haya traducido | hub-iera/iese traducido |

## GERUND    PAST PARTICIPLE    IMPERATIVE

| GERUND | PAST PARTICIPLE | IMPERATIVE |
|--------|-----------------|------------|
| traduciendo | traducido | traduce, traducid |
| | | traduzca (Vd), traduzcan (Vds) |

**Voy a traducir el documento.** *I'm going to translate the document.*
**Lo traduje al inglés.** *I translated it into English.*
**Traduce del inglés al español.** *He translates from English into Spanish.*
**Quiero que traduzcas el contrato.** *I want you to translate the contract.*

**la traducción** *translation*                    **traducible** *translatable*
**el/la traductor(a)** *translator*

# traer  *to bring*  tr.  **188**

INDICATIVE

| Present | Imperfect | Perfect |
|---------|-----------|---------|
| traigo | traía | he traído |
| traes | traías | has traído |
| trae | traía | ha traído |
| traemos | traíamos | hemos traído |
| traéis | traíais | habéis traído |
| traen | traían | han traído |

| Future | Pluperfect | Past Definite |
|--------|------------|---------------|
| traeré | había traído | traje |
| traerás | habías traído | trajiste |
| traerá | había traído | trajo |
| traeremos | habíamos traído | trajimos |
| traeréis | habíais traído | trajisteis |
| traerán | habían traído | trajeron |

| Future Perfect | Past Perfect |
|----------------|--------------|
| habré traído | hube traído |

CONDITIONAL  SUBJUNCTIVE

| Present | Present | Imperfect |
|---------|---------|-----------|
| traería | traiga | traj-era/ase |
| traerías | traigas | traj-eras/eses |
| traería | traiga | traj-era/ese |
| traeríamos | traigamos | traj-éramos/ésemos |
| tracríais | traigáis | traj-erais/eseis |
| traerían | traigan | traj-cran/cscn |

| Perfect | Perfect | Pluperfect |
|---------|---------|------------|
| habría traído | haya traído | hub-iera/iese traído |

| GERUND | PAST PARTICIPLE | IMPERATIVE |
|--------|-----------------|------------|
| trayendo | traído | trae, traed |
|  |  | traiga (Vd), traigan (Vds) |

**Traigo el pan.** *I bring the bread.*
**¿Puedes traer el vino?** *Can you bring the wine?*
**¿Han traído el libro?** *Have you brought the book?*
**El periódico no trae la noticia.** *The newspaper does not carry the news.*
**Manolito me trae de cabeza.** *Manolito causes problems.*
**Chloe nos trae locos.** *Chloe makes us mad.*
**Su padre se las trae.** *Her father is very severe.*

**traer a la memoria** *to recall (to memory)*
**la traída** *carrying*
**la traída de aguas** *water supply*
**traído/a** *worn, worn out, old*
**traerse algo entre manos** *to plot*

**el/la traedor(a)** *porter, carrier, bearer, bringer*
**la traedura** *bringing, conduction, carrying*
**traedizo/a** *carried, brought, transported*

# 189 tratar · *to treat, deal; to try* · tr.

## INDICATIVE

| Present | Imperfect | Perfect |
|---|---|---|
| trato | trataba | he tratado |
| tratas | tratabas | has tratado |
| trata | trataba | ha tratado |
| tratamos | tratábamos | hemos tratado |
| tratáis | tratabais | habéis tratado |
| tratan | trataban | han tratado |

| Future | Pluperfect | Past Definite |
|---|---|---|
| trataré | había tratado | traté |
| tratarás | habías tratado | trataste |
| tratará | había tratado | trató |
| trataremos | habíamos tratado | tratamos |
| trataréis | habíais tratado | tratasteis |
| tratarán | habían tratado | trataron |

| Future Perfect | Past Perfect |
|---|---|
| habré tratado | hube tratado |

## CONDITIONAL · SUBJUNCTIVE

| Present | Present | Imperfect |
|---|---|---|
| trataría | trato | trat-ara/ase |
| tratarías | trates | trat-aras/ases |
| trataría | trate | trat-ara/ase |
| trataríamos | tratemos | trat-áramos/ásemos |
| trataríais | tratéis | trat-arais/aseis |
| tratarían | traten | trat-aran/asen |

| Perfect | Perfect | Pluperfect |
|---|---|---|
| habría tratado | haya tratado | hub-iera/iese tratado |

## GERUND · PAST PARTICIPLE · IMPERATIVE

| GERUND | PAST PARTICIPLE | IMPERATIVE |
|---|---|---|
| tratando | tratado | trata, tratad |
| | | trate (Vd), traten (Vds) |

**Me tratan muy bien aquí.** *They treat me very well here.*
**Van a tratarle con un nuevo fármaco.** *They are going to treat him with a new drug.*
**Está acostumbrado a tratar con criminales.** *He's used to dealing with criminals.*
**Está tratando con el enemigo.** *He is negotiating with the enemy.*
**Hay que tratar los huevos con cuidado.** *Eggs have to be handled carefully.*
**Este libro trata de la historia española.** *This book is about Spanish history.*
**Trató de entrar pero no pudo.** *He tried to get in but he couldn't.*
**¿De qué se trata?** *What's it about?/What's the trouble?*
**Se trata de la nueva piscina.** *It's a matter of the new swimming pool.*
**¿Nos tratamos de 'tú'?** *Shall we address each other as 'tú'?*

**el tratado** *agreement, treaty; treatise*
**el tratamiento** *treatment, handling, management; style of address*
**el trato** *relationship, dealings; manner*
**de fácil trato** *easy to get on with*

**entrar en tratos con** *to enter into negotiations with*
**en tratante (en)** *dealer, trader (in)*

# tronar  *to thunder, shoot*  tr./intr.  **190**

INDICATIVE

| Present | Imperfect | Perfect |
|---------|-----------|---------|
| trueno | tronaba | he tronado |
| truenas | tronabas | has tronado |
| truena | tronaba | ha tronado |
| tronamos | tronábamos | hemos tronado |
| tronáis | tronabais | habéis tronado |
| truenan | tronaban | han tronado |

| Future | Pluperfect | Past Definite |
|--------|-----------|---------------|
| tronaré | había tronado | troné |
| tronarás | habías tronado | tronaste |
| tronará | había tronado | tronó |
| tronaremos | habíamos tronado | tronamos |
| tronaréis | habíais tronado | tronasteis |
| tronarán | habían tronado | tronaron |

| Future Perfect | Past Perfect |
|----------------|--------------|
| habré tronado | hube tronado |

CONDITIONAL    SUBJUNCTIVE

| Present | Present | Imperfect |
|---------|---------|-----------|
| tronaría | truene | tron-ara/ase |
| tronarías | truenes | tron-aras/ases |
| tronaría | truene | tron-ara/ase |
| tronaríamos | tronemos | tron-áramos/ásemos |
| tronaríais | tronéis | tron-arais/aseis |
| tronarían | truenen | tron-aran/asen |

| Perfect | Perfect | Pluperfect |
|---------|---------|------------|
| habría tronado | haya tronado | hub-iera/iese tronado |

| GERUND | PAST PARTICIPLE | IMPERATIVE |
|--------|-----------------|------------|
| tronando | tronado | truena, tronad |
|          |         | truene (Vd), truenen (Vds) |

**Truena mucho.** *It thunders a lot.*
**Tronó durante toda la tomenta.** *It was thundering during all of the storm.*
**Tronaron a los prisioneros de guerra.** *The prisoners of war were executed.*
**El día de la Fiesta de la Hispanidad truenan los cañones como saludo.** *They fire the cannons as a salute on Columbus Day.*
**por lo que pueda tronar** *just in case*
**Se tronó.** *He was ruined.*
**Estoy que trueno.** *I'm furious.*
**Está que truena con su mujer.** *He's fallen out with his wife.*

**el tronazón** *thunderstorm*
**la tronada** *thunderstorm*
**el trueno** *thunder*
**el tronido** *thunderclap*

**tronado/a** *broken down, useless*
**estar tronado** *to be broke*
**tronante** *thundering, thunderous*

# 191 valer to cost, be worth tr./intr.

## INDICATIVE

| Present | Imperfect | Perfect |
|---------|-----------|---------|
| valgo | valía | he valido |
| vales | valías | has valido |
| vale | valía | ha valido |
| valemos | valíamos | hemos valido |
| valéis | valíais | habéis valido |
| valen | valían | han valido |

| Future | Pluperfect | Past Definite |
|--------|------------|---------------|
| valdré | había valido | valí |
| valdrás | habías valido | valiste |
| valdrá | había valido | valió |
| valdremos | habíamos valido | valimos |
| valdréis | habíais valido | valisteis |
| valdrán | habían valido | valieron |

| Future Perfect | Past Perfect |
|----------------|--------------|
| habré valido | hube valido |

## CONDITIONAL / SUBJUNCTIVE

| Present | Present | Imperfect |
|---------|---------|-----------|
| valdría | valga | val-iera/iese |
| valdrías | valgas | val-ieras/ieses |
| valdría | valga | val-iera/iese |
| valdríamos | valgamos | val-iéramos/iésemos |
| valdríais | valgáis | val-ierais/ieseis |
| valdrían | valgan | val-ieran/iesen |

| Perfect | Perfect | Pluperfect |
|---------|---------|------------|
| habría valido | haya valido | hub-iera/iese valido |

| GERUND | PAST PARTICIPLE | IMPERATIVE |
|--------|-----------------|------------|
| valiendo | valido | vale, valed |
| | | valga (Vd), valgan (Vds) |

**¿Cuánto vale?** *How much is it?*
**Vale €9.** *It costs 9 euros.*
**Es viejo pero todavía vale.** *It's old but it still serves.*
**Valía mucho dinero.** *It was worth a lot of money.*
**No vale nada.** *It is worthless.*
**No vale un higo.** *It's not worth a brass farthing.*
**Vale lo que pesa.** *It's worth its weight in gold.*
**Más vale así.** *It's better this way.*
**Más vale tarde que nunca.** *Better late than never.*
**No vale la pena.** *It is not worth it.*

**el valor** *worth, price, value*
**la valía** *worth, value*
**la valoración** *valuation*

**el vale** *coupon, voucher*
**el valimiento** *value; benefit; favour*
**valioso/a** *valuable*

# vencer *to defeat, overcome* tr./intr. **192**

## INDICATIVE

| Present | Imperfect | Perfect |
|---|---|---|
| venzo | vencía | he vencido |
| vences | vencías | has vencido |
| vence | vencía | ha vencido |
| vencemos | vencíamos | hemos vencido |
| vencéis | vencíais | habéis vencido |
| vencen | vencían | han vencido |

| Future | Pluperfect | Past Definite |
|---|---|---|
| venceré | había vencido | vencí |
| vencerás | habías vencido | venciste |
| vencerá | había vencido | venció |
| venceremos | habíamos vencido | vencimos |
| venceréis | habíais vencido | vencisteis |
| vencerán | habían vencido | vencieron |

| Future Perfect | Past Perfect |
|---|---|
| habré vencido | hube vencido |

## CONDITIONAL  SUBJUNCTIVE

| Present | Present | Imperfect |
|---|---|---|
| vencería | venza | venc-iera/iese |
| vencerías | venzas | venc-ieras/ieses |
| vencería | venza | venc-iera/iese |
| venceríamos | venzamos | venc-iéramos/iésemos |
| venceríais | venzáis | venc-ierais/ieseis |
| vencerían | venzan | venc-ieran/iesen |

| Perfect | Perfect | Pluperfect |
|---|---|---|
| habría vencido | haya vencido | hub-iera/iese vencido |

| GERUND | PAST PARTICIPLE | IMPERATIVE |
|---|---|---|
| venciendo | vencido | vence, venced |
| | | venza (Vd), venzan (Vds) |

**Nos han vencido.** *They have defeated us.*
**El Cid venció a los moros.** *El Cid defeated the Moors.*
**Venceremos.** *We shall win.*
**Le venció el sueño.** *Sleep overcame him.*
**Vence en elegancia.** *He is the most elegant.*
**No te dejes vencer.** *Don't give in.*
**Se ha vencido el plazo.** *Time is up.*
**Me doy por vencido/a.** *I give in.*

**vencedor(a)** *victorious*
**el vencimiento** *breaking, collapsing*
**vencido/a** *defeated*

**la victoria** *victory*
**pagar vencido** *to pay in arrears*

# 193 vender *to sell* tr.

## INDICATIVE

| Present | Imperfect | Perfect |
|---|---|---|
| vendo | vendía | he vendido |
| vendes | vendías | has vendido |
| vende | vendía | ha vendido |
| vendemos | vendíamos | hemos vendido |
| vendéis | vendíais | habéis vendido |
| venden | vendían | han vendido |

| Future | Pluperfect | Past Definite |
|---|---|---|
| venderé | había vendido | vendí |
| venderás | habías vendido | vendiste |
| venderá | había vendido | vendió |
| venderemos | habíamos vendido | vendimos |
| venderéis | habíais vendido | vendisteis |
| venderán | habían vendido | vendieron |

| Future Perfect | Past Perfect |
|---|---|
| habré vendido | hube vendido |

## CONDITIONAL · SUBJUNCTIVE

| Present | Present | Imperfect |
|---|---|---|
| vendería | venda | vend-iera/iese |
| venderías | vendas | vend-ieras/ieses |
| vendería | venda | vend-iera/iese |
| venderíamos | vendamos | vend-iéramos/iésemos |
| venderíais | vendáis | vend-ierais/ieseis |
| venderían | vendan | vend-ieran/iesen |

| Perfect | Perfect | Pluperfect |
|---|---|---|
| habría vendido | haya vendido | hub-iera/iese vendido |

| GERUND | PAST PARTICIPLE | IMPERATIVE |
|---|---|---|
| vendiendo | vendido | vende, vended |
|  |  | venda (Vd), vendan (Vds) |

**Vende coches.** *He sells cars.*
**Vamos a vender la casa.** *We're going to sell the house.*
**He vendido mis libros viejos.** *I've sold my old books.*
**Se venden manzanas.** *Apples for sale.*
**Venden café al por mayor.** *They sell coffee wholesale.*
**Vendemos al por menor.** *We retail.*
**Te lo vendo al contado.** *I'll sell it to you for cash.*
**Enrique se vende caro.** *Enrique plays hard to get.*

**se vende** *for sale*
**la venta** *sale, selling; country inn*
**el precio de venta** *sale price*
**la venta a domicilio** *door-to-door sale*

**el/la vendedor(a)** *salesman*
**vender a comisión** *to sell on commission*

# venir  *to come, arrive*  intr.  **194**

## INDICATIVE

| Present | Imperfect | Perfect |
|---|---|---|
| vengo | venía | he venido |
| vienes | venías | has venido |
| viene | venía | ha venido |
| venimos | veníamos | hemos venido |
| venís | veníais | habéis venido |
| vienen | venían | han venido |

| Future | Pluperfect | Past Definite |
|---|---|---|
| vendré | había venido | vine |
| vendrás | habías venido | viniste |
| vendrá | había venido | vino |
| vendremos | habíamos venido | vinimos |
| vendréis | habíais venido | vinisteis |
| vendrán | habían venido | vineron |

| Future Perfect | Past Perfect |
|---|---|
| habré venido | hube venido |

## CONDITIONAL / SUBJUNCTIVE

| Present | Present | Imperfect |
|---|---|---|
| vendría | venga | vin-iera/iese |
| vendrías | vengas | vin-ieras/ieses |
| vendía | venga | vin-iera/iese |
| vendríamos | vengamos | vin-iéramos/iésemos |
| vendríais | vengáis | vin-ierais/ieseis |
| vendrían | vengan | vin-ieran/iesen |

| Perfect | Perfect | Pluperfect |
|---|---|---|
| habría venido | haya venido | hub-iera/iese venido |

## GERUND / PAST PARTICIPLE / IMPERATIVE

| GERUND | PAST PARTICIPLE | IMPERATIVE |
|---|---|---|
| viniendo | venido | ven, venid |
| | | venga (Vd), vengan (Vds) |

**Venimos a comer.** *We've come for lunch.*
**¡Ven acá!** *Come over here!*
**Vinieron a vernos.** *They came to see us.*
**Le hace venir a su oficina.** *He summons him to his office.*
**Vino a dar en la cárcel.** *He ended up in jail.*
**Los planes se vinieron abajo.** *The plans collapsed.*
**Todo se le viene encima.** *Everything gets on top of him.*
**Viene a ser lo mismo.** *It amounts to the same thing.*

**de ahí viene que...** *hence...*
**¡Venga!** *Come on!*
**¡Venga ya!** *Come off it!*

**la venida** *coming, arrival*
**el mes que viene** *next month*
**venidero/a** *coming, posterity*

# 195 ver *to see* tr./intr.

## INDICATIVE

| Present | Imperfect | Perfect |
|---|---|---|
| veo | veía | he visto |
| ves | veías | has visto |
| ve | veía | ha visto |
| vemos | veíamos | hemos visto |
| veis | veíais | habéis visto |
| ven | veían | han visto |

| Future | Pluperfect | Past Definite |
|---|---|---|
| veré | había visto | vi |
| verás | habías visto | viste |
| verá | había visto | vio |
| veremos | habíamos visto | vimos |
| veréis | habíais visto | visteis |
| verán | habían visto | vieron |

| Future Perfect | Past Perfect |
|---|---|
| habré visto | hube visto |

## CONDITIONAL    SUBJUNCTIVE

| Present | Present | Imperfect |
|---|---|---|
| vería | vea | vi-era/ese |
| verías | veas | vi-eras/eses |
| vería | vea | vi-era/ese |
| veríamos | veamos | vi-éramos/ésemos |
| veríais | veáis | vi-erais/eseis |
| verían | vean | vi-eran/esen |

| Perfect | Perfect | Pluperfect |
|---|---|---|
| habría visto | haya visto | hub-iera/iese visto |

| GERUND | PAST PARTICIPLE | IMPERATIVE |
|---|---|---|
| viendo | visto | ve, ved |
| | | vea (Vd), vean (Vds) |

**La vi en la tienda.** *I saw her in the shops.*
**No lo veo.** *I can't see it.*
**Le he visto ya.** *I've already seen him.*
**Vamos a ver una obra.** *We're going to see a play.*
**Ver y callar.** *It's best to keep your mouth shut.*
**¡A ver!** *Let's see! Show me!*
**Está por ver.** *It remains to be seen.*
**¡Para que veas!** *So there!*

**la vista** *sight, eyesight, vision*
**el vistazo** *look, glance*
**las vistillas** *viewpoint, high place*
**una cosa nunca vista** *something unheard of*

**vistoso/a** *colourful*
**el visto bueno** *approval*
**Está mal visto.** *It is not done.*
**Está muy visto.** *It is very common.*

# verter *to spill, pour* tr./intr. **196**

## INDICATIVE

| Present | Imperfect | Perfect |
|---|---|---|
| vierto | vertía | he vertido |
| viertes | vertías | has vertido |
| vierte | vertía | ha vertido |
| vertemos | vertíamos | hemos vertido |
| vertéis | vertíais | habéis vertido |
| vierten | vertían | han vertido |

| Future | Pluperfect | Past Definite |
|---|---|---|
| verteré | había vertido | vertí |
| verterás | habías vertido | vertiste |
| verterá | había vertido | vertió |
| verteremos | habíamos vertido | vertimos |
| verteréis | habíais vertido | vertisteis |
| verterán | habían vertido | vertieron |

| Future Perfect | Past Perfect |
|---|---|
| habré vertido | hube vertido |

## CONDITIONAL

## SUBJUNCTIVE

| Present | Present | Imperfect |
|---|---|---|
| vertería | vierta | vert-iera/iese |
| verterías | viertas | vert-ieras/ieses |
| vertería | vierta | vert-iera/iese |
| verteríamos | vertamos | vert-iéramos/iésemos |
| verteríais | vertáis | vert-ierais/ieseis |
| verterían | viertan | vert-ieran/iesen |

| Perfect | Perfect | Pluperfect |
|---|---|---|
| habría vertido | haya vertido | hub-iera/iese vertido |

| GERUND | PAST PARTICIPLE | IMPERATIVE |
|---|---|---|
| vertiendo | vertido | vierte, verted |
| | | vierta (Vd), viertan (Vds) |

**Peter ha vertido la sopa sobre el mantel.** *Peter has spilled the soup on the tablecloth.*
**El río Arlanza vierte en el Duero.** *The river Arlanza flows into the Duero.*
**Vierte la sopa en la sopera.** *Pour the soup into the tureen.*
**Vamos a vertir el agua en el jardín.** *We're going to pour the water into the garden.*

**el vertedero** *rubbish dump*
**vertedor** *bailer; overflow, outlet*
**vertido/a** *spilled*
**vertible** *spillable*

**vertiente** *side of a mountain, watershed, slope*
**el vertedero público** *landfill*
**el vertido accidental de petróleo** *accidental oil spill*

# 197 viajar *to travel* intr.

## INDICATIVE

| Present | Imperfect | Perfect |
|---|---|---|
| viajo | viajaba | he viajado |
| viajas | viajabas | has viajado |
| viaja | viajaba | ha viajado |
| viajamos | viajábamos | hemos viajado |
| viajáis | viajabais | habéis viajado |
| viajan | viajaban | han viajado |

| Future | Pluperfect | Past Definite |
|---|---|---|
| viajaré | había viajado | viajé |
| viajarás | habías viajado | viajaste |
| viajará | había viajado | viajó |
| viajaremos | habíamos viajado | viajamos |
| viajaréis | habíais viajado | viajasteis |
| viajarán | habían viajado | viajaron |

| Future Perfect | Past Perfect |
|---|---|
| habré viajado | hube viajado |

## CONDITIONAL · SUBJUNCTIVE

| Present | Present | Imperfect |
|---|---|---|
| viajaría | viaje | viaj-ara/ase |
| viajarías | viajes | viaj-aras/ases |
| viajaría | viaje | viaj-ara/ase |
| viajaríamos | viajemos | viaj-áramos/ásemos |
| viajaríais | viajéis | viaj-arais/aseis |
| viajarían | viajen | viaj-aran/asen |

| Perfect | Perfect | Pluperfect |
|---|---|---|
| habría viajado | haya viajado | hub-iera/iese viajado |

| GERUND | PAST PARTICIPLE | IMPERATIVE |
|---|---|---|
| viajando | viajado | viaja, viajad |
| | | viaje (Vd), viajen (Vds) |

**Me gusta viajar.** *I love travelling.*
**Viajamos en tren.** *We travelled by train.*
**Francisca ha viajado mucho.** *Francisca has travelled a lot.*
**Leonor y Esperanza viajarán por Argentina.** *Leonor and Esperanza will travel through Argentina.*

**el viaje** *journey, trip, tour*
**el viaje de novios** *honeymoon*
**¡Buen viaje!** *Bon voyage!*
**el viaje de ida y vuelta** *return journey*

**el/la viajero/a** *traveller*
**el viajante de comercio** *commercial traveller*

# vivir  *to live*  tr./intr.  198

## INDICATIVE

| Present | Imperfect | Perfect |
|---|---|---|
| vivo | vivía | he vivido |
| vives | vivías | has vivido |
| vive | vivía | ha vivido |
| vivimos | vivíamos | hemos vivido |
| vivís | vivíais | habéis vivido |
| viven | vivían | han vivido |

| Future | Pluperfect | Past Definite |
|---|---|---|
| viviré | había vivido | viví |
| vivirás | habías vivido | viviste |
| vivirá | había vivido | vivió |
| viviremos | habíamos vivido | vivimos |
| viviréis | habíais vivido | vivisteis |
| vivirán | habían vivido | vivieron |

| Future Perfect | Past Perfect |
|---|---|
| habré vivido | hube vivido |

## CONDITIONAL  SUBJUNCTIVE

| Present | Present | Imperfect |
|---|---|---|
| viviría | viva | viv-iera/iese |
| vivirías | vivas | viv-ieras/ieses |
| viviría | viva | viv-iera/iese |
| viviríamos | vivamos | viv-iéramos/iésemos |
| viviríais | viváis | viv-ierais/ieseis |
| vivirían | vivan | viv-ieran/iesen |

| Perfect | Perfect | Pluperfect |
|---|---|---|
| habría vivido | haya vivido | hub-iera/iese vivido |

## GERUND  PAST PARTICIPLE  IMPERATIVE

| GERUND | PAST PARTICIPLE | IMPERATIVE |
|---|---|---|
| viviendo | vivido | vive, vivid |
| | | viva (Vd), vivan (Vds) |

---

**Vivimos en Burgos.** *We live in Burgos.*
**Viví en Pamplona en 1974.** *I lived in Pamplona in 1974.*
**Quiero vivir en paz.** *I want to live in peace.*
**Ana vive al día.** *Ana lives from day to day.*
**No tienen con qué vivir.** *They haven't enough to live on.*
**No me dejan vivir.** *They don't give me any peace.*

**vivo/a** *living, alive; lively, vivid*
**la lengua viva** *living language*
**el buen vivir** *the good life*
**los víveres** *provisions, stores*

**la vivienda** *housing, dwelling*
**¡Viva el rey!** *Long live the king!*
**el vivero** *tree nursery, seedbed*
**la viveza** *liveliness, smartness*

# 199 volcar *to overturn* tr./intr.

## INDICATIVE

| Present | Imperfect | Perfect |
|---|---|---|
| vuelco | volcaba | he volcado |
| vuelcas | volcabas | has volcado |
| vuelca | volcaba | ha volcado |
| volcamos | volcábamos | hemos volcado |
| volcáis | volcabais | habéis volcado |
| vuelcan | volcaban | han volcado |

| Future | Pluperfect | Past Definite |
|---|---|---|
| volcaré | había volcado | volqué |
| volcarás | habías volcado | volcaste |
| volcará | había volcado | volcó |
| volcaremos | habíamos volcado | volcamos |
| volcaréis | habíais volcado | volcasteis |
| volcarán | habían volcado | volcaron |

| Future Perfect | Past Perfect |
|---|---|
| habré volcado | hube volcado |

## CONDITIONAL / SUBJUNCTIVE

| Present | Present | Imperfect |
|---|---|---|
| volcaría | vuelque | volc-ara/ase |
| volcarías | vuelques | volc-aras/ases |
| volcaría | vuelque | volc-ara/ase |
| volcaríamos | volquemos | volc-áramos/ásemos |
| volcaríais | volquéis | volc-arais/aseis |
| volcarían | vuelquen | volc-aran/asen |

| Perfect | Perfect | Pluperfect |
|---|---|---|
| habría volcado | haya volcado | hub-iera/iese volcado |

## GERUND / PAST PARTICIPLE / IMPERATIVE

| GERUND | PAST PARTICIPLE | IMPERATIVE |
|---|---|---|
| volcando | volcado | vuelca, volcad |
| | | vuelque (Vd), vuelquen (Vds) |

**El coche volcó en la curva.** *The car turned over on the bend.*
**Volcamos en el kilómetro 40.** *We overturned at kilometre 40.*
**El barco ha volcado.** *The ship capsized.*
**Se volcó el vaso.** *The glass tipped over.*
**Volcamos a Sara.** *We made Sara dizzy.*
**Pienso volcar a Elena.** *I'm going to make Elena change her mind.*
**Miguel se vuelca para conseguirlo.** *Miguel does the utmost to get it.*
**Miguel se vuelca por complacerte.** *Miguel bends over backwards to satisfy you.*

**el vuelco** *overturning, upset, spill*          **el volquete** *dumper, dumptruck*
**dar un vuelco** *to overturn, capsize*

# volver  *to turn, return, do again*  tr./intr.  **200**

## INDICATIVE

| Present | Imperfect | Perfect |
|---|---|---|
| vuelvo | volvía | he vuelto |
| vuelves | volvías | has vuelto |
| vuelve | volvía | ha vuelto |
| volvemos | volvíamos | hemos vuelto |
| volvéis | volvíais | habéis vuelto |
| vuelven | volvían | han vuelto |

| Future | Pluperfect | Past Definite |
|---|---|---|
| volveré | había vuelto | volví |
| volverás | habías vuelto | volviste |
| volverá | había vuelto | volvió |
| volveremos | habíamos vuelto | volvimos |
| volveréis | habíais vuelto | volvisteis |
| volverán | habían vuelto | volvieron |

| Future Perfect | Past Perfect |
|---|---|
| habré vuelto | hube vuelto |

## CONDITIONAL · SUBJUNCTIVE

| Present | Present | Imperfect |
|---|---|---|
| volvería | vuelva | volv-iera/iese |
| volverías | vuelvas | volv-ieras/ieses |
| volvería | vuelva | volv-iera/iese |
| volveríamos | volvamos | volv-iéramos/iésemos |
| volveríais | volváis | volv-ierais/ieseis |
| volverían | vuelvan | volv-ieran/iesen |

| Perfect | Perfect | Pluperfect |
|---|---|---|
| habría vuelto | haya vuelto | hub-iera/iese vuelto |

| GERUND | PAST PARTICIPLE | IMPERATIVE |
|---|---|---|
| volviendo | vuelto | vuelve, volved |
|  |  | vuelva (Vd), vuelvan (Vds) |

**Vuelve la hoja del libro.** *Turn the page of the book.*
**Volvió la mirada hacia Ana.** *He turned his eyes towards Ana.*
**Volveremos mañana.** *We'll return tomorrow.*
**Volvió a decirlo.** *He said it again.*
**Se desmayó, pero enseguida volvió en sí.** *He fainted, but he soon came round.*
**El ruido me vuelve loco.** *Noise makes me mad.*
**Se ha vuelto atrás.** *He has gone back on his word.*

**la vuelta** *return, other side; tour*
**dar una vuelta** *to go for a short walk*
**las vueltas** *change*
**dar vueltas** *to turn, spin, revolve*

**la vuelta de la marea** *the turn of the tide*
**la vuelta cerrada** *sharp bend*
**volverse** *to turn round*

**Spanish–English verb list**

On the following pages you will find approximately 3000 Spanish verbs, with their meanings and the number, or numbers, of the model verb they follow. If the number is in **bold print,** the verb is one of the 200 modelled in full.

**abajar** *to go down* tr.   10
**abalanzar** *to balance* tr. (r.)   31
**abalar** *to move, shake* tr. (r.)   10
**abaldonar** *to vilify, offend* tr.   10
**abalear** *to separate, fire on, shoot at* tr.   10
**abalizar** *to mark with buoys, take bearings* tr.   31
**aballar** *to move* tr.   10
**aballestar** *to haul, make taut* tr.   10
**abanar** *to cool* tr.   10
**abanderar** *to register under a flag, join* tr./intr.   10
**abandonar** *to abandon, give up* tr./intr.   10
**abanicar** *to fan* tr. (r.)   24
**abaratar** *to make cheaper* tr./intr.   10
**abarcar** *to encompass, embrace, contain* tr.   24
**abarrotar** *to secure; fill, crowd* tr.   10
**abastar** *to supply, provision* tr. (r.)   10
**abastecer** *to supply, provide* tr.   47
**abatanar** *to fill, bear* tr.   10
**abatar** *to frighten* tr. (r.)   10
**abatir** *to knock down, overthrow, demolish* tr./intr.   133
**abdicar** *to abdicate* tr./intr.   24
**abducir** *to abduct* tr.   45

**abellacar** *to make/become vile* tr. (r.)   24
**aberrar** *to err, be mistaken* intr.   10
**abetunar** *to blacken* tr.   10
**abigarrar** *to crowd* tr.   10
**abismar** *to overwhelm, confuse* tr. (r.)   10
**abjurar** *to abjure* tr.   10
**ablandar** *to soften, pacify, improve* tr./intr.   10
**ablandecer** *to soften* tr.   47
**abnegarse** *to go without* r.   30, 116
**abobar** *to bewilder, make stupid* tr. (r.)   10
**abocar** *to bite; pour* tr./intr.   24
**abocetar** *to sketch* tr.   10
**abochornar** *to embarrass, wilt, wither* tr. (r.)   10
**abofetear** *to slap* tr.   10
**abogar** *to plead, defend, plead for* intr.   30
**abolir** *to abolish* tr.   133
**abollar** *to dent, bruise* tr. (r.)   10
**abombar** *to make convex* tr./intr. (r.)   10
**abominar** *to abominate* tr./intr.   10
**abonar** *to subscribe* tr./intr. (r.)   10
**abordar** *to board* tr./intr.   10
**aborrascarse** *to become stormy* r.   24, 116
**aborrecer** *to abhor, detest* tr.   54

**abortar** *to abort, miscarry* tr./intr. 10

**abotijarse** *to get bloated* r. 116

**abotonar** *to button; bud* tr./intr. (r.) 10

**abovedar** *to vault, arch* tr. 10

**abozalar** *to muzzle* tr. 10

**abrasar** *to burn, fire* tr./intr. (r.) 10

**abrazar** *to embrace, hug* tr. (r.) 31

**abrevar** *to water, provide a drink* tr. 10

**abreviar** *to shorten, reduce* tr. (r.) 10

**abrigar** *to shelter, protect* tr. (r.) 30

**abrillantar** *to polish, make glitter* tr. 10

**abrir** *to open* (past participle: **abierto**) tr. (r.) 133

**abrochar** *to button up, fasten* tr. 10

**abrogar** *to repeat, abolish, annul* tr. 30

**abroncar** *to annoy, irritate* tr. (r.) 24

**abrumar** *to overwhelm, crush; embarrass* tr. (r.) 10

**absolver** *to absolve* tr. 200

**absortar** *to engross* tr. (r.) 10

**abstenerse** *to abstain* r. 179

**abstraer** *to abstract* tr./intr. (r.) 188

**abuenar** *to calm, improve* tr. 10

**abullonar** *to emboss, embroider* tr. 10

**abultar** *to augment, enlarge, be bulky* tr./intr. 10

**abundar** *to abound* tr./intr. 10

**abuñolar** *to make fritters (of/with sth.)* tr. 2

**aburar** *to burn, scorch* tr. 10

**aburguesarse** *to become bourgeois* r. 116

**aburrarse** *to become stupid* r. 116

**aburrir** *to bore, annoy* tr. 133

**aburrirse** *to be bored, get bored* r. 133

**abusar** *to abuse* intr. 10

**acaballerar** *to be/behave like a gentleman* tr. (r.) 10

**acabar** *to finish, end* tr. (r.) 10

**acachetear** *to slap in the face* tr. 10

**academizar** *to academize* tr. 31

**acaecer** *to happen* intr. (imp.) 54

**acalambrarse** *to get a cramp* r. 116

**acallar** *to silence, pacify* tr. 10

**acalorar** *to heat, warm up, get hot* tr. 10

**acamar** *to fallen, be flattened* tr./intr. (r.) 10

**acamastronarse** *to become artful* r. 116

**acampanar** *to shape (be shaped) like a bell* tr. 10

**acampar** *to camp* tr./intr. (r.) 10

**acanalar** *to striate, channel* tr. 10

**acanallar** *to corrupt, become base* tr (r.) 10

**acantalear** *to hail, rain very hard* intr.. 10

**acantear** *to throw stones at, stone* tr. 10

**acantilar** *to run aground, dredge* tr. (r.) 10

**acantonar** *to quarter, billet, limit* tr. (r.) 10

**acaparar** *to buy up, hoard, monopolize* tr. 10

**acaparrarse** *to come to terms with* r. 116

**acapillar** *to capture, trap* tr. 10

**acapuchar** *to shape into a hood* tr. 10

**acaramelar** *to cover with caramel; get carried away* tr. (r.) 10

**acarar** *to confront, face* tr. 10

**acardenalar** *to bruise* tr. (r.) 10

**acarear** *to confront, face* r. 10

**acariciar** *to caress, fondle* tr. 10

**acariciarse** *to fondle oneself/each other* tr. (r.) 116

**acariñar** *to treat lovingly* tr. 10

**acarminar** *to dye red, redden* tr. 10

**acarralar** *to skip a thread; wither* tr. (r.) 10

**acarrear** *to transport, carry, incur* tr. (r.) 10

**acarroñar** *to intimidate, become intimidated* tr. (r.) 10

**acartonar** *to become like cardboard; wither* tr. (r.) 10

**acaserarse** *to become fond of* r. 116

**acatar** *to obey, respect, observe* tr. 10

**acatarrar** *to catch a cold; annoy* tr. (r.) 10

**acaudalar** *to amass, accumulate* tr. 10

**acaudillar** *to lead, command, elect a leader* tr. (r.) 10

**acceder** *to accede, agree* intr. 23

**accidentar** *to have an accident, injure* tr. (r.) 10

**accionar** *to put in motion, gesticulate* tr./intr. 10

**acechar** *to lie in, wait for, observe, spy on* tr. 10

**acecinar** *to cure meat by salting and smoking* tr.   10

**acecinarse** *to become thin or lean with age* r.   116

**acedar** *to sour, make bitter* tr. (r.)   10

**aceitar** *to oil, smear with oil* tr.   10

**acelerar** *to accelerate, speed* tr./intr.   10

**acemilar** *to deal with mules* tr.   10

**acendrar** *to purify, refine* tr.   10

**acensuar** *to take the census, assess, tax* tr.   10

**acentuar** *to stress, accent, mark with an accent* tr.   10

**acepar** *to take root* intr.   10

**acepillar** *to plane, brush, polish* tr.   10

**aceptar** *to accept* tr.   10

**acequiar** *to dig irrigation ditches* tr./intr   10

**acerar** *to make pavements/sidewalks* tr.   10

**acerar** *to steel, turn into steel, strengthen* tr.   10

**acercar** *to bring near* tr.   24

**acercarse** *to approach* r.   24, 116

**acerrojar** *to lock, bolt* tr.   10

**acertar** *to guess, be right* tr./intr.   1

**acetrinar** *to turn greenish* tr. (r.)   10

**acezar** *to pant, gasp* intr.   31

**achacar** *to impute, attribute* tr.   24

**achanchar** *to check* tr. (r.)   10

**achantarse** *to hide, conform* r.   116

**achaparrarse** *to become chubby, grow stunted* r.   116

**acharolar** *to vanish* tr.   10

**achatar** *to flatten* tr.   10

**achicar** *to diminish, bale out (a boat), lessen, reduce* tr.   24

**achicharrar** *to scorch, burn, sizzle* tr (r.)   10

**achinar** *to intimidate, scare* tr.   10

**achirlar** *to thin down* tr.   10

**achispar** *to brighten up, make tipsy* tr. (r.)   10

**achocar** *to hurl, injure* tr./intr.   24

**achocharse** *to become senile, dote* r.   116

**achubascarse** *to cloud over and threaten rain* r.   24, 116

**achuchar** *to crush, crumple, squeeze* tr.   10

**achularse** *to become uncouth/rude/caddish* r.   116

**achurar** *to gut, knife* tr.   10

**achurrar** *to flatten* tr.   10

**achurruscar** *to burn, scorch, squeeze* tr.   24

**acibarar** *to make bitter, embitter* tr.   10

**acicalar** *to dress up, make oneself smart* tr. (r.)   10

**acicatear** *to incite, spur on* tr.   10

**acidificar** *to acidify* tr.   24

**aciguatar** *to watch, observe* tr.   10

**aciguatarse** *to get fish poisoning* r.   116

**aclamar** *to acclaim, hail* tr.   10

**aclarar** *to clarify, explain, clear* tr./intr.   10

**aclararse** *to rinse, clarify, clear* r.   116

**aclimatar** *to acclimatize* tr.   10

**aclimatizarse** *to acclimatize* r.   116

**aclocarse** *to go broody* r.   2, 24, 116

**acobardar** *to intimidate, become frightened* tr./intr.   10

**acobijar** *to mulch* tr.   10

**acocarse** *to become worm-ridden (fruit)* r.   24, 116

**acocear** *to kick, maltreat* tr.   10

**acocharse** *to crouch, duck* r.   116

**acochinar** *to make dirty* tr.   10

**acodalar** *to prop, shore* tr.   10

**acodar** *to lean; layer* tr.   10

**acodarse** *to lean (on elbow)* r.   116

**acoderar** *to bring the broad side, bear* tr.   10

**acodiciar** *to covet, long for, desire* tr.   10

**acoger** *to welcome, shelter* tr.   35

**acogollar** *to cover up tender plants, sprout, bud* tr./intr.   10

**acogotar** *to kill, intimidate* tr.   10

**acohombrar** *to bank, hill, earth up* tr.   10

**acojinar** *to make cushions* tr.   10

**acolar** *to unite* tr.   10

**acolchar** *to pad, stuff, quilt* tr.   10

**acollar** *to bank up with earth, caulk* tr.   2

**acollarar** *to put a collar on* tr.   10

**acollonar** *to scare, frighten* tr. (r.)   10

**acomedirse** *to volunteer, oblige* r.   122

**acometer** *to attack, undertake* tr.   23

**acomodar** *to accommodate, suit* tr./intr.   10

**acompañar** *to accompany, escort, go*

*with* tr. 10

**acompasar** *to measure, divide into bars* tr. 10

**acomplejar** *to cause inhibitions, suffer from complexes* tr. 10

**acomunarse** *to unite, confederate* r. 116

**aconchar** *to push to safety, run aground, go to a safe place* tr. 10

**acondicionar** *to condition, prepare* tr. (r.) 10

**acongojar** *to anguish, be anguished* tr. (r.) 10

**aconsejar** *to advise, counsel* tr. 186

**acontecer** *to happen, come to pass* intr. (imp.) 192

**acopar** *to trim, shape* tr./intr. 10

**acopiar** *to gather, classify, collect* tr. 10

**acoplar** *to couple, join, mate* tr. (r.) 10

**acoquinar** *to intimidate, scare* tr. (r.) 10

**acorar** *to anguish, wither, wilt* tr. (r.) 10

**acorazar** *to armour, armourplate* tr. (r.) 31

**acorchar** *to line with cork* tr. 10

**acordar** *to agree, correspond* tr. 2

**acordarse** *to recollect, remember* r. 2, 116

**acordonar** *to fasten with a cord, tie* tr. 10

**acornear** *to gore, butt* tr. 10

**acorralar** *to pen, corner, intimidate* tr. 10

**acorrer** *to help, turn to the aid of* tr./intr. 23

**acortar** *to shorten, reduce, cut down* tr. (r.) 10

**acosar** *to harass, pursue, pester* tr. 10

**acosijar** *to overwhelm, oppress* tr. 10

**acostar** *to put to bed* tr./intr. 3

**acostarse** *to go to bed, lie down* r. 3

**acostumbrar** *to get used to, be accustomed to* tr./intr 10

**acostumbrarse** *to get used to* r. 116

**acotar** *to annotate, choose, select* tr. 10, *to survey, fix, prune, trim* tr. (r.) 10

**acotejar** *to make oneself comfortable* tr. (r.) 10

**acrecentar** *to increase* tr. (r.) 4

**acrecer** *to augment, be transferred* tr./intr. (r.) 54

**acreditar** *to credit* tr. (r.) 10

**acrianzar** *to raise, rear, bring up* tr. 31

**acribar** *to riddle, sift* tr. 10

**acribillar** *to riddle with bullets, harass* tr. 10

**acriminar** *to incriminate, impute* tr. 10

**acriollarse** *to adopt Spanish American ways* r. 116

**acrisolar** *to refine, purify* tr. 10

**acristianar** *to make Christian, Christianize* tr. 10

**activar** *to activate* tr. 10

**actuar** *to act, perform, bring an action* tr. 168

**acuadrillar** *to band together, get together* tr. (r.) 10

**acuantiar** *to assess the value or the quantity* tr. 10

**acuartelar** *to quarter, billet* tr. (r.) 10

**acuartillar** *to make into quarters* tr. 10

**acuatizar** *to land on water* intr. 31

**acuchamarse** *to become sad/languid* r. 116

**acuchillar** *to cut, knife, slash* tr. 10

**acuchucar** *to squeeze, squash* tr. 24

**acuciar** *to hasten, urge, yearn for* tr. 10

**acuclillarse** *to squat* r. 116

**acudir** *to attend, assist* intr. 133

**acuerpar** *to support, defend* tr. 10

**acuidarse** *to be preoccupied with* r. 116

**acuilmarse** *to grieve* r. 116

**acular** *to back, back up* tr. (r.) 10

**acullicar** *to chew cocoa leaves* tr. 24

**acumuchar** *to accumulate, heap* tr. 10

**acumular** *to accumulate, amass* tr. 10

**acunar** *to cradle, rock* tr. 10

**acuñar** *to wedge, coin, seal* tr. 10

**acurrucarse** *to curl up, get cosy* r. 24, 116

**acusar** *to accuse* tr. (r.) 10

**adamar** *to become effeminate* tr. (r.) 10

**adaptar** *to adapt, adjust* tr. (r.) 10

**adatar** *to credit* tr. 10

**adecenar** *to divide into tens* tr. 10

**adecentar** *to make presentable, smarten* tr. 33

**adecuar** *to adapt, fit* tr.   10
**adehesar** *to convert land into pasture* tr.   10
**adelantar** *to overtake, advance, progress* tr./intr.   10
**adelantarse** *to go ahead, go forward* r.   116
**adelgazar** *to lose weight* tr./intr. (r.)   31
**adensar** *to thicken, condense* tr.   10
**adentellar** *to bite* tr.   10
**adentrar** *to go deeper into* tr.   10
**aderezar** *to adorn, mend, get ready* tr.   31
**adeudar** *to owe, go into debt, debit* tr. (r.)   10
**adherir** *to adhere* tr. (r.)   108
**adiamantar** *to set diamonds* tr.   10
**adicionar** *to add, prolong* tr.   10
**adiestrar** *to train, to coach* tr. (r.)   5
**adietar** *to put on a diet, go on a diet* tr. (r.)   10
**adinerar** *to convert into money, become rich* tr. (r.)   10
**adivinar** *to guess, foretell* tr.   10
**adjudicar** *to award, judge* tr. (r.)   24
**adjuntar** *to enclose* tr.   10
**administrar** *to manage* tr.   10
**admirar** *to admire* tr. (r.)   10
**admitir** *to admit, grant* tr.   133
**adobar** *to season, marinate* tr.   10
**adocenar** *to divide into dozens* tr.   10
**adoctrinar** *to indoctrinate, instruct* tr.   10
**adolecer** *to fall sick* intr. (r.)   47
**adolorar** *to ache* tr.   10
**adomiciliar** *to live* (somewhere), *have an address* tr (r.)   10
**adonizarse** *to adorn oneself, beautify* r.   31, 116
**adoptar** *to adopt* tr.   10
**adoquinar** *to pave* tr.   10
**adorar** *to adore, worship* tr./intr.   10
**adormecer** *to put to sleep* tr.(r.)   47
**adornar** *to adorn* tr.   10
**adosar** *to place near* tr.   10
**adquirir** *to acquire* tr.   6
**adscribir** *to attach, ascribe* tr.   98
**aducir** *to provide, quote* tr.   45
**adueñarse** *to take possession* r.   116
**adular** *to adulate, flatter* tr.   10
**adulterar** *to adulterate, commit adultery* tr./intr. (r.)   10
**adulzar** *to sweeten, soften* tr.   31

**adulzorar** *to become sweet* tr.   10
**adurir** *to burn* tr. (r.)   133
**advenir** *to come, arrive* intr.   194
**adverar** *to attest, authenticate* tr.   10
**advertir** *to warn, advise; notice* tr.   7
**afamar** *to make famous, become famous* tr. (r.)   10
**afanar** *to press, hurry, steal* tr. (r.)   10
**afear** *to make ugly, deform* tr.   10
**afectar** *to affect, have an effect on* tr.   10
**afeitarse** *to shave oneself* tr. (r.)   116
**afeminar** *to make or become effeminate* tr. (r.)   10
**aferrar** *to grapple* tr./intr. (r.)   33
**afianzar** *to fasten, hold on fast* tr. (r.)   31
**aficionar** *to inspire, affection* tr. (r.)   10
**afijar** *to affix, secure* tr.   10
**afilar** *to sharpen, grown thin / pointed* tr. (r.)   10
**afiliar** *to join, affiliate* tr. (r.)   10
**afillar** *to adopt* tr.   10
**afinar** *to tune, perfect* tr./intr. (r.)   10
**afincar** *to settle down, buy estate* intr. (r.)   24
**afirmar** *to state, assure, affirm* tr. (r.)   10
**afligir** *to afflict, grieve* tr. (r.)   84
**aflojar** *to loosen, slacken* tr./intr. (r.)   10
**aflorar** *to show, emerge* tr./intr.   10
**aflotar** *to loosen, pay up, slacken* tr./intr.   10
**afluir** *to flow, congregate* intr.   110
**afollar** *to blow at* tr. (r.)   2
**afondar** *to sink, submerge, touch the bottom* tr./intr. (r.)   10
**aforar** *to rent* tr.   2
**aforrar** *to line* tr. (r.)   10
**afortunar** *to make happy* tr.   10
**afrentar** *to affront, insult* tr. (r.)   10
**afrontar** *to face, defy, confront* tr./intr.   10
**afufar** *to escape* intr. (r.)   10
**afumarse** *to get drunk* r.   116
**agachar** *to lower, bend* tr. (r.)   10
**agañotar** *to choke, strangle* tr.   10
**agarbar** *to crouch, stoop* r.   10
**agarrar** *to grasp, catch* tr.   10
**agarrotar** *to choke, stiffen* tr.   10
**agasajar** *to pamper, shower with gifts*

tr.   10

**agaucharse** *to become a gaucho* r.
116

**agazapar** *to catch, stalk, crouch* tr.
(r.)   10

**agenciar** *to get, obtain, procure*
tr./intr. (r.)   10

**agestarse** *to make gestures, make
faces* r.   116

**agigantar** *to make or become
enormous* tr. (r.)   10

**agilitar** *to set in motion* tr. (r.)   10

**agilitarse** *to limber up* tr. (r.)   10

**agitar** *to shake, agitate* tr. (r.)   10

**aglomerar** *to gather* tr. (r.)   10

**aglutinar** *to join* tr. (r.)   10

**agobiar** *to overwhelm, oppress* tr. (r.)
10

**agonizar** *to be agony, annoy* tr./intr.
31

**agorar** *to augur, predict* tr.   2

**agostar** *to wither* tr./intr. (r.)   10

**agotar** *to exhaust, use up* tr. (r.)   10

**agraciar** *to grace, adorn, award* tr.
10

**agradar** *to be pleasing, please* intr.
10

**agradarse** *to please* intr. (r.)   116

**agradecer** *to be grateful* tr.   54

**agrandar** *to enlarge, increase* tr. (r.)
10

**agravar** *to aggravate, make worse* tr.
(r.)   10

**agraviar** *to wrong, injure* tr. (r.)   10

**agredir** *to attack* tr.   133

**agregar** *to collate, collect, add* tr.
30

**agregarse** *to add, collect* r.   30, 116

**agremiar** *to unite, become a union/
syndicate* tr. (r.)   10

**agriar** *to make sour* tr. (r.)   10

**agrietar** *to split, crack* tr. (r.)   10

**agrumar** *to curdle, clot* tr. (r.)   10

**agrupar** *to group* tr. (r.)   10

**agruparse** *to group* r.   116

**aguachar** *to flood* tr. (r.)   10

**aguachinarse** *to flood, get
waterlogged* tr. (r.)   116

**aguantar** *to bear, endure* tr./intr. (r.)
10

**aguar** *to dilute* tr. (r.)   10

**aguardar** *to await, expect* tr./intr.   10

**aguardarse** *to expect, wait for* r.
116

**aguerrir** *to instruct (military)* tr. (r.)
133

**aguijonear** *to prick, goad, incite* tr.
10

**aguzar** *to sharpen, grind* tr.   31

**ahijar** *to adopt* tr./intr.   10

**ahilar** *to go in single file, line up*
tr./intr. (r.)   10

**ahitar** *to surfeit, bloat* tr. (r.)   10

**ahogarse** *to drown* tr. (r.)   30, 116

**ahondar** *to deepen, go down* tr./intr.
(r.)   10

**ahorcar** *to hang* tr. (r.)   10

**ahormar** *to mould, fit* tr. (r.)   10

**ahornar** *to put in the oven* tr.   10

**ahorrar** *to economize, save* tr.   10

**ahorrarse** *to save, economize* r.   116

**ahuecar** *to soften, fluff up, become
vain* tr./intr. (r.)   24

**ahumar** *to smoke, cure in smoke* tr.
(r.)   10

**ahuyentar** *to drive away, banish* tr.
10

**aislar** *to isolate* tr. (r.)   10

**ajetrear** *to bustle about, tire, fatigue*
tr. (r.)   10

**ajornalar** *to hire by the day* tr. (r.)
10

**ajuarar** *to furnish* tr.   10

**ajuiciar** *to judge, become sensible*
tr./intr.   10

**ajumarse** *to get drunk* r.   116

**ajustar** *to adjust, fit, adapt* tr./intr.
10

**ajustarse** *to conform* r.   116

**alabar** *to praise, sing* tr./intr.   10

**aladrar** *to plough* tr.   10

**alambicar** *to distill* tr.   24

**alambrar** *to fence with wire* tr.   10

**alampar** *to yearn, crave for* intr (r.)
10

**alardear** *to show off, boast, brag* intr.
10

**alargar** *to lengthen, extend* tr. (r.)   30

**alarmar** *to alarm, call to arms, be
alarmed* tr. (r.)   10

**albear** *to turn white; get up at dawn*
intr.   10

**albergar** *to give shelter, take lodging*
tr./intr. (r.)   30

**alborear** *to dawn* intr. (imp.)   10

**alborotar** *to stir up, agitate, make
noise* tr./intr. (r.)   10

**alborozar** *to delight, feel elated* tr. (r.)
31

**albuminar** *to emulsify* tr.   10

**alcahazar** *to keep/put in a cage* tr.
31

**alcahuetear** *to procure, pimp* tr./intr. 10

**alcalizar** *to alkalize* tr.   31

**alcantarillar** *to provide drains* tr. 10

**alcanzar** *to attain, reach* tr./intr. (r.) 31

**alcoholizar** *to make alcohol, drink heavily* tr. (r.)   31

**alcorzar** *to coat with sugar icing* tr. 31

**alear** *to flutter/flap; recover* tr./intr. 10

**alebrar** *to cower, be sacred* intr. (r.) 33

**alebrarse** *to throw oneself flat on the ground* r.   116

**aleccionar** *to instruct, teach* tr.   10

**alegamar** *to fertilize with mud or silt* tr.   10

**alegar** *to allege, contend, declare* tr. 30

**alegrar** *to make happy; stir up* tr. 10

**alegrarse** *to rejoice, be glad* r.   116

**alejar** *to remove, go far away* tr. (r.) 10

**alentar** *to encourage; breathe* tr./intr. (r.)   8

**alertar** *to alert, sound the alarm* tr. 10

**alfombrar** *to carpet* tr.   10

**alforzar** *to pleat, tuck* tr.   10

**algodonar** *to cover/fill/work with cotton* tr.   10

**alhajar** *to bejewel, adorn with jewels* tr.   10

**alheñar** *to dye with henna* tr. (r.)   10

**aliar** *to join, ally* tr. (r.)   10

**alicatar** *to tile* tr.   10

**alienar** *to alienate, transfer, become alienated* tr. (r.)   10

**alifar** *to polish* tr.   10

**aligar** *to tie, bind* tr.   30

**aligerar** *to ligthen, relieve, make lighter* tr./intr.   10

**alimentar** *to feed* tr./intr. (r.)   10

**alimonarse** *to turn yellowish* r.   116

**alindar** *to adorn, make pretty; mark the limits, border* tr./intr. (r.)   10

**alinear** *to align, line up* tr. (r.)   10

**aliñar** *to season, put salad dressing on* tr.   10

**aliquebrarse** *to break a wing, be crestfallen* r.   116, 143

**alisar** *to smooth, sleek* tr. (r.)   10

**alistar** *to recruit, enlist, enrol* tr./intr. (r.)   10

**aliviar** *to lessen, lighten, relieve* tr. (r.) 10

**allanar** *to make flat, level* tr. (r.)   10

**allegar** *to gather, arrive* tr./intr.   119

**almacenar** *to store* tr.   10

**almadiar** *to get sea sick* tr. (r.)   10

**almagrar** *to colour with red ochre; defame* tr.   10

**almibarar** *to cover with syrup* tr.   10

**almidonar** *to starch* tr.   10

**almizclar** *to perfume with musk* tr. 10

**almorzar** *to have lunch/a late breakfast* tr./intr.   9

**alocar** *to make mad* tr. (r.)   24

**alojar** *to lodge, give accommodation* tr. (r.)   10

**alongar** *to lengthen* tr. (r.)   2, 30

**aloquecerse** *to become mad* r.   92

**alorarse** *to become tanned from the sun and the wind* r.   116

**alquilar** *to rent, hire* tr. (r.)   10

**alquitranar** *to tar, coat with tar* tr.   10

**alterar** *to alter, change* tr. (r.)   10

**altercar** *to disagree* intr. (r.)   24

**alternar** *to alternate* tr./intr.   10

**altivar** *to become proud* tr. (r.)   10

**altivecer** *to become arrogant* tr. (r.) 47

**alucinar** *to hallucinate, delude* tr. (r.) 10

**alumbrar** *to illuminate* tr./intr.   10

**alumbrarse** *to be/get high/tipsy, become lively (from drink); illuminate, enlighten* r.   116

**alzar** *to lift, elevate, pick up* tr.   31

**alzarse** *to raise, lift, pick up* r.   31, 116

**amaestrar** *to train, coach, tame* tr. 10

**amagar** *to stimulate, appear* tr. (r.) 30

**amainar** *to lower, clam, lessen* tr./intr. 10

**amalgamar** *to amalgamate, mix* tr. 10

**amamantar** *to suckle, nurse* tr.   10

**amancebarse** *to cahabit, live together* r.   116

**amancillar** *to stain, defame* tr.   10

**amanecer** *to dawn* intr. (imp.)   47

**amanerarse** *to become mannered, act affectedly* r.   116

**amanojar** *to bundle, bunch* tr.   10

amansar *to tame* tr. (r.)   10
amañar *to fake; get the knack of doing things* tr. (r.)   10
amar *to love, be fond of* tr.   **10**
amarar *to land on water* intr.   10
amarecer *to mate* tr.   47
amargar *to make bitter, embitter* tr. (r.)   30
amarrar *to tie, moor, bind* tr. (r.)   10
amartelar *to drive mad, fall deeply in love* tr. (r.)   10
amartillar *to hammer* tr.   10
amasar *to knead, mix, amass* tr.   10
ambicionar *to desire, yearn* tr.   10
ambular *to walk, stroll* intr.   10
amedrantar *to frighten* tr.   10
amelonarse *to fall madly in love* tr.   116
amenazar *to threaten* tr.   31
amenguar *to reduce* tr./intr.   12
amigar *to bring together* tr. (r.)   30
amilanar *to intimidate, scare* tr. (r.)   10
aminorar *to diminish* tr.   10
amnistiar *to grant amnesty* tr.   10
amoblar *to furnish* tr.   2
amodorrarse *to become drowsy, grow sleepy* r.   116
amojonar *to delimit, mark* tr.   10
amolar *to grind* tr.   2
amoldar *to model, fashion* tr.   10
amollar *to yield, ease off, give in* tr./intr.   10
amonestar *to reprove, warn* tr.   10
amontonar *to pile together* tr.   10
amoratar *to turn blue/purple* tr. (r.)   10
amorrar *to sulk, hang, pitch* tr./intr.   10
amortajar *to shroud, lay out* tr.   10
amortecer *to dull, dim, soften* tr. (r.)   47
amortiguar *to muffle, soften, cushion* tr.   12
amortizar *to pay off, amortize* tr.   31
amoscarse *to get angry* r.   116
amotinar *to mutiny* tr.   10
amparar *to protect* tr.   10
ampliar *to amplify* tr.   10
amplificar *to amplify, enlarge* tr.   24
amputar *to amputate* tr.   10
amustiar *to wither* tr.   10
analizar *to analyse* tr.   31
anclar *to anchor* intr.   10
andar *to walk, go* tr./intr. (r.)   **11**

anegar *to drown, become flooded* tr.   130
anestesiar *to anaesthetize* tr.   10
anexar *to annex* tr.   10
angostar *to narrow* tr./intr. (r.)   10
anhelar *to wish, desire, yearn for* tr.   10
anillar *to form into rings* tr.   10
animar *to animate, enlighten* tr. (r.)   10
aniquilar *to wipe out, annihilate* tr. (r.)   10
anochecer *to get dark* intr. (imp.)   47
anotar *to annotate, make notes* tr.   10
ansiar *to yearn for* tr.   10
anteponer *to place in front, prefer* tr. (r.)   139
antevenir *to precede* intr.   194
antever *to foresee* tr.   195
anticipar *to anticipate, advance, be early* tr. (r.)   10
antojarse *to feel like, fancy* r.   116
anublar *to cloud, dim, darken* tr. (r.)   10
anudar *to tie knots* tr. (r.)   10
anular *to cancel, make null and void* tr.   10
anularse *to annul, make void* r.   116
anunciar *to announce, foretell, proclaim* tr.   10
anunciarse *to announce, proclaim* r.   116
añadir *to add, pad* tr.   133
añorar *to pine for, miss* tr./intr.   10
apabullar *to crush, overwhelm* tr.   10
apacentar *to graze, feed* tr.   33
apaciguar *to pacify, calm down* tr. (r.)   12
apadrinar *to sponsor* tr. (r.)   10
apagar *to turn off, put out* tr.   30
apagarse *to turn off* r.   30, 116
apalabrar *to come to an agreement* tr. (r.)   10
apalear *to beat* tr.   10
apañar *to pick, manage* tr. (r.)   10
aparar *to prepare* tr.   10
aparcar *to park* tr.   24
aparecer *to appear, show up* intr.   47
aparecerse *to appear, show up* r.   47, 116
aparentar *to feign, simulate, seem* tr.   10

**apartar** *to separate, sort* tr./intr. (r.)
  10
**apasionar** *to incite, excite, be mad
  about* tr. (r.)  10
**apear** *to dismount, get off, lodge* tr.
  (r.)  10
**apedrear** *to stone* tr.  10
**apelar** *to appeal* intr.  10
**apellidar** *to call by the surname* tr.
  (r.)  10
**apercibir** *to provide, prepare, warn*
  tr.  133
**apercibirse (de)** *to became aware of* r.
  133
**apercollar** *to seize by the collar or
  neck* tr.  2
**apernar** *to tackle* tr.  33
**aperrear** *to annoy, pester* tr.  10
**apestar** *to be infected, stink* tr./intr.
  (r.)  10
**apetecer** *to fancy, crave for* tr.  47
**apiadar** *to feel with, pity* tr. (r.)  10
**apiñar** *to crowd* tr.  10
**apiparse** *to gorge food* r.  116
**aplacar** *to placate* tr.  24
**aplacer** *to please* tr./intr.  47
**aplacerse** *to please* r.  47, 116
**aplanar** *to flatten* tr. (r.)  10
**aplastar** *to squash, crush* tr. (r.)  10
**aplaudir** *to applaud, clap* tr. (r.)  133
**aplazar** *to postpone* tr.  31
**aplicar** *to apply* tr. (r.)  24
**apodar** *to nickname* tr.  10
**apoderarse** *to take possession* r.  116
**aporcar** *to cover with earth* tr.  2, 24
**aportar** *to arrive at a port* intr.  2
**aportarse** *to bring* r.  2, 116
**apostar** *to bet, post* tr./intr. (r.)  13
**apoyar** *to rest, lean* tr./intr. (r.)  10
**apreciar** *to appreciate* tr.  10
**apreciarse** *to appreciate, appraise* r.
  116
**aprender** *to learn* tr. (r.)  23
**apresurar** *to hurry, hasten* tr. (r.)  10
**apresurarse** *to hasten, hurry, rush* r.
  116
**apretar** *to grip, press together* tr./intr.
  (r.)  14
**aprobar** *to approve, pass* tr./intr.  15
**aprovechar** *to take advantage of*
  tr./intr. (r.)  10
**aprovecharse** *to take advantage, avail
  oneself* r.  116
**apuñalar** *to slash, stab* tr.  10
**apuñar** *to grasp, clench the fist*
  tr./intr.  10

**apurar** *to grieve; hurry, finish* tr.  10
**apurarse** *to fret, grieve, worry* r.
  116
**aquejar** *to afflict, worry* tr.  10
**arañar** *to scratch* tr. (r.)  10
**arar** *to plough* tr.  10
**arbitrar** *to referee, judge* tr./intr. (r.)
  10
**archivar** *to file* tr.  10
**arder** *to burn* intr.  23
**argüir** *to argue, reason* tr./intr.  16
**armar** *to arm* tr. (r.)  10
**arrancar** *to snatch, pull out, start
  (engines)* tr./intr.  24
**arrancarse** *to start, pull up, root out*
  r.  24, 116
**arrastrar** *to drag, pull along* tr./intr.
  (r.)  10
**arreciar** *to make stronger* tr./intr.
  10
**arrecirse** *to become numb* r.  134
**arreglar** *to arrange, fix, repair* tr. (r.)
  10
**arreglarse** *to settle, make one look
  one's best; get ready, manage* r.
  116
**arrendar** *to let, lease, hire out* tr.  17
**arrepentir** *to repent, regret* tr. (r.)
  108
**arriesgar** *to risk* tr. (r.)  30
**arrimar** *to bring near* tr. (r.)  10
**arrojar** *to fling, hurl* tr.  10
**arrojarse** *to throw, hurl, fling* r.  116
**arropar** *to clothe, wrap up* tr. (r.)
  10
**arrugar** *to wrinkle, crease, crumple*
  tr. (r.)  30
**articular** *to articulate, pronounce
  distinctly* tr.  10
**asaltar** *to assail, assault* tr.  10
**asar** *to roast* tr. (r.)  10
**ascender** *to ascend* tr./intr. (r.)  136
**asear** *to clean, tidy* tr. (r.)  10
**asegurar** *to assure, assert, insure* tr.
  10
**asegurarse** *to affirm, insure* r.  116
**asentar** *to settle, set, make firm* tr.
  18
**asentir** *to assent, agree* intr.  19
**aserrar** *to saw* tr.  33
**asestar** *to aim, deal, deliver* tr.  33
**asir** *to grasp, seize* tr./intr.  20
**asistir** *to be present at, attend; assist*
  tr./intr. (r.)  133
**asolar** *to devastate* tr. (r.)  2
**asoldar** *to pay troops* tr. (r.)  53

**asomar** *to show, appear* tr./intr. (r.) 10

**asombrar** *to amaze, astonish* tr. (r.) 10

**asonar** *to sound* intr. 2

**aspirar** *to inhale, suck in, aspirate* tr./intr. 10

**asquear** *to be nauseated* tr./intr. (r.) 10

**asumir** *to assume, command* tr. 133

**asustarse** *to be frightened* r. 116

**atacar** *to attack* tr. (r.) 24

**atañer** *to concern, appertain* intr. (r.) 23

**atar** *to bind, tie* tr. (r.) 10

**atardecer** *to draw towards evening, get dark* intr. (imp.) 47

**atarear** *to give work* tr. 10

**atascar** *to get stuck* tr. (r.) 24

**ataviar** *to attire, adorn, deck* tr. (r.) 10

**atender** *to attend, pay attention, serve* tr./intr. (r.) **21**

**atenderse** *to depend on, rely on, abide by* r. 116

**atentar** *to attempt* tr./intr. 33

**aterirse** *to become numb with cold* tr. (r.) 133

**aterrar** *to terrorize* tr./intr. 33

**atestar** *to cram* tr. 33

**atestarse** *to pack, attest, stuff, testify* r. 33, 116

**atraer** *to allure, attract, charm* tr. 188

**atraerse** *to attract, allure* r. 188

**atrancar** *to lock* tr./intr. (r.) 24

**atrapar** *to trap, catch* tr. 10

**atravesar** *to cross, go through* tr. 22

**atravesarse** *to cross, go through* r. 22, 116

**atreverse** *to dare, venture* r. 23

**atribuir** *to attribute to* tr. (r.) 110

**atronar** *to thunder* tr. (r.) 2

**atropellar** *to trample/knock down* tr. (r.) 10

**aturdir** *to daze, stun, bewilder* tr. (r.) 133

**aullar** *to howl* tr. 10

**aumentar** *to increase* tr./intr. (r.) 10

**ausentarse** *to be absent* r. 116

**autorizar** *to authorize* tr. 31

**avanzar** *to advance* tr./intr. (r.) 31

**avenir** *to reconcile* tr. (r.) 194

**aventar** *to fan* tr. (r.) 33

**avergonzar** *to shame, embarrass* tr. 2, 31

**avergonzarse** *to be ashamed* r. 2, 31, 116

**averiar** *to go wrong* tr. (r.) 10

**averiguar** *to find out* tr./intr. 12

**avisar** *to inform, (give) notice, warn* tr. 10

**avivar** *to enliven* tr./intr. (r.) 10

**ayudar** *to help, aid, assist* tr. (r.) 10

**ayunar** *to fast* intr. 10

**azolar** *to chop with an axe* tr. 2

**azotar** *to beat, thrash* tr. (r.) 10

**babear** *to dribble* intr. 10

**bailar** *to dance* tr. 10

**bajar** *to descend, go down* tr./intr. 186

**bajarse** *to go down, descend* r. 116

**baladrar** *to shout, whoop* intr. 10

**balancear** *to sway, balance, rock* intr./tr. (r.) 10

**balar** *to bleat* intr. 10

**balbucear** *to hestitae (in speech), stammer* intr. 10

**balbucir** *to stammer, stutter* intr. 45

**baldar** *to cripple, maim* tr. (r.) 10

**bandear** *to chase, wound* tr./intr. 10

**bañar** *to bathe* tr. 10

**bañarse** *to bathe oneself, take a bath* r. 116

**barajar** *to shuffle cards, quarrel* tr./intr. (r.) 10

**barbar** *to grow a beard* intr. 10

**barbotar** *to mumble, mutter* tr./intr. 10

**barnizar** *to varnish* tr. 31

**barquear** *to cross in a boat* tr./intr. 10

**barrenar** *to drill* tr. 10

**barrer** *to sweep* tr./intr. (r.) 23

**barruntar** *to guess, surmise* tr. 10

**bartolear** *to idle* intr. 10

**basar** *to base, support* tr. (r.) 10

**bastar** *to be enough* intr. (imp.) 10

**bastardear** *to degenerate, debase* tr./intr. 10

**bastarse** *to be sufficient, suffice* r. 116

**bastonear** *to cane* tr. 10

**batallar** *to fight, battle* intr. 10

**batir** *to beat, whip* tr./intr. (r.) 133

**bautizar** *to baptize, christen* tr. 31

**beber** *to drink* tr./intr. (r.) **23**

**becar** *to grant, award* tr. 24

**bendecir** *to bless* tr. 57

beneficiar *to benefit* tr. (r.)  10

berrear *to bleat, bellow, shriek* intr. 10

besar *to kiss* tr. (r.)  10

bestializarse *to become beast-like* r. 116

besuquear *to lavish kisses on* tr. 10

betunar *to polish* tr.  10

bichar *to spy on* tr.  10

bieldar *to winnow* tr.  10

bienquerer *to like, to be fond of* tr. 144

bienquistar *to reconcile* tr. (r.)  10

bienvivir *to live well* intr.  198

bifurcarse *to branch off, bifurcate* r.  24, 116

bigardear *to lead an aimless life* intr. 10

bilocarse *to be in two places, go mad* r.  24, 116

binar *to hoe, dig over* tr./intr.  10

biografiar *to write a biography* tr. 10

birlar *to throw, cheat, rob, filch* tr. 10

bisar *to repeat* tr.  10

bizarrear *to act gallantly* intr.  10

bizcochar *to bake* tr.  10

bizcornear *to squint* intr.  10

bizmar *to apply a poultice* tr.  10

bizquear *to squint* intr.  10

blandear *to soften* tr./intr. (r.)  10

blandir *to brandish, swing* tr./intr. (r.) 133

blanquear *to whiten, bleach, whitewash* tr./intr  10

blanquecer *to blanch, whiten* tr.  54

blasfemar *to blaspheme, curse, swear* intr.  10

blasonar *to emblazon, boast, brag* tr./intr.  10

blindar *to armour* tr.  10

bloquear *to block, obstruct* tr.  10

bobear *to play the fool* intr.  10

bobinar *to wind, reel, coil* tr.  10

bocadear *to divide into bits/mouthfuls* tr.  10

bocartear *to crush* tr.  10

bochar *to hit and move* tr.  10

bocinar *to blow a horn* intr.  10

bofarse *to sag, grown spongy* tr.  116

bogar *to row* tr.  10

bombardear *to bombard* tr.  10

bonificar *to increase production* tr. 24

borbotar (=borboritar) *to bubble, boil* tr.  10

bordar *to embroider* tr.  10

bordear *to skirt, go round* tr./intr. 10

bornear *to twist* tr.  10

borrar *to cross out, erase* tr.  10

borrarse *to erase, delete* r.  116

borronear *to scribble, scrawl* tr.  10

bostezar *to yawn, gape* intr.  31

botar *to launch (a boat), bounce* tr./intr.  10; *to fling, cast away* tr. 10

bramar *to bellow, roar* intr.  10

bravear *to bluster, bully* intr.  10

brear *to maltreat, annoy, vex* tr.  10

bregar *to fight, brawl* tr./intr.  30

bregarse *to struggle* r.  30, 116

brillar *to shine* intr.  10

brincar *to skip, jump, bounce* tr./intr. 24

brindar *to toast, offer* tr./intr. (r.)  10

bromear *to joke, jest* intr. (r.)  10

broncear *to bronze, tan* tr. (r.)  10

brotar *to sprout, bud* intr.  10

brumar *to crash, oppress* tr.  10

bruñir *to polish, buff* tr.  198

bucear *to dive, swim under water* intr.  10

bufar *to snort, puff* intr. (r.)  10

bufonear *to jest, joke, act the buffoon* intr. (r.)  10

bullir *to boil, bustle, budge, bubble* tr./intr.  198

burbujear *to bubble* intr.  10

burlar *to mock, dodge, make fun* tr./intr.

burlarse *to ridicule, make fun* r.  116

buscar *to look for* tr.  24

cabalgar *to ride a horse* tr./intr.  30

cabecear *to nod, shake/toss the head* intr.  10

caber *to fit, have enough room* inttr. 25

caberse *to be contained, fit into* r. 25

cabrearse *to annoy, bother* tr./intr. (r.) 116

cacarear *to crow, cackle, brag, boast* tr./intr.  10

cachar *to break into pieces* tr.  10

caer *to fall* intr.  **26**

caerse *to fall down, tumble* r.  26

cagar *to defecate, soil, spoil* (vulg.) tr./intr. (r.)  30

calar *to soak, drench* tr./intr. (r.)  10

calaverear *to lead a wild/dissolute life* intr.  10

calcar *to trace, copy* tr.   24
calcular *to calculate* tr.   10
caldear *to heat up, warm* tr. (r.)   10
calentar *to warm, heat (up)* tr.   27
calentarse *to get warm, get angry, become excited* r.   27, 116
calificar *to assess, rate, rank* tr. (r.)   24
callar *to shut up, be silent* tr./intr.   10
callarse *to be/remain silent, keep quiet* r.   116
callejear *to be (always) in the streets* intr.   10
calmar *to calm, soothe, grow calm* tr./intr. (r.)   10
calumniar *to slander, defame* tr.   10
calzarse *to shoe, put on shoes* r.   31, 116
cambiar *to change* tr./intr. (r.)   118
camelar *to woo, use flattery to achieve something* tr.   10
caminar *to walk* tr./intr.   28
camochar *to trim, prune* tr.   10
camorrear *to quarrel* intr.   10
canalizar *to make channels, pipe* tr.   31
cancelar *to cancel, strike out* tr.   10
cancerar *to make cancerous, reprove* tr. (r.)   10
canchar *to toast, roast* tr./intr.   10
canchear *to clamber, shirk* intr.   10
candar *to lock* tr.   10
canecer *to grow grey hair, go grey* tr./intr.   47
canillar *to wind on a spool* tr.   10
canjear *to exchange* tr.   10
cansar *to be tired, get tired* tr.   10
cansarse *to get tired, become weary* r.   116
cantalear *to sing softly, hum* intr.   10
cantar *to sing, chant* tr./intr. (r.)   29
cantonear *to idle, wander about* intr.   10
capar *to castrate* tr.   10
capitular *to capitulate, surrender* tr./intr.   10
capotar *to turn over* inr.   10
captar *to win, capture* tr.   10
caracterizar *to characterize* tr. (r.)   31
carbonizar *to carbonize, char* tr. (r.)   31
carcajear *to laugh heartily, guffaw* intr. (r.)   10
carcomer *to gnaw, decay* tr. (r.)   39

carear *to confront, face* tr./intr. (r.)   10
carecer *to lack* intr.   54
cargar *to burden, load* tr./intr. (r.)   30
cargarse *to load, burden* r.   30, 116
carpintear *to work as a carpenter* intr.   10
carrasquear *to crackle, crunch* intr.   10
cartear *to write letters to one another, correspond* intr. (r.)   10
casar *to get married, marry* tr./intr. (r.)   10
casarse *to get married, marry* r.   116
cascar *to break, crack* tr./intr. (r.)   24
castigar *to punish* tr.   30
castrar *to castrate, dry, prune* tr. (r.)   10
catalogar *to list, catalogue* tr.   30
catar *to sample, taste* tr.   10
catear *to seek, search for* tr.   10
categorizar *to categorize* tr.   31
catonizar *to censure severely* intr.   31
caucionar *to bond, pledge, caution* tr.   10
causar *to cause* tr.   10
cautelar *to prevent, take precautions* tr. (r.)   10
cautivar *to capture, captivate* tr.   10
cavar *to dig, excavate* tr./intr.   10
cavilar *to ponder, meditate, reflect upon* tr./intr.   10
cayapear *to gang up on and attack* intr.   10
cazar *to hunt, chase, catch* tr.   31
cazoletear *to meddle* intr.   10
cebar *to fatten* tr./intr (r.)   10
ceder *to yield, surrender* tr./intr.   23
cegar *to blind, block* tr./intr. (r.)   32
cejar *to back up, withdraw* intr.   10
celar *to supervise, watch out for* tr./intr.   10
celebrar *to celebrate* tr./intr.   10
cellisquear *to sleet* intr.   10
cenar *to have supper* tr.   10
cencerrear *to jingle, clang* intr.   10
censar *to census, take a census of* tr.   10
censurar *to censure, criticize, judge* tr.   10
centellar *to sparkle, twinkle* intr.   10
centellear *to flicker, sparkle, shimmer* intr.   10

centrar *to centre* tr.   10
centuplicar *to increase hundredfold*
   tr. (r.)   24
ceñir *to gird* tr. (r.)   134
cepillar *to brush* tr. (r.)   10
cepillarse *to brush oneself, finish* r.
   116
cercar *to fence, enclose, lay siege* tr.
   24
cerner *to sift, bolt* tr./intr. (r.)   136
cernir *to sift* tr.   165
cerrar *to close, shut, lock* tr./intr. (r.)
   33
certificar *to certify, register (letters)*
   tr.   24
certificarse *to certify, attest* r.   24,
   116
cesar *to cease, stop* intr.   10
cicatrizar *to scar* tr./intr. (r.)   31
cifrar *to cipher, code* tr. (r.)   10
cimbrar *to bend, beat* tr./intr. (r.)
   10
cimentar *to cement* tr.   33
cincar *to galvanize* tr.   24
cincelar *to chisel, carve, engrave* tr.
   10
cinchar *to slog, work hard* tr./intr.
   10
circular *to move, circulate* tr./intr.
   10
circuncidar *to circumcise, trim* tr.
   10
circundar *to encircle* tr.   10
circunferir *to circumscribe, limit,
   confine* tr.   108
circunvalar *to surround, encircle* tr.
   10
circunvolar *to fly around,
   circumnavigate* tr.   199
ciscar *to soil, make dirty* tr. (r.)   24
citar *to make an appointment, quote*
   tr.   10
civilizar *to civilize, become civilized*
   tr. (r.)   31
cizañar *to create enmity* tr.   10
clamar *to cry out, implore* intr.   10
clamorear *to clamour, wail* tr./intr.
   10
clarear *to make clear, make lighter,
   dawn* tr./intr. (r.)   10
clasificar *to classify, sort out* tr. (r.)
   24
claudicar *to limp, give up* intr.   24
clausurar *to close, close up* tr.   10
clavar *to nail, fix* tr.   10
clisar *to stereotype* tr.   10

clocar (=cloquear) *to cluck, cackle*
   intr.   24
clorar *to chlorinate* tr.   10
coagular *to coagulate, curdle* tr. (r.)
   10
coartar *to limit, restrain* tr.   10
cobardear *to be a coward* tr.   10
cobijar *to cover, shelter* tr. (r.)   10
cobrar *to charge, get paid, collect* tr.
   (r.)   10
cocer *to boil, cook* tr./intr. (r.)   34
cocinar *to cook* tr./intr. (r.)   10
codear *to nudge* tr./intr. (r.)   10
coger *to take, pick up, catch* tr./intr.
   35
cogerse *to take* r.   35
coincidir *to coincide, agree* intr.   133
colar *to filter, strain* tr./intr. (r.)   36
colear *to wag, move* tr./intr. (r.)   10
colectar *to collect* tr.   10
colegir *to gather, collect, deduce* tr.
   84
colgar *to hang, hang up* tr./intr. (r.)
   37
colgarse *to hang up* r.   37, 116
colmar *to fill* tr. (r.)   10
colocar *to place, put* tr. (r.)   24
colocarse *to place, put* r.   24, 116
colonizar *to colonize* tr.   31
colorear *to give colour* tr./intr.   10
comediar *to average, divide equally*
   tr.   10
comedir *to govern, control* tr./intr. (r.)
   134
comedirse *to be moderate/controlled*
   r.   134
comentar *to comment, make
   comments* tr./intr.   10
comenzar *to start, begin* tr./intr.   38
comer *to eat/have lunch* tr./intr. (r.)
   39
comerciar *to trade, deal* intr.   10
cometer *to commit, entrust* tr.   23
comiscar *to nibble, peck at* tr.   24
comisionar *to commission* tr.   10
compadecer *to sympathize* tr.   47
compadecerse *to have pity* r.   47
compaginar *to arrange, fit* tr. (r.)
   10
comparar *to compare, check* tr.   10
comparecer *to appear, make an
   appearance* intr.   47
compartir *to share, divide* tr.   133
compeler *to compel* tr.   23
competir *to compete, contest* intr.
   40

**complacer** *to please* tr. (r.)   10
**completar** *to complete* tr.   10
**complicar** *to complicate* tr. (r.)   24
**componer** *to compose* tr. (r.)   139
**componerse** *to compose* r.   139
**comprar** *to buy, purchase* tr. (r.)   41
**comprender** *to understand* tr.   23
**comprimir** *to compress* tr.   133
**comprobar** *to check, confirm* tr.   42
**comprometer** *to compromise* tr.   23
**compungir** *to move to tears* tr. (r.)   84
**comunicar** *to communicate* tr. (r.)   10
**concebir** *to conceive, imagine* intr./tr.   43
**conceder** *to concede, admit, grant* tr.   23
**concentrar** *to concentrate* tr. (r.)   10
**concernir** *to concern* tr./intr.   108
**concernirse** *to concern, relate to* r.   108
**concertar** *to arrange, agree* tr./intr.   44
**concertarse** *to concert* r.   44, 116
**conciliar** *to conciliate, reconcile* tr. (r.)   10
**concluir** *to conclude* tr./intr. (r.)   110
**concordar** *to agree* tr./intr. (r.)   2
**concretar** *to sum up, make concrete* tr. (r.)   10
**conculcar** *to trample, infringe* tr.   24
**concurrir** *to meet, assemble* intr.   133
**concursar** *to participate in a contest, take part; declare bankrupt* tr./intr.   10
**condecir** *to harmonize, fit, match* intr.   57
**condecorar** *to decorate, bestow* tr.   10
**condenar** *to condemn, sentence* tr. (r.)   10
**condensar** *to condense, compress* tr. (r.)   10
**condescender** *to condescend* intr.   66
**condicionar** *to condition, agree* tr./intr.   10
**condimentar** *to season, flavour* tr.   10
**condolerse** *to condole* r.   81
**condonar** *to condone, pardon, excuse* tr.   10
**conducir** *to drive, conduct, lead* tr./intr.   45

**conducirse** *to drive, conduct, lead* r.   45
**conectar** *to connect, plug in* tr.   10
**confabular** *to discuss, confer* intr. (r.)   10
**confeccionar** *to make, maufacture, prepare* tr.   10
**conferir** *to confer* tr./intr.   108
**confesar** *to confess, admit* tr. (r.)   46
**confiar** *to trust* tr./intr. (r.)   10
**confinar** *to confine, adjoin, seclude* tr./intr. (r.)   10
**confirmar** *to confirm* tr.   10
**confirmarse** *to confirm, verify* r.   116
**confiscar** *to confiscate* tr.   24
**confitar** *to coat with sugar* tr.   10
**conformar** *to conform* tr. (r.)   10
**conformarse (con)** *to put up with, resign* r.   10
**confortar** *to comfort* tr.   10
**confrontar** *to confront, border* tr./intr. (r.)   10
**confundir** *to confound, mix up, muddle up* tr. (r.)   133
**congelar** *to freeze, get/become frozen* tr. (r.)   10
**congeniar** *to be compatible* intr.   10
**conglomerar** *to conglomerate* tr. (r.)   10
**congraciar** *to adulate, flatter* tr. (r.)   10
**congratular** *to congratulate* tr. (r.)   10
**congregar** *to assemble, congregate* tr. (r.)   10
**conjugar** *to conjugate* tr.   115
**conjurar** *to swear, entreat* tr./intr. (r.)   10
**conmemorar** *to commemorate* tr.   10
**conmover** *to excite emotion* tr. (r.)   128
**conocer** *to know, be acquainted with* tr./intr. (r.)   47
**conocerse** *to know oneself* r.   47
**conseguir** *to achieve, get; manage to* tr.   48
**conseguirse** *to achieve, attain, get, obtain* r.   48
**consentir** *to consent, allow* tr./intr. (r.)   49
**conservar** *to preserve* tr. (r.)   10
**considerar** *to consider, examine, think over* tr. (r.)   10
**consignar** *to write in, consign, deposit* tr.   10

consistir *to consist, be composed of* intr.   133

consolar *to console* tr. (r.)   2

consonar *to harmonize* intr.   2

constar *to be clear, consist, be composed* intr.   10

constatar *to verify, prove* tr.   10

constipar *to give a cold, catch a cold* tr. (r.)   10

constituir *to constitute, make up* tr. (r.)   110

constreñir *to constrain* tr.   134

construir *to construct* tr. (r.)   110

consultar *to ask for advice* tr./intr.   10

consumar *to consummate* tr.   10

consumir *to consume* tr. (r.)   133

contactar *to contact* tr.   10

contagiar *to infect, transmit* tr.   10

contar *to count, tell, narrate*   50

contender *to contend, compete* intr. (r.)   136

contener *to contain, hold* tr.   179

contenerse *to restrain oneself* r.   179

contentar *to please, gratify* tr. (r.)   10

contestar *to reply, answer* tr./intr. (r.)   10

continuar *to continue, proceed* tr./intr.   168

contradecir *to contradict* tr. (r.)   57

contraer *to contract* tr. (r.)   188

contrahacer *to imitate, copy* tr. (r.)   106

contramarcar *to countermark* tr.   24

contraponer *to compare, contrast* tr. (r.)   139

contratar *to contrast, engage, hire* tr.   10

contravenir *to contravene, violate* tr.   194

contribuir *to contribute* tr./intr.   110

controlar *to monitor, control, check* tr.   10

controvertir *to argue* tr./intr.   108

contundir *to bruise* tr. (r.)   133

convalecer *to convalesce, recover* intr.   47

convencer *to convince* tr. (r.)   192

convenir *to agree, be convenient* intr. (r.)   194

conversar *to converse, have a conversation* intr.   10

convertir *to convert, change* tr. (r.)   51

convidar *to invite* tr.   10

convocar *to call together, summon* tr.   24

convocarse *to convoke, call, summon* r.   24, 116

coordinar *to coordinate* tr.   10

copiar *to copy* tr.   10

coquetear *to flirt* tr.   10

coronar *to crown* tr. (r.)   10

corregir *to correct, put right* tr.   52

corregirse *to correct oneself* r.   52

correr *to run, race, flow* tr./intr. (r.)   23

correrse *to run, hurry, move, come* r.   23

corresponder *to correspond* intr. (r.)   23

corretar *to run around, chase* tr./intr.   10

corroer *to erode, corrode* tr. (r.)   23

corromper *to corrupt* tr./intr. (r.)   23

cortar *to cut, cut off, cut out (eliminate)* tr./intr.   10

cortarse *to cut oneself* r.   116

cosechar *to harvest* tr./intr.   10

coser *to sew* tr./intr.   23

cosquillear *to tickle* tr.   10

costar *to cost, be difficult* intr.   53

costear *to pay for* tr. (r.)   10

cotejar *to tally, check* tr.   10

cotizar *to quote, contribute* tr.   31

cotorrear *to chatter, prattle* tr.   10

crear *to create, establish* tr.   10

crecer *to grow, increase* intr.   54

creer *to believe* tr./intr. (r.)   117

criar *to breed, bring up, rear* tr.   10

cribar *to sieve, bolt* tr.   10

crispar *to put on edge, twitch* tr. (r.)   10

criticar *to criticize* tr.   24

croar *to croak* tr.   10

cruzar *to cross* tr.   31

cruzarse *to cross* (r.)   31, 116

cubrir *to cover* (past participle: cubierto) tr. (r.)   133

cubrirse *to cover oneself* (past participle: cubierto) r.   133

cucar *to wink, mock* tr./intr.   24

cuidar *to care for* tr./intr. (r.)   10

cuidarse *to take care of oneself* r.   116

culpar *to blame, accuse* tr. (r.)   10

cultivar *to grow, cultivate* tr.   10

cumplir *to fulfil, keep, reach (years)* tr./intr. (r.)   133

curar *to cure* tr./intr. (r.)   10

curtir *to tan, harden* tr. (r.)   133

**curvar** *to curve, bend* tr. (r.) 10
**custodiar** *to guard, take care of* tr. 10
**chafar** *to crease, crumple* tr. (r.) 10
**chafarse** *to flatten* r. 116
**chamuscar** *to singe, scorch* tr. (r.) 24
**chapar** *to cover, plate* tr. 10
**chaparrear** *to rain heavily, pour* intr. 10
**chapucear** *to botch, bungle* tr. 10
**chapuzar** *to duck, dip under water* tr./intr. (r.) 31
**charlar** *to chat, prattle* intr. 10
**chascar** *to click, crack, crunch* tr./intr. 24
**chasquear** *to play a practical joke, crackle* tr./intr. (r.) 10
**chequear** *to check, inspect* tr. 10
**chiflar** *to whistle, jeer, trim* intr./tr. (r.) 10
**chillar** *to scream, shriek* intr. 10
**chinchar** *to annoy, irritate* tr. 10
**chingar** *to drink; annoy, bother* tr. (r.) 30
**chirriar** *to squeak, sizzle, creak, spatter* intr. 10
**chismear** *to gossip* intr. 10
**chispear** *to throw sparks, sparkle* tr. 10
**chistar** *to mumble, mutter* intr. 10
**chocar** *to collide, clash* tr./intr. 24
**chochear** *to be doddering* intr. 10
**chorrear** *to gush, spurt, jet* intr. 10
**chuchear** *to whisper* intr. 10
**chupar** *to lick, suck* tr./intr. (r.) 10
**churruscar** *to burn* tr. (r.) 24

**danzar** *to dance* tr./intr. 31
**dañar** *to damage* tr. 10
**dañarse** *to get damaged/hurt* r. 116
**dar** *to give* tr. (r.) 55
**debatir** *to debate* tr. 133
**deber** *to owe, must, ought to* tr. (r.) 56
**decaer** *to decay, weaken* intr. 26
**decentar** *to cut into* tr. (r.) 33
**decepcionar** *to disappoint* tr. 10
**decidir** *to decide, determine* tr./intr. (r.) 133
**decir** *to say, tell* tr. (r.) 57
**declamar** *to recite, declaim* tr./intr. 10
**declarar** *to state, declare, admit* tr./intr. (r.) 10
**declinar** *to decline, refuse, decay* tr./intr. 10

**decorar** *to decorate* tr. 10
**decretar** *to decree, give judgement on* tr. 10
**dedicar** *to dedicate, address* tr. 24
**dedicarse** *to devote oneself* r. 24, 116
**deducir** *to deduce* tr. 45
**defecar** *to defecate* tr./intr. 24
**defender** *to defend* tr. 58
**defenderse** *to defend* r. 58
**defenecer** *to close* tr. 47
**deferir** *to defer, delegate* tr./intr. 59
**deferirse** *to pay deference* r. 59
**definir** *to define, clarify* tr. 133
**deflagrar** *to burn with sudden and sparkling combustion* intr. 30
**deformar** *to deform, become deformed* tr. (r.) 10
**defraudar** *to defraud, cheat, disappoint* tr. 10
**degenerar** *to degenerate* intr. 10
**deglutir** *to swallow* tr./intr. 133
**degollar** *to behead* tr. 2
**degradar** *to demote, degrade* tr. (r.) 10
**degustar** *to taste, sample* tr. 10
**dejar** *to allow, let, leave* tr. (r.) 186
**dejarse** *to let, allow, leave, permit* r. 116
**delatar** *to denounce, accuse* tr. 10
**delegar** *to delegate* tr. 30
**deleitar** *to delight, please* tr. (r.) 10
**deletrear** *to spell, decipher* tr. 10
**deliberar** *to deliberate, ponder, consider* tr./intr. 10
**delinquir** *to break the law, offend* intr. 60
**delirar** *to be delirious, rave* intr. 10
**demacrar** *to emaciate, waste away* tr. (r.) 10
**demandar** *to sue, crave, demand* tr. 10
**demarcar** *to delimit, mark* tr. 24
**demediar** *to divide in halves* tr. (r.) 10
**demoler** *to demolish, pull down* tr. 61
**demorar** *to delay, remain* tr./intr (r.) 10
**demostrar** *to prove, demonstrate* tr. 62
**demostrarse** *to demonstrate, prove* r. 62, 116
**demudar** *to change, alter, disguise* tr. (r.) 10
**denegar** *to deny, refuse* tr. 130

**denigrar** *to slander, defame* tr.   10
**denominar** *to denominate, designate* tr.   10
**denostar** *to revile, insult* tr.   62
**denotar** *to denote, indicate* tr.   10
**densar** *to condense* tr.   10
**dentar** *to indent; cut teeth* tr./intr.   63
**denunciar** *to denounce, accuse* tr. (r.)   10
**departir** *to converse* intr.   133
**depender** *to depend* intr.   23
**depilar** *to remove hair* tr. (r.)   10
**deponer** *to depose, lay aside, vomit* tr./intr.   139
**deportar** *to deport, exile* tr.   10
**depositar** *to store, place* tr. (r.)   10
**depreciar** *to depreciate* tr.   10
**deprimir** *to depress, humiliate* tr. (r.)   133
**depurar** *to purify* tr. (r.)   10
**derivar** *to derive* tr./intr. (r.)   10
**derogar** *to ablish, derogate* tr.   159
**derramar** *to spill* tr. (r.)   10
**derrengar** *to strain, sprain* tr. (r.)   30, 33
**derretir** *to melt, thaw* tr. (r.)   64
**derribar** *to demolish, knock down, throw down* tr.   10
**derribarse** *to fall down, overthrow* tr.   116
**derrocar** *to hurtle, cast, overthrow* tr. (r.)   24
**derrochar** *to waste, squander* tr.   10
**derrotar** *to defeat* tr. (r.)   10
**derrumbar** *to demolish, tear down* tr. (r.)   10
**derrumbarse** *to demolish* r.   116
**desabrigar** *to uncover* tr. (r.)   10
**desabrochar** *to unfasten* tr. (r.)   10
**desacertar** *to err* intr.   1
**desacordar** *to be in discord* tr. (r.)   2
**desaferrar** *to unfasten* tr. (r.)   33
**desafinar** *to be/play out of tune* intr. (r.)   10
**desaforar** *to encroach* tr. (r.)   2
**desagradecer** *to be ungrateful* tr.   47
**desaguar** *to drain, dissipate* tr./intr. (r.)   12
**desahogar** *to comfort, alleviate* tr. (r.)   10
**desairar** *to rebuff, upset, disregard* tr.   10
**desalentar** *to discourage, make breathless* tr. (r.)   65
**desaliñar** *to disarrange, make untidy* tr. (r.)   10
**desalmar** *to weaken* tr. (r.)   10
**desalojar** *to move out, vacate* tr./intr.   10
**desamoblar** *to unfurnish* tr.   2
**desandar** *to go back, retrace* tr.   11
**desanimar** *to discourage* tr. (r.)   10
**desaparecer** *to disappear, make disappear* tr./intr.   47
**desapretar** *to loosen* tr. (r.)   33
**desaprobar** *to disapprove of, condemn* tr.   15
**desarbolar** *to strip, clear trees* tr.   10
**desarmar** *to disarm* tr. (r.)   10
**desarrendarse** *to shake off the bridle* r.   17, 116
**desarrollar** *to develop* tr. (r.)   10
**desasentar** *not to suit, move* tr./intr. (r.)   33
**desasir** *to let go, get loose, disengage* tr. (r.)   20
**desasosegar** *to disturb* tr.   30, 33
**desatender** *to disregard* tr.   178
**desatentar** *to perturb* tr. (r.)   180
**desavenir** *to bring discord, disagree* tr. (r.)   194
**desaviar** *to deprive, mislead* tr. (r.)   10
**desayunar** *to have breakfast* intr. (r.)   10
**desayunarse** *to breakfast, have breakfast* r.   116
**desazonar** *to make tasteless* tr. (r.)   171
**desbaratar** *to wreck, ruin* tr./intr (r.)   10
**desbordar** *to overflow* intr. (r.)   10
**descalzarse** *to take off one's shoes* r.   31, 116
**descansar** *to rest, get rest* tr./intr. (r.)   10
**descararse** *to behave inpudently* r.   116
**descargar** *to unload, free* tr./intr. (r.)   30
**descarriar** *to misguide, lead astray* tr. (r.)   10
**descender** *to descend, go down* tr./intr.   66
**descerrajar** *to remove, fire* tr.   10
**descogollar** *to strip, remove the core (from vegetables)* tr.   10
**descolgar** *to take down, unhook* tr. (r.)   67
**descollar** *to protrude* intr. (r.)   2
**descomedir** *to be rude* intr.   134

descomer *to defecate* intr. 23

descomponer *to disarrange, disturb* tr. 139

descomponerse *to decompose* r. 139

desconcertar *to disconcert* tr. 68

desconcertarse *to disconcert, disarrange* r. 68, 116

desconectar *to switch off, disconnect* tr. (r.) 10

desconfiar *to distrust, doubt, suspect* intr. 10

desconocer *to be ignorant, not to know* tr. (r.) 47

desconsentir *to dissent* tr. 165

desconsolar *to discourage* tr. (r.) 2

descontar *to discount, take away* tr. 69

descontarse *to discount, deduct* r. 69, 116

descontinuar *to discontinue* tr. 10

desconvenir *to disagree, not to fit* intr. (r.) 194

descornarse *to dehorn, rack one's brains* r. 2, 116

describir *to delineate, describe* tr. 98

describirse *to describe, sketch* r. 98

descubrir *to discover* (past participle: descubierto) tr. (r.) 133

descuidar *to neglect* tr./intr. 10

descuidarse *to neglect, not to bother* r. 116

desdecir *to degenerate, retract* intr. (r.) 57

desdentar *to pull teeth* tr. 63

desdentarse *to extract teeth, break ones's teeth* r. 63, 116

desdeñar *to disdain, scorn* tr. (r.) 10

desear *to desire, wish, want* tr. (r.) 10

desecar *to dessicate* tr. (r.) 24

desechar *to reject* tr. 83

desembarcar *to disembark, go ashore* tr./intr. (r.) 24

desembragar *to declutch, disengage gears* tr. 30

desempedrar *to unpave* tr. 33

desempedrarse *to remove stone; rush along* r. 33, 116

desempeñar *to take out of pawn, discharge, play, perform, play a part in* tr. (r.) 10

desencajar *to take apart* tr. (r.) 10

desencantar *to disenchant, disillusion* tr. (r.) 29

desencerrar *to let loose* tr. 33

desencordar *to disentangle* tr. 2

desenfadar *to make up, soothe, calm down* tr. (r.) 10

desengrosar *to make thinner* tr./intr. 2

desenredar *to disentangle* tr. (r.) 10

desentablar *to break up* tr. 10

desentender *to ignore* tr. 91

desentenderse *to pay no attention to* r. 92

desenterrar *to exhume, dig up* tr. 93

desentonar *to be out of tune, not to fit, humble* tr./intr. (r.) 10

desenvolver *to unroll, unwrap* tr. (r.) 95

desertar *to desert* tr. (r.) 10

deservir *to be disobliging* tr. 134

desesperar *to despair* tr./intr. (r.) 10

desfallecer *to weaken, become weak* tr./intr. 47

desferrar *to free from irons* tr. 33

desflocar *to unravel* tr. (r.) 2

desfogar *to make a vent to allow fire to escape* tr./intr. (r.) 2

desfogarse *to get in a passion* r. 2, 116

desgajar *to rip, tear off* tr. (r.) 10

desganar *to dissuade* tr. (r.) 10

desganarse *to lose one's appetite, be bored* r. 116

desgarrar *to split, rip, tear* tr. (r.) 10

desgastar *to wear out* tr. (r.) 10

desgobernar *to misgovern* tr. (r.) 103

desgraciar *to deprive, make ungraceful* tr. 10

desguarnecer *to remove, disarm* tr. 47

deshacer *to destroy, take apart, undo* tr. (r.) 106

deshechar *to destroy, waste* tr. 83

deshelar *to thaw* tr. (r.) 107

desherbar *to remove weeds* tr. 33

desherrar *to unshoe horses* tr. (r.) 33

deshonrar *to dishonour* tr. 10

designar *to designate, appoint* tr. 10

desinflar *to deflate* tr. (r.) 10

desinteresarse *to disinterest* r. 116

desleír *to dilute, dissolve* tr. (r.) 150

deslendrar *to clean the hair* tr. 33

desliar *to untie* tr. (r.) 94

desligar *to untie, undo* tr. (r.) 30

deslizar *to slide* tr. (r.) 31

deslucir *to tarnish* tr. (r.) 45
deslumbrar *to dazzle, blind* tr. (r.) 10
desmandar *to stray* tr. (r.) 10
desmatar *to clear shrubs/plants* tr. 10
desmayar *to faint, dismay, lose heart* tr./intr. (r.) 10
desmejorar *to deteriorate, get worse* tr./intr. (r.) 10
desmelar *to harvest honey* tr. 33
desmembrar *to dismember* tr. (r.) 33
desmentir *to deny, refute* tr./intr. 123
desmenuzar *to crumble, break into pieces* tr. 31
desmerecer *to be unworthy, deteriorate* tr./intr. 47
desmigajar *to crumble* tr. (r.) 10
desmochar *to top, cut, cut off the top* tr. 10
desmoler *to digest, wear out* tr. 125
desmoronar *to fall to pieces* tr. (r.) 10
desnatar *to skim* tr. 10
desnevar *to remove snow, thaw* intr. 33
desnucar *to break the neck* tr. (r.) 182
desnudar *to undress, strip* tr. 10
desnudarse *to get undressed* r. 116
desobedecer *to disobey* tr. 47
desocupar *to vacate, clear* tr. (r.) 10
desoír *to ignore, be deaf to* tr. 131
desolar *to desolate, destroy* tr. (r.) 2
desollar *to flay, skin* tr. 2
desordenar *to disarrange, disorder* tr (r.) 10
desorganizar *to disorganize* tr. (r.) 31
desosar *to remove bones* tr. 2
desovar *to spawn* intr. (r.) 2
despabilar *to liven up, sharpen* tr. (r.) 10
despachar *to finish, send, hurry* tr./intr. (r.) 10
despachurrar *to squash, crush, smash* tr. 10
despampanar *to prune, let off steam* tr./intr. (r.) 10
desparramar *to scatter, sprinkle* tr. (r.) 10
despavorir *to be aghast* intr. (r.) 133
despechar *to spite* tr. (r.) 10
despedazar *to shred, tear to pieces* tr.

(r.) 31
despedir *to dismiss, see off* tr. (r.) 70
despedirse *to take leave, say goodbye* r. 70
despedrar *to clear, remove rubble* tr. 33
despegar *to unglue, take off* tr./intr. 30
despegarse *to unstick, unglue, detach* r. 30, 116
despeinarse *to dishevel, to let one's hair down* r. 116
desperdiciar *to waste, miss* tr. 10
desperezarse *to stretch oneself* r. 31, 116
despernar *to cut off a leg* tr. (r.) 33
despertar *to awake, waken* tr. 71
despertarse *to wake up* r. 71, 116
despilfarrar *to waste, squander* tr. (r.) 10
despistar *to mislead* tr. (r.) 10
desplacer *to displease, annoy* tr. 54
desplazar *to displace* tr. 31
desplegar *to unfold, spread* tr. (r.) 72
despoblar *to depopulate* tr. (r.) 137
despojar *to strip off* tr. (r.) 10
despreciar *to despise, scorn* tr. 10
desprender *to detach* tr. (r.) 23
desquiciar *to disjoint, deprive* tr. (r.) 10
destacar *to stand out, emphasize* tr./intr. (r.) 24
destellar *to twinkle, sparkle* intr. 10
destemplar *to disturb, lose control* tr. (r.) 10
destentar *to free from temptation* tr. 33
desteñir *to lose colour* tr./intr. (r.) 181
desterrar *to exile, banish* tr. 73
destinar *to destine* tr. 10
destituir *to discharge, dismiss* tr. 110
destorcer *to untwist* tr. (r.) 184
destrocar *to re-exchange* tr. 182
destruir *to destroy, ruin* tr. (r.) 74
destruirse *to destroy, cancel* r. 74
desusar *to disuse, go out of use* tr. (r.) 10
desvalijar *to rob, swindle* tr. 10
desvanecer *to make vanish, disappear* tr. 47
desvanecerse *to vanish, disappear* r. 47

desventar *to let out air* tr.   33

desvergonzarse *to be impudent* r.   2,
   31, 116

desvestirse *to undress oneself* r.   133

desviar *to divert, lead away* tr. (r.)
   10

desvivirse *to be very eager* r.   198

detallar *to itemize, detail* tr.   10

detener *to stop, detain* tr (r.)   179

detenerse *to stop oneself* r.   179

determinar *to determine* tr. (r.)   10

devengar *to produce (interest)* tr.
   30

devenir *to happen, become* intr.
   194

devolver *to return, give back* tr. (r.)
   75

devolverse *to restore, give back* r.
   75

devorar *to devour* tr. (r.)   10

dezmar *to diminish* tr.   33

dialogar *to converse, speak*   30

dibujar *to sketch, draw* tr.   118

dictar *to dictate, prescribe* tr.   10

difamar *to defame, discredit* tr.   10

diferenciar *to distinguish,
   differentiate* tr./intr. (r.)   10

diferir *to postpone, differ* tr./intr.
   76

dificultar *to impede, hinder, consider
   unlikely* tr./intr.   10

difundir *to difuse, spread* tr. (r.)
   133

digerir *to digest, absorb* tr. (r.)   77

dignarse *to condescend* r.   116

diluviar *to pour with rain, flood* intr.
   (imp.)   10

dirigir *to direct* tr. (r.)   52

discernir *to discern* tr.   108

disciplinar *to discipline, control* tr.
   (r.)   10

discordar *to discord* intr.   2

disculpar *to apologize, excuse* tr. (r.)
   10

disculparse *to apologize, excuse
   oneself* r.   10

discurrir *to reflect, ponder, devise*
   tr./intr.   133

discutir *to discuss, argue* tr./intr.   133

disentir *to dissent, differ* intr.   165

diseñar *to design, outline* tr. (r.)   10

disertar *to discuss, expound* intr.
   10

disfrutar *to enjoy, make use of*
   tr./intr.   10

disgregar *to break up* tr. (r.)   30

disgustar *to annoy* tr. (r.)   10

disgustarse *to get annoyed* r.   116

disimular *to pretend, dissemble*
   tr./intr.   10

disminuir *to diminish* tr./intr. (r.)
   110

disolver *to dissolve, melt, break up* tr.
   (r.)   78

disonar *to be dissonant* intr.   171

disparar *to shoot* tr. (r.)   10

disparatar *to talk nonsense* intr.   10

dispensar *to dispense, distribute,
   excuse, exempt* tr.   10

dispensarse *to excuse, dispense,
   exempt* r.   116

dispersar *to disperse* tr.   10

disponer *to dispose, make use of*
   tr./intr. (r.)   139

disputar *to dispute, argue* tr./intr. (r.)
   10

distanciar *to distance* tr. (r.)   10

distinguir *to distinguish* tr. (r.)   **79**

distraer *to distract* tr. (r.)   188

distribuir *to distribute, allocate* tr. (r.)
   110

divertir *to amuse, distract; divert* tr.
   (r.)   80

divertirse *to enjoy oneself* r.   80

dividir *to divide* tr. (r.)   133

divorciar *to divorce* tr.   10

divorciarse *to get divorced* r.   116

doblar *to fold, double, turn* tr./intr.
   (r.)   10

documentar *to inform, prove with
   documents* tr. (r.)   10

dolar *to plane, cut* tr.   2

doler *to ache, hurt, mourn* intr.   **81**

dolerse *to grieve* r.   81

domar *to tame, control* tr.   10

dominar *to dominate, rule, stand out*
   tr./intr. (r.)   10

donar *to donate* tr. (r.)   10

dorar *to cover with gold, fry golden
   brown* tr. (r.)   10

dormir *to sleep, put to sleep* tr./intr.
   82

dormirse *to fall asleep* r.   82

dormitar *to doze, be drowsy* intr. (r.)
   10

duchar *to shower, take a shower* tr.
   10

ducharse *to have a shower* r.   116

dudar *to doubt, hesitate* tr./intr.   10

dulcificar *to sweeten, soothe* tr. (r.)
   24

durar *to last, endure* intr.   10

echar *to throw, pour; throw out* tr./intr. (r.)  83

echarse a *to start doing something* r. 83, 116

economizar *to economize, save* tr. 31

edificar *to construct, buiild* tr.  24

editar *to publish* tr.  10

educar *to instruct, teach, bring up* tr. 24

efectuar *to carry out* tr. (r.)  10

ejecutar *to execute, perform, carry out* tr. (r.)  10

ejercer *to practise (a profession), exercise* tr./intr.  192

ejercitar *to drill, train, exercise* tr. (r.) 10

elaborar *to manufacture, make* tr. 10

elegir *to select, choose* tr. (r.)  84

elevar *to elevate, raise* tr. (r.)  10

eliminar *to eliminate* tr.  10

elogiar *to praise* tr.  10

embaír *to deceive, mislead, impose on* tr.  133

embalar *to pack* tr./intr.  10

embarazar *to hamper; make pregnant* tr. (r.)  31

embarcar *to board, go on board* tr. (r.)  24

embargar *to impede, obstruct* tr.  30

embarrar *to splash with mud* tr. (r.) 10

embaucar *to deceive, cheat* tr.  24

embeber *to soak in, soak up, shrink* tr./intr. (r.)  23

embelesar *to fascinate, captivate* tr. (r.)  10

embellecer *to beautify, embellish* tr. (r.)  47

embestir *to assail* tr./intr.  134

embobar *to stupefy, fascinate* tr. (r.) 10

embobecer *to make foolish* tr. (r.) 47

emborrachar *to intoxicate, get drunk* tr. (r.)  10

emborronar *to scribble* tr.  10

embravecer *to infuriate, enrage, become furious* tr./intr.  47

embrollar *to mix up, muddle* tr. (r.) 10

embromar *to tease, loiter* tr./intr. (r.) 10

embrutecer *to brutalize, become brutal* tr. (r.)  47

embustear *to lie, fib* intr.  10

emitir *to emit* tr. (r.)  133

emocionar *to move, touch* tr. (r.) 10

empachar *to give/get indigestion* tr. (r.)  10

empalmar *to join, couple* tr./intr. (r.) 10

empañar *to mist, blur* tr.  10

empapar *to soak* tr. (r.)  10

emparejar *to match, paair off* tr./intr. (r.)  10

emparentar *to become related by marriage* intr.  33

empedernir *to become petrified, harden* tr. (r.)  133

empedrar *to pave* tr.  33

empeller (=empellar) *to push, shove* tr.  23

empeñar *to pawn, pledge* tr. (r.)  10

empequeñecer *to make smaller, reduce, diminish* tr. (r.)  47

empezar *to begin, start* tr./intr. (r.) 85

empezarse *to begin, start* r.  85, 116

emplear *to employ, use* tr. (r.)  10

emplumecer *to fledge, grow feathers* intr.  47

empobrecer *to impoverish, become poorer* tr./intr. (r.)  47

emporcar *to soil, stain* tr. (r.)  2., 24

emprender *to undertake* tr.  23

empujar *to push, shove* tr.  10

enaltecer *to extol, praise* tr.  47

enamorar *to inspire love in, fall in love, flirt* tr. (r.)  10

enardecer *to kindle, get worked up* tr. (r.)  47

encabezar *to lead, register, bestow the title* tr. (r.)  31

encabronar *to enrage* tr.  10

encajar *to fit in* tr. (r.)  10

encallecer *to harden, become hardened* intr.  47

encalvecer *to become bald* intr.  47

encanecer *to grow grey, become grey* tr./intr. (r.)  47

encantar *to enchant* tr. (r.)  10

encañar *to channel; form stalks* tr./intr.  10

encarar *to face* tr./intr. (r.)  10

encarecer *to raise, praise* tr. (r.)  47

encargar *to entrust, ask for in advance* tr. (r.)  30

encargarse (de) *to take charge of* r. 30, 116

encender *to light, turn on* tr. (r.)  86
encensar *to perfume*  33
encerrar *to shut in, lock up* tr. (r.)
   87
enchapar *to veneer, plate* tr.  10
enchufar *to connect, plug in* tr. (r.)  10
enclocar *to cluck* intr. (r.)  2, 24
encobar *to brood, sit on eggs* intr.  2
encoger *to shrink* tr./intr. (r.)  35
encojar *to lame, cripple* tr. (r.)  10
encomendar *to entrust, commend*
   tr./intr. (r.)  88
encontrar *to find, meet* tr./intr.  89
encontrarse *to come across/upon,
   meet* r.  89, 116
encorar *to cover with leather* tr./intr.
   (r.)  2
encorarse *to heal* intr. (r.)  2, 116
encordar *to string instruments* tr.  2
encorvar *to curve, bend* tr. (r.)  10
encostrar *to coat, form a crust* tr./intr.
   (r.)  10
encovar *to put in a cellar* tr. (r.)  2
encrespar *to curl, enrage* tr. (r.)  10
encrudecer *to make rough/raw,
   irritate* tr.  54
encruelecer *to incite to cruelty* tr.  47
encubertar *to cover* tr. (r.)  63
encubrir *to conceal* (past participle:
   encubierto) tr.  133
endentar *to enrage* tr.  63
endentecer *to teethe, cut teeth* intr.
   47
enderezar *to straighten, make
   straight* tr./intr. (r.)  31
endeudarse *to get into debt* r.  116
endorsar *to endorse* tr.  10
endulzar *to sweeten* tr. (r.)  31
endurecer *to harden, become hard*
   tr./intr. (r.)  47
enemistar *to make enemies* tr. (r.)  10
enfadar *to anger, irritate* tr. (r.)  10
enfadarse *to become angry* r.  116
enfermar *to make sick, become ill*
   tr./intr. (r.)  10
enflaquecer *to make/become thin*
   tr./intr.  47
enfocar *to focus* tr.  24
enfrascar *to bottle up, put into
   bottles* tr.  24
enfrascarse *to become entangled,
   become involved* r.  24, 116
enfrentar *to face, confront* tr./intr. (r.)
   10
enfrentarse *to face, confront* r.  116
enfriar *to cool, chill* tr./intr. (r.)  94

enfriarse *to get cold* r.  94, 116
enfurecer *to infuriate, make furious*
   tr.  47
enfurecerse *to become furious* r.  47
engaitar *to trick, deceive* tr.  10
engañar *to deceive, mislead* tr.  10
engañarse *to lie to oneself* r.  116
engatusar *to inveigle, swindle, take
   in, beguile* tr.  10
engendrar *to beget, engender* tr. (r.)
   10
engomar *to glue, gum* tr.  10
engorar *to confuse* tr./intr. (r.)  2
engordar *to put on weight, fatten,
   become fat* tr./intr. (r.)  10
engorrar *to irritate, bother, annoy* tr.
   (r.)  10
engrandecer *to enlarge, increase* tr.
   (r.)  47
engrasar *to grease, oil* tr. (r.)  10
engreír *to make vain or conceited* tr.
   150
engreírse *to become haughty* r.  150
engrosar *to make thick, put on
   weight* tr./intr. (r.)  2
engullir *to gulp down, bolt, gobble* tr.
   198
enhestar *to hoist, rise up* tr.  33
enhestarse *to set upright* r.  33, 116
enjabonar *to soap, wash with soap* tr.
   10
enjalbegar *to whitewash* tr. (r.)  30
enjambrar *to swarm, multiply* tr./intr.
   10
enjaular *to put in a cage, confine* tr.
   10
enjuagar *to rinse* tr. (r.)  30
enjugar *to dry, wipe* tr. (r.)  115
enjuiciar *to examine, judge a case* tr.
   10
enlazar *to join, connect* tr. (r.)  31
enloquecer *to drive insane, go mad*
   tr./intr. (r.)  47
enlucir *to plaster, polish* tr.  187
enmelar *to smear with honey* tr./intr.
   33
enmendar *to correct, compensate* tr.
   (r.)  90
enmohecer *to make mouldy, mildrew,
   go rusty* tr.  47
enmudecer *to silence, hush, become
   speechless* tr./intr. (r.)  47
ennegrecer *to blacken, turn black* tr.
   47
ennoblecer *to ennoble, embellish* tr.
   47

ennoblecerse *to become noble* r.   47

enojar *to annoy, irritate, vex* tr. (r.)   10

enojarse *to become angry* r.   116

enorgullecer *to make proud, become proud* tr. (r.)   47

enrabiar *to anger* tr. (r.)   10

enrarecer *to thin out, become scarce* tr./intr.   47

enredar *to entangle, cause trouble/mischief* tr./intr. (r.)   10

enripiar *to fill with gravel* tr.   10

enriquecer *to enrich, get rich* tr./intr. (r.)   47

enrodar *to wheel* tr.   2

enrojecer *to make red, blush* tr./intr. (r.)   47

enronquecer *to make/become hoarse* tr. (r.)   47

enroscar *to curl, twist* tr. (r.)   24

ensacar *to bag* tr.   24

ensalzar *to glorify, praise* tr. (r.)   31

ensanchar *to widen* tr./intr. (r.)   10

ensangrentar *to stain with blood* tr. (r.)   33

ensartar *to string, thread* tr. (r.)   10

ensayar *to practise, rehearse, test* tr. (r.)   10

enseñar *to teach, point out, show* tr. (r.)   10

ensillar *to saddle* tr.   10

ensolver *to include, reduce* tr.   200

ensorbecer *to make arrogant/proud* tr. (r.)   47

ensordecer *to deafen, become deaf* tr./intr. (r.)   47

ensuciar *to dirty, stain, soil* tr./intr. (r.)   10

entablar *to start, board* tr. (r.)   10

entallecer *to grow shoots* tr.   47

entender *to understand* tr./intr. (r.)   **91**

entenderse *to be understood* r.   **92**

enterar *to inform* tr. (r.)   10

enterarse *to find out* r.   116

enternecer *to make tender, move, touch* tr. (r.)   47

enterrar *to bury* tr. (r.)   **93**

entonar *to intone, sing in tune, put on airs* tr. (r.)   10

entontar *to stupefy* tr. (r.)   10

entontecer *to make/become silly* tr./intr. (r.)   47

entorpecer *to dull, stupefy, obstruct* tr.   47

entortar *to make tortuous* tr.   2

entortar *to make crooked, make blind in one eye* tr.   2

entrar *to enter, come in, go in* tr./intr. (r.)   10

entregar *to deliver, hand over, give* tr. (r.)   30

entregarse *to surrender, give in* r.   30, 116

entrelazar *to interweave, interlace* tr.   31

entrelucir *to show, shine* intr.   187

entremorir *to burn out, flicker* intr. (r.)   127

entrenar *to train* tr. (r.)   10

entreoír *to half hear, hear vaguely* tr.   131

entrepernar *to cross one's legs* intr. (r.)   33

entretener *to entertain, make bearable* tr. (r.)   179

entretenerse *to amuse oneself* r.   179

entrever *to descry, surmise, catch a glimpse* tr.   195

entrevistar *to interview* tr./intr. (r.)   10

entristecer *to sadden, become sad* tr. (r.)   47

entullecer *to stop, become crippled* tr./intr.   47

entumecer *to numb, become numb, become swollen* tr.   47

entumecerse *to become numb* r.   47

enunciar *to state, enunciate* tr. (r.)   10

envanecer *to make conceited* tr. (r.)   47

envasar *to bottle, pack* tr.   10

envejecer *to age, become old* tr. (r.)   47

envenenar *to poison* tr. (r.)   10

enverdecer *to turn green* intr.   47

envestir *to clothe* tr.   134

enviar *to send* tr. (r.)   **94**

enviciar *to corrupt; grow too much foliage* tr./intr. (r.)   10

envidiar *to envy, covet* tr.   10

envilecer *to debase, vilify, degrade* tr. (r.)   47

envolver *to wrap up, surround* tr. (r.)   **95**

envolverse *to have an affair, become involved* r.   **95**

enyesar *to plaster* tr.   10

enzarzar *to cover with brambles; get involved* tr. (r.)   31

epilogar *to summarize* tr.   30

equilibrar *to balance* tr. (r.)   10

equipar *to equip, furnish* tr.   10

**equiparar** *to compare, match, make equal* tr. (r.)   10

**equivaler** *to equal, amount to* intr.   191

**equivocar** *to mistake, equivocate* tr./intr.   24

**equivocarse** *to be mistaken* r.   24, 116

**erguir** *to stand up straight, raise* tr. (r.)   96

**erguirse** *to swell up with pride, stiffen* r.   96

**erigir** *to erect, build, establish* tr. (r.)   52

**errar** *to err, miss* tr./intr. (r.)   **97**

**errarse** *to err, miss, roam, wander* r.   97, 116

**eructar** *to belch, burp* intr.   10

**escabar** *to remove weeds* tr.   10

**escacharrar** *to break, ruin* tr. (r.)   10

**escalar** *to climb* tr./intr. (r.)   10

**escapar** *to escape* tr./intr. (r.)   10

**escarbar** *to scratch, scrape, investigate* tr.   10

**escarchar** *to ice, freeze, frost* tr./intr.   10

**escardar** *to weed* tr.   10

**escarmentar** *to learn by experience* tr./intr. (r.)   33

**escarmentarse** *to correct, learn from mistakes* r.   33, 116

**escarnecer** *to ridicule, mock* tr. (r.)   47

**esclarecer** *to lighten, get light, dawn* tr./intr.   47

**escocer** *to sting, annoy, vex* tr./intr. (r.)   34

**escocerse** *to itch* r.   34

**escoger** *to choose, select* tr. (r.)   35

**escogerse** *to select for oneself* r.   35

**esconder** *to hide* tr. (r.)   23

**escribir** *to write, spell* tr.   98

**escribirse** *to write to each other* r.   98

**escuchar** *to listen, listen to* tr/intr. (r.)   10

**escupir** *to spit* tr./intr. (r.)   133

**escurrir** *to drain, drip* tr./intr. (r.)   133

**esforzar** *to encourage* tr./intr. (r.)   2

**esforzarse** *to make an effort* r.   2

**esmaltar** *to enamel* tr.   10

**esmerar** *to take great care, polish* tr. (r.)   10

**espabilar** *to snuff, blink, wake up* tr./intr. (r.)   10

**espantar** *to scare, frighten* tr. (r.)   10

**esparcir** *to scatter, spread* tr. (r.)   45

**especular** *to view, speculate* tr./intr.   10

**esperar** *to hope, wait for* tr./intr. (r.)   10

**espesar** *to thicken* tr. (r.)   10

**espiar** *to spy, spy upon* tr./intr. (r.)   10

**espolvorear** *to dust, sprinkle* tr.   10

**esquiar** *to ski* intr.   10

**esquilar** *to shear* tr.   10

**esquinar** *to make/form a corner, quarrel* tr./intr. (r.)   10

**esquivar** *to avoid* tr. (r.)   10

**establecer** *to establish* tr. (r.)   47

**estafar** *to swindle, defraud* tr.   10

**estallar** *to explode, burst* tr.   10

**estancar** *to come to a standstill* tr. (r.)   24

**estar** *to be* intr. (aux.)   99

**estercolar** *to spread manure* tr./intr.   10

**estilar** *to be in fashion* tr./intr. (r.)   10

**estimar** *to esteem, estimate, respect, value* tr. (r.)   10

**estipular** *to stipulate* tr./intr.   10

**estirar** *to stretch* tr. (r.)   10

**estofar** *to stew, quilt* tr.   10

**estorbar** *to be in the way, obstruct* tr.   10

**estornudar** *to sneeze* intr.   10

**estrechar** *to narrow, tighten* tr. (r.)   10

**estregar** *to scour, rub* tr.   30, 33

**estrellar** *to shine, crash* tr. (r.)   10

**estremecer** *to shake, stagger, tremble* tr. (r.)   47

**estrenar** *to use, appear for the first time* tr./intr. (r.)   10

**estreñir** *to constipate* tr. (r.)   134

**estropear** *to spoil, damage* tr. (r.)   10

**estrujar** *to squeeze* tr.   10

**estudiar** *to study* tr./intr. (r.)   10

**evacuar** *to evacuate* tr.   **100**

**evadir** *to evade* tr. (r.)   133

**evaluar** *to evaluate* tr. (r.)   10

**evaporar** *to evaporate, vanish* tr. (r.)   10

**evitar** *to avoid* tr. (r.)   10

**evolucionar** *to evolve, develop* intr.   10

**examinar** *to examine* tr.   10

**examinarse** *to sit an exam* r.   116

**exasperar** *to irritate, exasperate* tr. (r.)   10

exceder *to exceed, surpass* tr. (r.)
23
exceptuar *to exclude, exempt* tr. 10
excitar *to excite, stimulate* tr. (r.)
10
excluir *to exclude, expel* tr. (r.) 110
excusar *to excuse, apologize* tr. (r.)
10
exhibir *to exhibit, display, show* tr.
133
exigir *to demand, urge, require* tr. (r.)
84
exiliar *to exile* tr. (r.) 10
eximir *to exempt, free* tr. (r.) 133
existir *to exist, be* intr. 133
expedir *to forward, expedite* 134
expedirse *to expedite, dispatch* tr. (r.)
134
expeler *to expel, eject* tr. 23
experimentar *to try, experiment*
tr./intr. (r.) 10
explicar *to explain* tr. (r.) 24
explorar *to explore, investigate* tr.
10
explotar *to exploit, explode* tr./intr.
(r.) 10
exponer *to expose, jeopardize* tr. (r.)
140
expresar *to express, express oneself*
tr. (r.) 10
extender *to extend* tr. (r.) 136
extenuar *to debilitate, weaken* tr. (r.)
10
exterminar *to eradicate, exterminate*
tr. (r.) 10
extinguir *to extinguish, become
extinct* tr. (r.) 110
extraer *to draw out, remove, extract*
tr. (r.) 188
extraviar *to lose, lead astray* tr. (r.)
10

fabricar *to fabricate, manufacture* tr.
(r.) 24
facilitar *to facilitate* tr. 10
fallar *to judge, find, fail* tr./intr. (r.)
10
fallecer *to expire, die* intr. 47
falsear *to falsify, misrepresent* tr. 10
falsificar *to falisfy, forge* tr. 24
faltar *to be missing, lack* intr. (r.) 10
fantasear *to daydream, fancy* tr./intr.
10
farfullar *to gabble, do hastily* tr./intr.
10
farolear *to brag, boast, show off* intr.

10
fascinar *to fascinate, enchant* tr. (r.)
10
fastidiar *to annoy, irritate* tr. (r.) 118
fatigar *to tire, exhaust* tr. (r.) 30
favorecer *to favour, support* tr./intr.
(r.) 47
fecundar (=fecundizar) *to fertilize* tr.
10
felicitar *to congratulate* tr. (r.) 10
fenecer *to finish, die, end* tr./intr.
47
fermentar *to ferment, be agitated*
tr./intr. 10
ferrarse *to trim* r. 33, 116
fertilizar *to fertilize, enrich* tr. 31
festejar *to feast, entertain, celebrate*
tr. (r.) 10
fiar *to confide, trust, guarantee*
tr./intr. (r.) 10
fichar *to register, clock in* tr. 10
figurar *to figure, depict, draw, appear*
tr./intr. 10
figurarse *to figure, imagine* r. 116
fijar *to fix, fasten, clinch, set* tr. 10
fijarse *to notice, settle, pay attention*
r. 116
filiar *to take personal date, join* tr.
(r.) 10
filmar *to film* tr. 10
filtrar *to filter, leak* tr./intr. (r.) 10
finalizar *to end, conclude* tr./intr. 31
financiar *to finance* tr. 10
fingir *to feign, pretend* tr. (r.) 52
firmar *to sign* tr. 10
fisgar *to snoop, pry on, mock* tr./intr.
(r.) 30
flamear *to blaze, flame* tr. 10
flaquear *to weaken* intr. 10
fletar *to charter a ship, hire* tr. (r.)
10
flirtear *to flirt* intr. 10
flojear *to weaken, grown weak* intr.
10
florecer *to flower* intr. (r.) 47
flotar *to float* intr. 10
fluctuar *to fluctuate* intr. 10
fluir *to flow* intr. 110
fomentar *to encourage, promote* tr.
10
forjar *to forge, shape* tr. 10
formar *to form, shape* tr./intr. (r.) 10
formular *to formulate* tr. 10
forrar *to line, cover* tr. (r.) 10
fortalecer *to fortify, strengthen* tr. (r.)
47

**fortificar** *to strengthen* tr.   24
**forzar** *to compel, force* tr. (r.)   2
**fotocopiar** *to photocopy, make photocopies* tr.   10
**fotografiar** *to photograph, take photographs* tr.   10
**fracasar** *to fail* intr.   10
**fraccionar** *to break up, divide* tr. (r.)   10
**fraguar** *to forge, set, plan* tr./intr. (r.)   12
**franquear** *to free, liberate* tr. (r.)   10
**frecuentar** *to frequent, do again and again* tr.   10
**fregar** *to wash up, scrub* tr.   **101**
**freír** *to fry* tr.   **102**
**frenar** *to break, restrain* tr./intr.   10
**frisar** *to frizz; approach* tr./intr.   10
**frotar** *to rub* tr. (r.)   10
**fruncir** *to pleat, knit* tr. (r.)   45
**frustrar** *to frustrate* tr. (r.)   10
**fulminar** *to strike* tr.   10
**fumar** *to smoke* tr./intr. (r.)   10
**funcionar** *to function, run/work (machinery)* intr.   10
**fundar** *to found* tr. (r.)   10
**fundir** *to melt, cast* tr. (r.)   133
**fusionar** *to combine, merge, amalgamate* tr. (r.)   10
**fustigar** *to whip, lash* tr.   30

**galantear** *to woo, court* tr.   10
**galardonar** *to recompense, reward* tr.   10
**gallear** *to tread, cover, shout and threaten* tr./intr.   10
**galopar** *to gallop* intr.   10
**galvanizar** *to galvanize* tr.   31
**ganar** *to gain, earn, win* tr./intr. (r.)   10
**gansear** *to say/do stupid things* tr.   10
**garabatear** *to scribble* tr./intr.   10
**garantir** *to guarantee* tr.   133
**garantizar** *to guarantee, answer for* tr. (r.)   31
**garbear** *to put on airs, show off* intr.   10
**gastar** *to waste, use up, spend* tr. (r.)   10
**gatear** *to crawl* tr./intr.   10
**gemiquear** *to whine* intr.   10
**gemir** *to groan, grieve, moan, howl* intr.   134
**generalizar** *to generalize* tr./intr. (r.)   31

**generar** *to generate* tr.   10
**gestionar** *to negotiate* tr.   10
**gibar** *to bend, annoy, bother* tr.   10
**gimotear** *to whine, wail* intr.   10
**girar** *to turn round, spin* tr./intr.   10
**glorificar** *to glorify* tr. (r.)   24
**glosar** *to gloss, censure* tr.   10
**gobernar** *to govern, rule* tr./intr. (r.)   103
**golfear** *to waste time* intr.   10
**golosear** *to nibble at delicacies* intr.   10
**golpear** *to crush, blow, hit* tr./intr. (r.)   10
**gorgoritear** *to trill, quaver* intr.   10
**gorjear** *to warble, gurgle* intr. (r.)   10
**gorrear** *to live parasitically, sponge* intr.   10
**gorronear** *to cadge, sponge* intr.   10
**gotear** *to drip* intr.   10
**gozar** *to enjoy, be happy* tr./intr. (r.)   31
**grabar** *to engrave, record* tr. (r.)   10
**graduar** *to graduate, grade* tr. (r.)   10
**grajear** *to caw, gurgle, chatter* intr.   10
**gramar** *to knead* tr.   10
**granar** *to seed* intr.   10
**granear** *to sow seeds, granulate* tr.   10
**granizar** *to hail, hurl* tr./intr (imp.)   31
**granjear** *to earn, get, gain* tr. (r.)   10
**gratificar** *to reward, recompense* tr.   24
**gravar** *to burden, tax* tr.   10
**gravitar** *to gravitate* intr.   10
**graznar** *to crow, croak, squawk* intr.   10
**grietarse** *to crack, split* r.   116
**grillarse** *to escape* r.   116
**gritar** *to shout, yell, scream, shriek* tr./intr. (r.)   10
**groar** *to croak* intr.   10
**gruñir** *to creak (door hinges, etc.); grunt, growl, snarl* intr. (r.)   198
**guadañar** *to mow, scythe* tr.   10
**guardar** *to keep, guard, save* tr./intr. (r.)   10
**guarecer** *to shelter, hide* tr. (r.)   47
**guarnecer** *to garnish, decorate* tr.   47
**guasearse** *to joke, jest* r.   116
**guerrear** *to wage war, fight* intr.   10

**guiar** *to guide, lead, sprout* tr./intr. (r.) **94**
**guipar** *to notice, see* tr. 10
**guisar** *to cook, prepare (food)* tr. 10
**gustar** *to be pleasing, like, enjoy* tr./intr. (r.) 10

**haber** *to have* tr. (aux.) **104**
**habitar** *to inhabit, reside, dwell* tr./intr. 10
**habituar** *to accustom, get used to* tr. (r.) 10
**hablar** *to speak, talk* tr./intr. (r.) **105**
**hacendar** *to transfer, own (property)* tr. (r.) 33
**hacer** *to do, make* tr./intr. **106**
**hacerse** *to become* r. 106
**halagar** *to flatter* tr. 30
**halar** *to haul, pull* tr./intr. 10
**hallar** *to find, locate, discover* tr. 10
**hallarse** *to find, be (location)* r. 116
**hamacar (=hamaquear)** *to rock, swing* tr. 24
**hambrear** *to starve, hunger* tr./intr. 10
**hartar** *to satiate, fill, bore* tr. (r.) 10
**hastiar** *to bore, tire* tr. 10
**hechizar** *to bewitch, charm* tr. 31
**heder** *to stink* intr. 136
**helar** *to freeze, chill* tr./intr. **107**
**henchir** *to fill* tr. (r.) 134
**hender** *to split* 136
**hendir** *to split, crack* tr. (r.) 108
**heñir** *to knead* tr. 134
**heredar** *to inherit* tr. 10
**herir** *to wound, hurt, harm* tr. (r.) 108
**hermanar** *to join, harmonize* tr. (r.) 10
**hermosear** *to beautify, embellish* tr. 10
**herrar** *to shoe a horse* tr. 33
**hervir** *to boil* intr. **109**
**hidratar** *to hydrate* tr. (r.) 10
**hidrogenar** *to hydrogenate* tr. 10
**higienizar** *to make hygienic* tr. 31
**hilar** *to spin* tr. 10
**hilvanar** *to baste, tack, hem* tr. 10
**hincar** *to prick, drive into* tr. (r.) 24
**hinchar** *to fill with air, inflate, swell* tr./intr. (r.) 10
**hipar** *to hiccup, have hiccups* intr. 10
**hipnotizar** *to hypnotize* tr. 31

**hipotecar** *to mortgage, take out a mortgage* tr. 24
**historiar** *to record history* tr. 10
**hojear** *to leaf through, glance, flake* tr./intr. 10
**holgar** *to rest* intr. (r.) 2
**hollar** *to trample on* tr. 2
**homenajear** *to pay homage in* tr. 10
**hondear** *to sound, sling* tr./intr. 10
**honrar** *to honour, accept, pay* tr. 10
**hornear** *to bake* intr. 10
**horripilar** *to horrify, become terrified* tr. (r.) 10
**hospedar** *to lodge* tr. (r.) 10
**hospitalizar** *to hospitalize* tr. 31
**hostigar** *to lash, whip, trouble* tr. 30
**hostilizar** *to antagonize, harass* tr. 31
**huir** *to run away, escape* tr./intr. (r.) **110**
**humear** *to smoke, fumigate* tr./intr. 10
**humedecer** *to dampen, humidify* tr. 47
**humillar** *to humiliate, humble* tr. (r.) 10
**hundir** *to sink* tr. (r.) 133
**hurgar** *to poke* tr. 30
**hurtar** *to rob, steal, pinch* tr. (r.) 10
**husmear** *to snoop on, smell out, nose* tr./intr. (r.) 10

**idealizar** *to idealize* tr. 31
**idear** *to plan, think up, conceive* tr. 10
**identificar** *to identify* tr. (r.) 24
**ignorar** *to be ignorant of, ignore, not to know* tr. (r.) 10
**igualar** *to make equal, equal* tr./intr. (r.) 10
**iluminar** *to illuminate* tr. 10
**ilusionar** *to fascinate, have illusions, hope* tr. (r.) 10
**ilustrar** *to enlighten* tr. (r.) 10
**imaginar** *to imagine, fancy, suppose* tr. (r.) 10
**imbuir** *to imbue, infuse* tr. 110
**imitar** *to imitate* tr. 10
**impacientar** *to make/become impatient* tr. (r.) 10
**impartir** *to grant, impart* tr. 133
**impedir** *to impede, hinder, prevent* tr. (r.) **111**

impeler *to push, incite, urge* tr.   23
imperar *to rule, prevail* intr.   10
implantar *to implant, introduce* tr.
   10
implicar *to implicate, imply* tr./intr.
   (r.)   24
implorar *to entreat, beg, implore* tr.
   10
imponer *to impose, dominate* tr. (r.)
   139
importar *to import, cost; be
   important, matter, mind* tr./intr. (r.)
   (imp.)   10
importunar *to bother, pester,
   importune* tr.   10
imposibilitar *to prevent, stop, make
   impossible* tr.   10
impregnar *to impregnate* tr.   10
impresionar *to impress, make an
   impression* tr. (r.)   10
imprimir *to print, imprint, impress;
   fix in the mind* tr. (past participle:
   impreso)   133
improbar *to disapprove, condemn* tr.
   141
improvisar *to improvise* tr.   10
impugnar *to contradict, refute* tr.   10
impulsar *to encourage, impel* tr.   10
imputar *to impute, charge with* tr.
   10
inaugurar *to open, initiate* tr.   10
incapacitar *to disable, incapacitate* tr.
   10
incendiar *to set on fire* tr.   10
incendiarse *to catch fire* r.   116
incensar *to perfume* tr.   33
incidir *to fall, cut, influence* tr./intr
   133
inclinar *to incline, bow, tilt* tr. (r.)
   10
incluir *to include, enclose* tr. (r.)   110
incomodar *to inconvenience, bother
   tr. (r.)   10
incomunicar *to isolate, confine* tr. (r.)
   10
incordiar *to annoy, inconvenience* tr.
   10
incorporar *to incorporate* tr. (r.)   10
incorporarse *to sit up* r.   116
inculcar *to instill, inculcate, implant*
   tr. (r.)   24
incumbir *to be incumbent, concern*
   tr./intr. (r.)   133
incumplir *to fail* tr./intr.   133
incurrir *to incur, become liable* intr.
   133

indagar *to investigate* tr.   30
indemnizar *to compensate* tr.   31
independizar *to emancipate, liberate*
   tr. (r.)   31
indicar *to indicate, point out* tr.   24
indignar *to irritate, make indignant*
   tr. (r.)   10
indisponer *to indispose, become ill* tr.
   (r.)   140
inducir *to induce, persuade* tr. (r.)   45
indultar *to pardon* tr.   10
inebriar *to intoxicate, make drunk* tr.
   10
infamar *to defame, slander* tr. (r.)
   10
infectar *to infect* tr. (r.)   10
inferir *to infer* tr.   108
infernar *to damn* tr.   33
infestar *to infest, become infested* tr.
   (r.)   10
inflamar *to inflame, burst into flame*
   tr. (r.)   10
inflar *to inflate, become inflated/
   proud* tr. (r.)   10
influir *to influence, have influence*
   tr./intr.   110
informarse *to inform, find out* tr./intr.
   (r.)   116
infundir *to pour in, fill* tr.   133
ingeniar *to conceive, devise* tr. (r.)   10
ingerir *to ingest* tr.   108
ingresar *to join, go, enter* tr. (r.)   10
inhibir *to inhibit, restrain* tr. (r.)   133
iniciar *to begin, ivitiate* tr. (r.)   10
injerir *to insert, introduce* tr. (r.)
   108
injertar *to graft* tr.   10
inmolar *to sacrifice* tr. (r.)   10
inmovilizar *to immobilize, tie up* tr.
   (r.)   31
inmutar *to alter, change* tr. (r.)   10
innovar *to innovate, make changes in*
   tr.   10
inquietar *to disquiet, disturb* tr. (r.)
   10
inquirir *to inquire into, investigate* tr.
   108
inscribir *to inscribe, register, record*
   tr. (r.)   98
insertar *to insert, include* tr. (r.)   10
insidiar *to plot, set a trap* tr.   10
insinuar *to insinuate* tr. (r.)   10
insistir *to insist, persist* intr.   133
insolar *to get sunstroke* tr. (r.)   10
inspirar *to inspire, be inspired* tr. (r.)
   10

instalar *to install* tr. (r.)   10
instar *to urge, press* tr./intr. (r.)   10
instaurar *to establish, institute, set up* tr.   10
instigar *to provoke* tr.   30
instituir *to institute, found* tr. (r.)   110
instruir *to instruct, teach, investigate* tr. (r.)   110
insubordinar *to mutiny, rebel, incite* tr. (r.)   10
insultar *to insult, abuse* tr. (r.)   10
integrar *to integrate* tr.   10
intentar *to intend, try* tr.   10
interesar *to interest, care, concern* tr./intr.   10
interesarse *to be interested in* r.   116
intermediar *to mediate* intr.   10
internar *to intern, confine, penetrate* tr./intr. (r.)   10
interponer *to interpose* tr. (r.)   139
interpretar *to interpret* tr.   10
interrogar *to interrogate, question* tr.   159
interrumpir *to interrupt, discontinue* tr.   133
intervenir *to intervene, participate* tr./intr.   194
intimar *to anounce, convey, become intimate* tr./intr.   10
intimidar *to intimidate, become intimidated* tr. (r.)   10
intoxicar *to poison, be poisoned* tr. (r.)   24
intrigar *to intrigue, plot* tr./intr. (r.)   30
introducir *to introduce, get into* tr. (r.)   45
intrisarse *to usurp* r.   116
intuir *to sense, perceive* tr.   110
inundar *to flood, inundate* tr. (r.)   10
inutilizar *to make useless, ruin* tr. (r.)   31
invadir *to invade* tr.   133
invalidar *to invalidate* tr.   10
inventar *to invent, discover* tr.   10
invernar *to pass the winter* intr.   33
invertir *to invert, turn upside down* tr.   112
investigar *to investigate* tr.   30
investir *to confer; invest* tr.   113
invitar *to invite* tr.   10
invocar *to appeal to* tr.   24
involucrar *to involve, implicate* tr.   10

inyectar *to inject* tr.   10
ir *to go* tr.   **114**
irse *to go away* r.   114
ironizar *to ridicule* tr.   31
irritar *to irritate* tr. (r.)   10
irrumpir *to burst in* intr.   133
izar *to hoist, haul up, heave* tr.   31

jadear *to pant* intr.   10
jaquear *to check, harass* tr.   10
jeringar *to inject, syringe* r.   30
jubilar *to retire, pension off* tr. (r.)   10
jugar *to play* tr./intr. (r.)   **115**
jugarse *to gamble* r.   115, 116
juntar *to connect, join, unite* tr. (r.)   10
juntarse *to meet* r.   116
jurar *to swear, take an oath* tr./intr. (r.)   10
justificar *to justify, be justified* tr. (r.)   30
juzgar *to judge* tr. (r.)   30

labrar *to farm; make a lasting impression* tr./intr.   10
lacrar *to seal* tr. (r.)   10
ladear *to tilt* tr./intr. (r.)   10
ladrar *to bark* tr./intr.   10
ladronear *to steal, shoplift* intr.   10
lamentar *to lament* tr./intr. (r.)   10
lamer *to lick* tr. (r.)   23
languidecer *to languish* intr.   47
lanzar *to hurl, fling, launch, throw* tr. (r.)   31
largar *to release, leave* tr. (r.)   30
lastimar *to hurt, damage, offend* tr. (r.)   10
lastir *to beat, palpitate, throb, annoy* tr./intr.   133
lavar *to wash* tr. (r.)   10
lavarse *to wash oneself* r.   **116**
laxar *to loosen, slacken* tr. (r.)   10
leer *to read* tr./intr. (r.)   **117**
legalizar *to legalize* tr.   31
legar *to bequeath, leave* tr.   10
legislar *to legislate* intr.   10
legitimar *to legitimate, prove* tr.   10
levantar *to lift, raise* tr. (r.)   10
levantarse *to get up* r.   116
liar *to bundle, tie* tr. (r.)   10
liberar *to free, liberate* tr.   10
librar *to draw, issue, save, free* tr./intr. (r.)   10
licenciar *to discharge, release* tr. (r.)   10

**licenciarse** *to graduate/get a degree* r. 116
**lidiar** *to fight (bullfight)* tr./intr. 10
**ligar** *to tie, bind, unite* tr./intr. (r.) 30
**lijar** *to sandpaper* tr. 10
**limar** *to polish, file, smooth* tr. 10
**limitar** *to limit, reduce* tr./intr. (r.) 10
**limpiar** *to clean, cleanse* tr. (r.) 118
**lindar** *to adjoin, border* intr. 10
**liquidar** *to liquidate, sell off, become liquid* tr. (r.) 10
**lisonjear** *to flatter, compliment* tr. 10
**llamar** *to call, name* tr./intr. (r.) 10
**llamarse** *to be called, be named* r. 116
**llamear** *to flame, blaze* intr. 10
**llegar** *to arrive, reach* tr./intr. (r.) 119
**llenar** *to fill, fill up* tr./intr. (r.) 10
**llevar** *to carry, wear, take away* tr./intr. (r.) 10
**llorar** *to cry, weep* tr./intr. 120
**lloriquear** *to cry constantly, whine* intr. (r.) 10
**llover** *to rain* tr./intr. (imp.) 121
**lloviznar** *to drizzle* intr. (imp.) 10
**localizar** *to locate, find* tr. (r.) 31
**lograr** *to achieve, get, attain, procure* tr. (r.) 10
**lubricar** *to lubricate* tr. 24
**luchar** *to fight, strive, struggle, wrestle* intr. 10
**lucir** *to display, show, exhibit* tr./intr. 45
**luir** *to redeem* tr. (r.) 110
**lujuriar** *to lust, be lustful/lecherous* intr. 10
**lustrar** *to polish; travel, roam* tr./intr. 10

**macerar** *to macerate, marinate, soak, mortify* tr. (r.) 10
**madrugar** *to get up early* tr./intr. (r.) 30
**madurar** *to ripen, become ripe* tr./intr. (r.) 10
**magullar** *to batter and bruise* tr. (r.) 10
**malcriar** *to pamper, spoil* tr. 10
**maldecir** *to curse, damn* tr./intr. (r.) 57
**malear** *to spoil, ruin* tr. (r.) 10
**malgastar** *to squander, waste, mis-spend* tr. 10

**malograr** *to waste, miss, fail* tr. (r.) 10
**malquerer** *to dislike, hate* tr. 144
**malquistar** *to excite disputes, alienate* tr. (r.) 10
**malsonar** *to sound unpleasant* 2
**malvar** *to corrupt* tr. 10
**mamar** *to suck* tr./intr. (r.) 10
**manar** *to run, flow, spring* tr./intr. 10
**mancar** *to be wanting, maim, go lame* tr./intr. (r.) 24
**manchar** *to stain, blot* tr. (r.) 10
**mandar** *to order, command* tr./intr. (r.) 10
**manejar** *to drive (a car), handle, manage* tr. (r.) 10
**mangar** *to cadge, scrounge, pinch* tr. 30
**manifestar** *to manifest* tr. (r.) 33
**manipular** *to manipulate* tr. 10
**manir** *to keep meat until it becomes tender* tr. 133
**mantener** *to maintain, support, keep up* tr. 179
**mantenerse** *to support oneself* r. 179
**manufacturar** *to manufacture, make* tr. (r.) 10
**maquillarse** *to put on make up* r. 116
**maravillar** *to marvel, wonder* tr. (r.) 10
**marcar** *to mark, note, observe* tr. (r.) 24
**marchar** *to march, get under way, go* intr. (r.) 10
**marcharse** *to go away, leave, exit* r. 116
**marchitar** *to wither* tr. (r.) 10
**marear** *to navigate, become seasick* tr. (r.) 10
**martillear (=martillar)** *to hammer* tr. 10
**mascar (=masticar)** *to chew, masticate* tr. 24
**matar** *to kill* tr. (r.) 10
**mecer** *to rock* tr. (r.) 192
**mediar** *to get half way* intr. 10
**medir** *to measure* tr./intr. 122
**medirse** *to measure, judge* r. 122
**medrar** *to grow* intr. 10
**mejorar** *to better, improve* tr./intr. (r.) 10
**melar** *to soften, take honey* tr./intr. 33

mencionar *to mention* tr. (r.) 10
mendigar *to beg* tr./intr. 30
menear *to shake* tr. (r.) 10
menguar *to diminish* tr. (r.) 12
menstruar *to menstruate* intr. 10
mentar *to mention, name* tr. 33
mentir *to lie* tr./intr. **123**
mercadear *to trade, deal* intr. 10
merecer *to deserve, merit* tr./intr. (r.) 47
merendar *to have tea/a snack* tr./intr. **124**
mermar *to decrease, diminish, reduce* tr./intr. 10
meter *to put, cause, get* tr. (r.) 23
mezclar *to mix* tr. (r.) 10
migar *to crumb* tr. 30
mimar *to spoil, pamper, indulge* tr. 10
mirar *to look at, watch* tr./intr. (r.) 10
mitigar *to allay, mitigate* tr. 30
moblar *to furnish* tr. 2
moderar *to moderate, control* tr. (r.) 10
mohecer *to make mouldy, rust, go rusty* tr. 47
mojar *to wet* tr./intr. (r.) 10
mojarse *to get wet, wet oneself* r. 116
moldear *to mould, cast* tr. 10
moler *to grind, crush, mill* tr. **125**
molestar *to bother, annoy* tr. (r.) 10
mondar *to clean, peel* tr. (r.) 10
monear *to clown around* intr. 10
monologar *to soliloquize* intr. 30
montar *to mount, go up, climb* tr./intr. (r.) 10
morder *to bite, nip* tr. (r.) **126**
mordiscar *to nibble* tr. 24
morir *to die* intr. (r.) **127**
mortificar *to annoy, vex* tr. (r.) 24
mostrar *to show, point out* tr. (r.) 62
mover *to move* tr./intr. (r.) **128**
mudar *to change, alter* tr./intr. **129**
mudarse *to change one's clothes, move* r. 116, 129
mugir *to moo* intr. 52
mullir *to fluff up, soften* tr. 10
multiplicar *to multiply* tr./intr. (r.) 24
murmurar *to murmur, mutter* tr./intr. 10
mutilar *to mutilate, cripple* tr. 10

nacer *to be born* intr. (r.) 47

nacionalizar *to nationalize, naturalize* tr. (r.) 31
nadar *to swim* intr. 10
narrar *to narrate, relate* tr. 10
naturalizar *to naturalize, nationalize* tr. (r.) 31
naufragar *to be shipwrecked, fail* intr. 30
nausear *to feel sick* intr. 10
navegar *to navigate, sail* tr./intr. 30
necear *to talk nonsense, act foolishly* intr. 10
necesitar *to need, be in need* tr./intr. 10
negar *to refuse, deny* tr./intr. (r.) **130**
negociar *to negotiate* tr./intr. 10
negrear (= negrecer) *to turn black, blacken* intr. 10
neutralizar *to neutralize* tr. (r.) 31
nevar *to snow* tr./intr. (imp.) 33
niñear *to behave in a childish manner* intr. 10
nivelar *to level* tr. (r.) 10
nombrar *to name, appoint* tr. 10
normalizar *to make normal, standardize* tr. (r.) 31
notar *to notice, remark, mark* tr. 10
noticiar *to inform, notify* tr. 10
notificar *to notify* tr. 24
novelar *to write novels, tell lies/fabulous stories* intr. 10
novelizar *to put into a novel, fictionalize* tr. 31
nublar *to cloud, become cloudy* tr. (r.) 10
numerar *to number* tr. 10
nutrir *to nourish* tr. (r.) 133

obedecer *to obey* tr. 47
objetar *to object* tr./intr. 10
oblicuar *to slant* tr./intr. 10
obligar *to compel, force, oblige* tr. (r.) 30
obliterar *to obliterate, erase* tr. 10
obrar *to work, act, be* tr./intr. 10
obscurecer *to darken, get dark, cloud* tr./intr. (r.) 47
obsequiar *to make a fuss of, lavish* tr. 10
observar *to observe, obey* tr. 10
obstaculizar *to hinder, obstruct* tr. 31
obstar *to impede, stand in the way* intr. 10
obstinarse *to persist, be obstinate* r.

116
**obstruir** *to obstruct* tr. (r.)   110
**obtener** *to obtain, get* tr.   179
**ocasionar** *to cause, occasion, provoke* tr.   10
**ocluir** *to occlude* tr. (r.)   110
**ocultar** *to hide, conceal* tr. (r.)   10
**ocupar** *to occupy* tr.   10
**ocuparse** *to be in charge of/busy with* r.   116
**ocurrir** *to occur, happen* intr. (r.) (imp.)   133
**ocurrirse** *to have an idea* r.   133
**odiar** *to hate, loath* tr.   118
**ofender** *to offend, be unpleasant, take offence* tr./intr. (r.)   23
**ofenderse** *to get upset* r.   23
**ofrecer** *to offer* tr. (r.)   47
**ofuscar** *to dazzle, blind*   24
**oír** *to hear, listen* tr./intr. (r.)   **131**
**ojear** *to glance, stare at* tr.   10
**oler** *to smell* tr./intr. (r.)   **132**
**olfatear** *to sniff, scent, smell* tr.   10
**oliscar** *sniff, smell strong/high* tr./intr.   24
**olvidar** *to forget* tr. (r.)   10
**omitir** *to omit, leave out* tr. (r.)   133
**ondear** *to wave, sway, swing* intr. (r.)   10
**ondular** *to wind, wave* tr./intr.   10
**operar** *to operate* tr./intr. (r.)   10
**opinar** *to have an opinion, think* intr.   10
**oponer** *to oppose* tr. (r.)   139
**opositar** *to take part, be a candidate* intr.   10
**oprimir** *to oppress, press* tr.   133
**optar** *to choose, opt* tr./intr   10
**orar** *to pray, make a speech* intr.   10
**ordenar** *to order, command, arrange* tr. (r.)   10
**ordenarse** *to tidy up, put in order* r.   116
**organizar** *to organize, arrange* tr. (r.)   31
**orientar** *to orientate, guide* tr. (r.)   10
**originar** *to originate, arise* tr. (r.)   10
**orillar** *to settle, approach the shore* tr./intr.   10
**orinar** *to urinate* tr./intr. (r.)   10
**ornar** *to adorn* tr. (r.)   10
**osar** *to dare, venture* intr.   10
**oscilar** *to oscillate, swing* intr.   10
**oscurecer** *to darken, obscure* tr. (r.)   47

**ostentar** *to make a show of, brag about* tr.   10
**otorgar** *to grant* tr.   30
**oxidar** *to rust, become oxidized* tr. (r.)   10
**oxigenar** *to oxygenate* tr. (r.)   10

**pacer** *to grace, pasture* tr./intr.   47
**pacificar** *to pacify, negotiate peace* tr./intr. (r.)   24
**pactar** *to agree, come to an agreement* tr./intr.   10
**padecer** *to suffer, endure, suffer from* tr./intr.   47
**pagar** *to pay* tr./intr. (r.)   30
**paladear** *to savour, taste, relish* tr./intr. (r.)   10
**paliar** *to palliate, alleviate* tr.   10
**palidecer** *to pale, grow pale* tr.   47
**palmear** *to clap; level off* tr./intr.   10
**palpar** *to feel, touch, grope* tr./intr.   10
**parar** *to stop* tr./intr. (r.)   10
**parecer** *to appear, seem* intr. (r.)   54
**parecerse** *to look like each other, resemble* r.   54
**parir** *to give birth* tr./intr.   133
**parlar** *to speak, talk* tr./intr.   10
**parlotear** *to chatter, prattle* intr.   10
**parpadear** *to blink, wink* intr.   10
**participar** *to participate, notify of* tr./intr.   10
**partir** *to divide; leave, set off* tr./intr. (r.)   **133**
**pasar** *to spend time, pass, happen* tr./intr. (r.)   10
**pasear** *to walk, promenade* tr./intr. (r.)   10
**pasmar** *to stun, astound, chill, get blight* tr. (r.)   10
**patear** (=**patalear**) *to kick, stamp one's feet* tr./intr.   10
**patinar** *to skate, slide, skid* intr.   10
**patrocinar** *to sponsor* tr.   10
**pausar** *to pause, make pauses* tr./intr.   10
**pecar** *to sin* intr.   24
**pedir** *to ask, request* tr.   **134**
**pegar** *to hit, stick, glue* tr./intr. (r.)   30
**peinarse** *to comb* r.   116
**pelar** *to peal* tr. (r.)   10
**pelear** *to fight* intr. (r.)   10
**penar** *to grieve, punish* tr./intr. (r.)   10
**pender** *to dangle, hang, be pending* intr.   23

penetrar *to penetrate* tr./intr. (r.)   10
pensar *to think* tr./intr. (r.)   **135**
percibir *to perceive* tr.   133
perder *to lose* tr./intr. (r.)   136
perdonar *to excuse, pardon, forgive*
   tr.   10
perdurar *to last* intr.   10
perecer *to perish, long for* intr. (r.)   47
peregrinar *to go on a pilgrimage* intr.
   10
perfeccionar *to improve, perfect* tr.
   (r.)   10
perfumar *to perfume* tr. (r.)   10
perjudicar *to damage, harm* tr. (r.)   24
permanecer *to remain, stay* intr.   54
permitir *to admit, allow, permit* tr.
   (r.)   133
permutar *to swap, exchange* tr.   10
perniquebrar *to break one's leg* tr. (r.)
   143
perseguir *to persecute* tr.   134
persuadir *to persuade* tr. (r.)   133
pertenecer *to appertain, belong* intr.
   (r.)   47
perturbar *to disturb, become upset* tr.
   (r.)   10
pervertir *to pervert* tr. (r.)   108
pesar *to weigh, grieve* tr./intr. (r.)
   10
pescar *to fish* tr./intr.   24
pestañear *to blink* intr.   10
piar *to chirp, cheep, peep* intr.   10
picar *to pierce, sting, prick* tr./intr. (r.)
   24
pillar *to catch, plunder* tr.   10
pinchar *to prick, jab* tr.   10
pintar *to paint* tr./intr. (r.)   10
pisar *to tread, step on, trample* tr.
   10
placer *to gratify, humour, please* tr.
   54
plagar *to infest, plague* tr. (r.)   30
planchar *to iron* tr.   10
planear *to plan, design, glide* tr./intr.
   10
plantar *to plant* tr. (r.)   10
plasmar *to form, shape, mould* tr.
   10
platicar *to talk over, chat, talk* tr./intr.
   24
plegar *to fold* tr. (r.)   30, 33
pleitar *to litigate, go to court* intr.
   10
poblar *to populate, stock* tr./intr. (r.)
   137
podar *to prune, trim* tr.   10

poder *to able, can* tr./intr. (r.)   138
podrir (= pudrir) *to rot* tr. (r.)   142
polemizar *to engage in controversy* tr.
   31
polvorear *to sprinkle, dust, powder*
   tr.   10
ponderer *to ponder, consider* tr.   10
poner *to put* tr. (r.)   139
ponerse *to put on clothing, become* r.
   139
porfiar *to insist, persist* intr.   10
portar *to carry, bear* tr./intr. (r.)   10
posar *to pose, put, lay down* tr./intr.
   (r.)   10
poseer *to process, own* tr. (r.)   117
posponer *to postpone* tr.   139
postergar *to postpone* tr.   30
postrar *to prostrate, humble* tr. (r.)
   10
postular *to apply for, take part, apply*
   tr./intr.   10
practicar *to practise* tr.   24
precaver *to prevent, provide against*
   tr. (r.)   195
preceptuar *to command* tr.   10
preciar *to appraise, value* tr. (r.)   10
precintar *to reinforce* tr.   10
precipitar *to precipitate* tr. (r.)   10
precisar *to specify, need, be necessary*
   tr./intr. (r.)   10
preconcebir *to preconceive* tr.   134
preconocer *to foresee, know*
   *beforehand* tr.   47
predecir *to predict, foretell, forecast*
   tr.   57
predestinar *to predestine, preordain*
   tr.   10
predicar *to preach* tr./intr. (r.)   24
predisponer *to predispose* tr.   139
predominar *to predominate, prevail,*
   *command* tr./intr.   10
preferir *to prefer* tr.   **140**
prefijar *to prefix, prearrange* tr.   10
pregonar *to proclaim, hawk, make*
   *public* tr.   10
preguntar *to inquire, ask, question*
   tr./intr. (r.)   10
prejuzgar *to prejudge* tr. (r.)   30
preludiar *to prelude, clear the ground*
   *for* tr./intr.   10
premeditar *to premeditate* tr.   10
premiar *to reward* tr.   10
prendar *to pawn, pledge, become*
   *fond of* tr. (r.)   10
prender *to grasp, seize, catch* tr./intr.
   23

prensar *to press* tr.   10
preñar *to get pregnant* tr.   10
preocupar *to worry, be concerned* tr.
   (r.)   10
preparar *to prepare, get ready* tr. (r.)
   10
preponderar *to preponderate, prevail*
   intr.   10
preponer *to put before, prefer* tr.
   139
prescribir *to precribe, lay down,
   finish* tr./intr.   98
presenciar *to witness, see, be present*
   tr.   10
presentar *to present, display* tr. (r.)
   10
presentir *to have a premonition,
   predict* tr.   165
preservar *to preserve* tr.   10
presidir *to preside* tr./intr.   133
presionar *to press, urge* tr.   10
prestar *to lend, loan, be good for*
   tr./intr. (r.)   10
prestigiar *to give credit* tr.   10
presumir *to presume, suppose, show
   off* tr./intr.   133
presuponer *to presuppose, budget* tr.
   139
pretender *to pretend, be after* tr.   23
prevalecer *to prevail* intr.   47
prevaricar *to prevaricate, act
   dishonestly* intr.   24
prevenir *to prevent, prepare, warn* tr.
   (r.)   194
prever *to foresee, anticipate* tr.   195
principiar *to begin* tr.   10
pringar *to dip, take part, stain* tr./intr.
   (r.)   30
privar *to deprive, be in favour* tr./intr.
   (r.)   10
privatizar *to privatize* tr.   31
probar *to prove, try (on), test* tr./intr.
   (r.)   **141**
proceder *to proceed, continue* intr.
   23
procesar *to try, prosecute* tr.   10
proclamar *to proclaim, declare* tr. (r.)
   10
procurar *to try, act as an attorney
   (for)* tr./intr.   10
producir *to produce, cause* tr. (r.)
   45
proferir *to utter* tr.   108
profesar *to profess* tr./intr.   10
programar *to programme, plan* tr.
   10

progresar *to progress, advance* intr.
   10
prohibir *to prohibit, forbid* tr.   133
prolongar *to prolong, extend* tr. (r.)
   30
prometer *to promise* tr. (r.)   23
promover *to promote* tr.   128
promulgar *to proclaim, announce* tr.
   30
pronosticar *to forecast* tr.   24
pronunciar *to pronounce, articulate*
   tr. (r.)   10
propagar *to propagate, spread* tr. (r.)
   30
propender *to lean towards, incline*
   intr.   23
proponer *to propose* tr. (r.)   139
proporcionar *to provide, furnish* tr.
   (r.)   10
propulsar *to reject, propel* tr.   10
prorrogar *to delay, postpone* tr.   159
proscribir *to prohibit, banish* tr.   98
proseguir *to follow up, proceed*
   tr./intr.   134
proteger *to protect* tr./intr.   35
protestar *to protest, object* tr./intr.
   10
proveer *to provide, supply* (past
   participle: *provisto*) tr./intr. (r.)   23
provenir *to originate, come from,
   proceed* intr.   194
provocar *to provoke, dare, make* tr.
   24
publicar *to publish, issue* tr.   24
pudrir *to rot* tr. (r.)   **142**
pugnar *to fight* intr.   10
pujar *to struggle, raise* tr./intr.   10
pulir *to polish* tr. (r.)   133
pulsar *to play, pulse, throb* tr./intr. (r.)
   10
puntuar *to score, punctuate* tr.   10
punzar *to prick, puncture, throb*
   tr./intr.   31

quebrar *to break; smash* tr./intr. (r.)
   **143**
quedar *to stay, remain* intr. (r.)   10
quejarse *to complain, grumble* r.
   116
quemar *to burn, fire, be very hot*
   tr./intr. (r.)   10
querer *to love, want* tr.   **144**
quitar *to release, remove, rob, strip*
   tr. (r.)   10
quitarse *to take off, withdraw* r.   116

**rabiar** *to rage, get furious; have rabies* intr.   10
**racionar** *to ration* tr.   10
**radiar** *to radio, broadcast, radiate* tr./intr.   10
**raer** *to wipe out, rub off, scrape, erase* tr. (r.)   26
**rajar** *to split, crack* tr./intr. (r.)   10
**rallar** *to grate, vex* tr.   10
**rapar** *to shave, crop, snatch* tr. (r.)   10
**rapiñar** *to plunder, pillage* tr.   10
**raptar** *to abduct, kidnap* tr.   10
**rarefacer** *to rarefy, become rarefied* tr./intr.   106
**rasar** *to skim, level* tr.   10
**rascar** *to scratch, itch* tr./intr. (r.)   24
**rasgar** *to tear, rip* tr. (r.)   30
**raspar** *to scrape* tr.   10
**rastrear** *to track, trace, rake* tr./intr.   10
**ratear** *to steal, pinch, creep, crawl* tr./intr. (r.)   10
**rayar** *to line, stripe, cross out, dawn* tr./intr. (r.)   10
**razonar** *to reason, explain* tr./intr.   10
**reaccionar** *to react* intr.   10
**reactivar** *to reactivate* tr.   10
**realizar** *to realize, fulfil, carry out* tr.   31
**realizarse** *to become fulfilled, happen* r.   31, 116
**reanimar** *to reanimate, revive* tr. (r.)   10
**reapretar** *to press (tight) again* tr.   33
**rebajar** *to reduce, lower* tr. (r.)   10
**rebañar** *to finish up, gather up completely* tr.   10
**reblandecer** *to soften, become soft* tr. (r.)   47
**rebosar** *to overflow, run over* intr. (r.)   10
**rebuznar** *to bray* intr.   10
**recaer** *to fall again* intr.   26
**recalcar** *to emphasize, list* tr./intr.   24
**recalentar** *to re-heat, warm up* tr. (r.)   27
**recapacitar** *to think over* tr.   10
**recelar** *to suspect, fear* tr./inter. (r.)   10
**recentar** *to leaven* tr. (r.)   33
**rechazar** *to reject, repel* tr.   31
**recibir** *to receive, get, welcome* tr./intr.   133
**recibirse** *to be admitted, graduate* r.   133

**reclamar** *to reclaim, claim, protest* tr./intr.   10
**recluir** *to confine, seclude, imprison* tr. (r.)   110
**reclutar** *to round up, recruit* tr.   10
**recocer** *to over-boil* tr.   34
**recoger** *to pick, gather, collect* tr. (r.)   35
**recomendar** *to recommend* tr. (r.)   145
**recompensar** *to reward, compensate, recompense* tr.   10
**reconciliar** *to reconcile* tr. (r.)   10
**reconocer** *to recognize, acknowledge* tr. (r.)   47
**reconstruir** *to rebuild, reconstruct* tr. (r.)   110
**recontar** *to recount* tr.   50
**reconvenir** *to remonstrate, reprimand* tr.   194
**recordar** *to remind, remember* tr./intr. (r.)   **146**
**recorrer** *to travel, cross* tr. (r.)   23
**recortar** *to trim, cut off* tr. (r.)   10
**recostar** *to lean against* tr. (r.)   53
**recrear** *to amuse, entertain* tr. (r.)   10
**recrecer** *to increase, grow* tr./intr. (r.)   54
**redactar** *to edit, write* tr.   10
**reducir** *to reduce, cut down* tr. (r.)   45
**reelegir** *to re-elect* tr.   84
**reembolsar** *to reimburse, refund* tr. (r.)   10
**reenviar** *to send back, forward* tr. (r.)   94
**referir** *to refer, relate* tr. (r.)   **147**
**refinar** *to refine* tr.   10
**reflejar** *to reverberate, reflect* tr./intr. (r.)   10
**reflexionar** *to reflect* tr./intr. (r.)   10
**reflorecer** *to blossom* intr.   47
**reformar** *to reform, alter, change* tr.   10
**reforzar** *to reinforce, strengthen* tr. (r.)   **148**
**refregar** *to fray* tr. (r.)   101
**regalar** *to give gifts, make a present* tr. (r.)   10
**regañar** *to scold, growl, tell off* tr./intr. (r.)   10
**regar** *to water, irrigate* tr. (r.)   **149**
**regatear** *to barter, bargain, haggle* tr./intr. (r.)   10
**regimentar** *to maintain discipline, organize* tr.   33

regir *to rule* tr./intr.   134

registrar *to record, search, examine* tr. (r.)   10

regoldar *to belch* intr.   2

regresar *to return, regress, go back* tr./intr.   10

rehacer *to redo, remake, rally* tr. (r.)   106

rehogar *to cook in batter/oil, stirfry* tr.   30

rehollar *to trample on* tr.   2

rehuir *to avoid, shun, flee, shrink* tr./intr. (r.)   110

rehusar *to refuse, decline* tr.   10

reinstalar *to reinstate* tr.   10

reír *to laugh* tr./intr. (r.)   **150**

rejuvenecer *to rejuvenate* tr./intr. (r.)   47

relacionar *to relate* tr.   10

releer *to read gain* tr. (r.)   117

rellanar *to fill, stuff, refill* tr. (r.)   10

relucir *to shine* intr.   45

remanecer *to reappear unexpectedly* intr.   47

remansar *to form a pool* tr.   10

rematar *to end, terminate* tr./intr. (r.)   10

remecer *to rock to and fro* tr. (r.)   47

remediar *to remedy* tr.   10

remendar *to mend* tr.   151

remesar *to pluck, remit, send* tr.   10

remitir *to transmit, remit* tr./intr. (r.)   133

remojar *to soak* tr. (r.)   10

remolcar *to tow, drag* tr.   24

remontar *to remount, rise, frighten away* tr. (r.)   10

remorder *to bite again* tr. (r.)   126

remover *to remove* tr. (r.)   128

renacer *to be born again, be reborn* intr.   47

rendir *to yield* tr./intr. (r.)   134

renegar *to deny, renounce, detest* tr./intr. (r.)   **152**

renovar *to renew* tr. (r.)   2

renunciar *to renounce* tr./intr. (r.)   10

reñir *to quarrel, scold* tr./intr.   153

reparar *to mend, repair, observe* tr./intr. (r.)   10

repartir *to deal card, distribute* tr. (r.)   133

repensar *to think again* tr. (r.)   135

repetir *to repeat* tr./intr. (r.)   **154**

repicar *to ring, chime, mince* tr./intr. (r.)   24

repisar *to pack down* tr.   10

replegar *to re-double* intr.   30, 33

repletar *to fill* tr. (r.)   10

replicar *to retort, reply* intr.   24

repoblar *to repopulate* tr. (r.)   137

reponer *to replace, put back* tr. (r.)   139

representar *to represent* tr.   10

reprobar *to reprimand* tr.   141

reprochar *to reproach* tr. (r.)   10

reproducir *to reproduce* tr. (r.)   45

requebrar *to compliment, woo* tr.   143

requemar *to scorch* tr.   10

requerir *to require, need* tr.   155

resaber *to know very well* tr.   160

rescatar *to rescue* tr.   10

resembrar *to sow again* tr.   163

resentir *to resent* tr. (r.)   165

reseñar *to outline* tr.   10

reservar *to reserve, keep* tr. (r.)   10

resfriar *to cool, chill* tr./intr. (r.)   94

resfriarse *to catch a cold* r.   94, 116

residir *to reside, live* intr.   133

resistir *to resist* tr./intr. (r.)   133

resollar *to breathe hard and heavy* intr.   2

resolver *to solve, resolve* tr. (r.)   200

resonar *to resound* intr..   171

respaldar *to support* tr. (r.)   10

respectar *to concern* intr.   10

respetar *to respect* tr.   10

resplandecer *to shine, glitter* intr.   47

responder *to answer, respond, reply* tr./intr. (r.)   23

resquebrar *to split* intr.   143

restablecer *to re-establish* tr.   47

restallar *to crack, crackle* intr.   10

restar *to deduct, subtract, remain* tr./intr.   10

restituir *to restore, give back* tr. (r.)   110

restringir *to restrain, restrict* tr.   52

restriñir *to contract* tr.   133

resucitar *to resuscitate* tr.   10

resultar *to result in* intr.   10

retar *to challenge, dare* tr.   10

retemblar *to shake, tremble* intr.   156

retener *to retain* intr.   179

retentar *to relapse* tr.   180

reteñir *to re-dye* tr.   181

retirar *to withdraw* tr. (r.)   10

retocar *to re-touch, touch up* tr.   182

retorcer *to twist, sprain* tr. (r.)   184

retostar *to re-toast* tr.   185
retraer *to brong down, bring back* tr. (r.)   188
retrasar *to delay, retard* tr./intr. (r.)   10
retratar *to portray, make a portrait* tr.   10
retribuir *to repay, reward* tr.   110
retronar *to thunder again* intr.   190
retrotraer *to antedate, date back* tr.   188
reunir *to unite, join, meet, assemble* tr. (r.)   133
revender *to resell, retail* tr.   193
reventar *to burst, explode* tr./intr. (r.)   157
rever *to revise, look over* tr.   195
reverdecer *to make green, give new vigour* tr. (r.)   47
reverter *to overflow* intr.   196
revertir *to revert* intr.   108
revestir *to reclothe* tr. (r.)   134
revisar *to revise* tr.   10
revivir *to revive, relive* intr.   198
revocar *to revoke, appeal* tr./intr.   24
revolar *to fly again* intr.   36
revolcar *to roll about, trample, floor* tr.   199
revolcarse *to wallow* r.   116, 199
revolver *to revolve, turn, mix* tr. (r.)   200
rezar *to pray* tr./intr.   31
ridiculizar *to ridicule* tr.   31
robar *to rob, steal* tr./intr. (r.)   10
robustecer *to strengthen, become strong* tr. (r.)   47
rociar *to spray, sprinkle* tr./intr.   10
rodar *to roll* tr./intr.   158
rodear *to detour, surround* tr./intr.   10
roer *to gnaw, worry* tr.   26
rogar *to beg, ask for* tr.   159
romper *to break, shatter, tear* (past participle: roto) tr./intr. (r.)   23
roncar *to snore* intr.   24
ronchar *to crunch, chew* tr/intr.   10
rondar *to patrol, guard* tr./intr.   10
rotar *to rotate* intr.   10
rotular *to label, make a sign/inscription* tr.   10
rozar *to touch, rub* tr./intr. (r.)   31
rubricar *to sign* tr.   24
rumiar *to ruminate, reflect on, meditate* tr.   10
rumorear *to rumour* tr. (r.)   10

saber *to know, how to; taste of* tr./intr. (r.)   160
saborear *to relish, taste and enjoy* tr. (r.)   10
sacar *to take out, get* tr./intr. (r.)   24
sacrificar *to sacrifice* tr. (r.)   24
sacudir *to shake, jerk, jolt* tr. (r.)   133
salar *to salt, cure* tr.   10
saldar *to settle, liquidate* tr.   10
salir *to go out, leave* intr. (r.)   161
salpicar *to splash, sprinkle, spatter* tr.   24
salpimentar *to season with salt and pepper* tr.   10
salpresar *to pickle, preserve with salt* tr.   10
saltar *to jump, leap, hop, skip* tr./intr. (r.)   10
saludar *to greet, salute* tr. (r.)   10
salvar *to save* tr./intr. (r.)   10
sanar *to cure, heal* tr./intr.   10
sancionar *to sanction* tr.   10
sangrar *to bleed* tr./intr.   10
saquear *to pillage, sack, loot* tr.   10
satisfacer *to satisfy* tr. (r.)   106
secar *to dry* tr. (r.)   24
sedar *to soothe, quiet, allay* tr.   10
seducir *to seduce, entice* tr.   45
segar *to mow, cut* tr./intr.   162
seguir *to follow, continue* tr./intr. (r.)   48
sellar *to seal* tr. (r.)   10
sembrar *to sow* tr.   163
semejar *to resemble, look like* intr. (r.)   10
sementar *to scatter (seed)* tr.   33
sentar *to suit, fit* tr. (r.)   164
sentarse *to sit down* r.   164
sentir *to feel, regret* tr./intr. (r.)   165
señalar *to point, signal, indicate* tr. (r.)   10
separar *to separate, detach* tr. (r.)   10
sepultar *to bury* tr. (r.)   10
ser *to be* intr. (aux.)   166
serrar *to saw* tr.   33
servir *to serve, be of use* tr./intr. (r.)   167
silbar *to whistle, hiss* tr.   10
simular *to feign, simulate* tr.   10
sintonizar *to synchronize, tune in* tr./intr.   31
sisar *to thieve, filch, take in* tr.   10
situar *to put, situate, locate* tr. (r.)   168
sobar *to rub, slap, knead* tr.   10

**sobrar** *to be in excess, be left over* tr./intr.   10

**sobregirar** *to overdraw* tr.   10

**sobreponer** *to superimpose, overcome* tr.   139

**sobresalir** *to project, excel, stand out* tr.   161

**sobresolar** *to resole* tr.   2

**sobrevenir** *to supervene, follow, happen suddenly* intr.   194

**socorrer** *to help, aid, assist* intr.   23

**sofocar** *to smother, suffocate, choke* tr. (r.)   24

**solar** *to sole, pave* tr.   2

**soldar** *to weald* tr. (r.)   2

**soler** *to be in the habit of* intr.   **169**

**solicitar** *to solicit, request, apply* tr.   10

**sollozar** *to sob, cry, whimper* intr.   31

**soltar** *to loosen, undo, let go of* tr. (r.)   **170**

**solucionar** *to solve* tr.   10

**solventar** *to settle a debt* tr.   10

**someter** *to subdue, submit, surrender* tr. (r.)   23

**sonar** *to ring, sound* tr./intr. (r.)   **171**

**sonarse** *to blow one's nose* r.   116, 171

**sonreír** *to smile* intr. (r.)   150

**soñar** *to dream* tr./intr.   **172**

**sopapear** *to slap, box* tr.   10

**soplar** *to blow, blow out* tr./intr. (r.)   10

**soportar** *to support, endure* tr.   10

**sorber** *to sip, suck* tr.   23

**sorprender** *to surprise, atonish* tr. (r.)   23

**sorregar** *to irrigate* tr.   33

**sortear** *to sort, raffle, dodge* tr.   10

**sosegar** *to tranquillize* tr./intr. (r.)   33

**sospechar** *to suspect* tr./intr.   10

**sostener** *to sustain, support, maintain, uphold* tr. (r.)   **179**

**soterrar** *to bury, hide* tr.   33

**suavizar** *to ease, soften, smooth* tr. (r.)   31

**subarrendar** *to sublet, sublease* tr.   33

**subastar** *to auction* tr.   10

**subir** *to go up, rise, climb* tr./intr. (r.)   **173**

**subrayar** *to underline, underscore* tr.   10

**subscribirse** *to subscribe, agree to* r.   98

**substituir** *to substitute, reduce* tr.   110

**substraer** *to take away, remove* tr.   188

**subvencionar** *to subsidize* tr.   10

**subvertir** *to subvert, disturb*   108

**suceder** *to happen* intr. (r.)   23

**sudar** *to sweat, perspire* tr./intr.   10

**sufrir** *to suffer, endure, bear up, undergo* tr./intr.   133

**sugerir** *to suggest, hint* tr.   **174**

**sujetar** *to subdue, subject, hold* tr. (r.)   10

**sumar** *to add, sum* tr. (r.)   10

**sumergir** *to submerge, plunge, immerse, sink* tr. (r.)   52

**superar** *to exceed, surpass, overcome* tr. (r.)   10

**suponer** *to suppose, assume, have authority* tr./intr. (r.)   139

**suprimir** *to suppress, omit, eliminate* tr. (r.)   133

**surgir** *to surge, appear, spout* intr.   52

**surtir** *to stock, supply, gush* tr./intr.   133

**suspender** *to suspend, hang* tr. (r.)   23

**suspirar** *to sigh* tr.   10

**susurrar** *to whisper, murmur* intr.   10

**tachar** *to cross out* tr.   10

**tajar** *to slice, chop, cut, trim* tr.   10

**talar** *to fell, cut down* tr.   10

**tambalear** *to stagger* intr. (r.)   10

**tañer** *to pluck, play strings* tr./intr.   23

**tapar** *to cover, hide* tr. (r.)   **175**

**tardar** *to take a long time* intr. (r.)   10

**tartamudear** *to stammer, stutter* intr.   10

**teclear** *to type, run one's fingers over the keys* tr./intr.   10

**tejer** *to weave* tr.   23

**telefonear** *to telephone* tr./intr.   10

**telegrafiar** *to telegraph, cable* tr./intr.   10

**teleguiar** *to guide by remote control* tr.   10

**temblar** *to tremble, shake* intr. (r.)   **176**

**temer** *to fear, dread* tr./intr. (r.)   **177**

**tender** *to spread, layout; tend* tr./intr. (r.)   **178**

**tener** *to have, possess* tr./intr. (r.)   **179**

**tentar** *to feel, try; tempt* tr. (r.)  180

**teñir** *to dye, stain* tr. (r.)  181

**terminar** *to end, finish, terminate* tr./intr. (r.)  10

**testar** *to make a will or testament; erase* tr./intr.  10

**tirar** *to draw, pull, throw* tr./intr. (r.)  10

**tocar** *to touch, play* tr./intr. (r.)  182

**tolerar** *to tolerate* tr.  10

**tomar** *to take, have* tr./intr. (r.)  183

**tontear** *to be foolish, flirt* intr.  10

**torcer** *to twist, turn, bend* tr./intr. (r.)  184

**toser** *to cough* intr.  23

**tostar** *to toast, roast, tan* tr. (r.)  185

**trabajar** *to work* tr./intr. (r.)  186

**trabar** *to join, lock, get entangled* tr./intr. (r.)  10

**traducir** *to translate* tr.  187

**traer** *to bring* tr. (r.)  188

**tragar** *to swallow* tr./intr. (r.)  30

**traicionar** *to betray* tr.  10

**trajinar** *to bustle about, rush around* tr./intr. (r.)  10

**tramitar** *to negotiate, transact* tr.  10

**trancar** *to lock, stride* tr./intr.  24

**tranquilizar** *to tranquillize, calm down, quieten down* tr. (r.)  31

**transferir** *to transfer, postpone* tr.  76

**transformar** *to become, transform* tr. (r.)  10

**transfregar** *to rub together* tr.  101

**transigir** *to compromise, tolerate* intr.  52

**transitar** *to pass, travel* intr.  10

**translucir** *to be translucid, become clear, conjecture* tr.  45

**transmitir** *to transmit* tr.  133

**transponer** *to transfer* tr.  139

**transportar** *to transport* tr. (r.)  10

**trascender** *to transcend* tr./intr.  136

**trascolar** *to percolate* tr. (r.)  36

**trascordarse** *to remember incorrectly, forget* r.  2, 116

**trasegar** *to pour over, decant* tr.  162

**trasferir** *to transfer, defer* tr.  108

**trasladarse** *to move, transfer* tr. (r.)  116

**traslucir** *to be translucid, become obvious* tr. (r.)  45

**trasmontar** *to go over mountains* tr./intr.  10

**trasmudar** *to transmute* tr.  129

**trasoír** *to hear incorrectly* tr.  131

**trasoñar** *to make schemes, imagine wrongly* tr.  172

**traspasar** *to transfix, pierce* tr. (r.)  10

**trasquilar** *to shear, clip* tr.  10

**trastornar** *to turn upside down, disturb* tr.  10

**trasvolar** *to fly across* tr.  36

**tratar** *to treat, deal, try* tr./intr. (r.)  189

**tratarse** *to be about*  189

**travesar** *to cross* tr. (r.)  33

**trazar** *to sketch, trace, draw* tr.  31

**trenzar** *to braid, plait* tr. (r.)  31

**trepar** *to climb, clamber* tr./intr. (r.)  10

**tributar** *to pay taxes, render* tr.  10

**tricotar** *to knit* tr.  10

**trillar** *to thresh, thrash, use frequently* tr.  10

**trinar** *to trill, warble, fume* intr.  10

**trinchar** *to carve, slice, arrange* tr.  10

**triplicar** *to treble* tr.  24

**triscar** *to mix up, set, consume* tr./intr. (r.)  10

**triturar** *to grind, crush* tr.  10

**triunfar** *to triumph* intr.  10

**trizar** *to tear to pieces* tr.  31

**trocar** *to barber, exchange* tr. (r.)  24

**trocear** *to cut into bits* tr.  10

**trompicar** *to trip, stumble* tr./intr.  24

**tronar** *to thunder, shoot* tr./intr. (r.)  190

**tronchar** *to split, crack* tr. (r.)  10

**tronzar** *to slice, break into chunks* tr.  31

**tropezar** *to stumble, trip* intr. (r.)  31, 33

**trotar** *to trot* intr.  10

**tullir** *to cripple, disable, excrete* tr./intr. (r.)  133

**tumbar** *to fall down, lie down* tr./intr. (r.)  10

**tumultar** *to stir up, cause disorder* tr. (r.)  10

**tundir** *to thrash* tr.  133

**turbar** *to disturb, upset, perturb* tr./intr. (r.)  10

**tutearse** *to talk with familiarity using tú* tr. (r.)  116

**ubicar** *to locate, be located* tr./intr. (r.)  24

**ufanarse** *to boast* r.  116

**ultimar** *to finish* tr.　10
**ultrajar** *to offend, affront* tr.　10
**uncir** *to yoke* tr.　45
**ungir** *to anoint* tr.　52
**unir** *to connect, unite, join, bind, attach* tr. (r.)　133
**untar** *to aboint, grease, moisten, spread* tr. (r.)　10
**urgir** *to urge, press, be urgent* tr./intr. (r.)　52
**usar** *to use, employ, wear* tr./intr. (r.)　10
**usucapir** *to acquire legal right* tr.　133
**utilizar** *to utilize* tr. (r.)　31

**vaciar** *to empty* tr./intr. (r.)　10
**vacilar** *to vaciliate, stagger, waver, fluctuate* intr.　10
**vacunar** *to vaccinate* tr. (r.)　10
**vagabundear** *to roam, idle* intr.　10
**vagar** *to roam, wander* intr.　30
**vaguear** *to idle* intr.　10
**valer** *to cost, be worth* tr./intr. (r.)　**191**
**vallar** *to fence* tr.　10
**valorar** *to appraise, increase value* tr. (r.)　10
**variar** *to vary* tr./intr. (r.)　10
**vedar** *to prohibit, forbid* tr.　10
**velar** *to stay awake, guard, watch over* tr./intr. (r.)　10
**vencer** *to defeat, overcome* tr./intr. (r.)　**192**
**vendar** *to bandage* tr.　10
**vender** *to sell* tr. (r.)　**193**
**vengar** *to avenge* tr. (r.)　30
**venir** *to come, arrive* tr. (r.)　**194**
**ventar** *to sniff, blow* tr./intr.　33
**ventilar** *to ventilate* tr. (r.)　10
**ver** *to see* tr./intr. (r.)　**195**
**veranear** *to spend the summer, holiday* intr.　10
**verificar** *to verify* tr. (r.)　24
**versar** *to turn around, turn* intr. (r.)　10
**verter** *to spill, pour* tr./intr. (r.)　**196**
**vestir** *to dress, clothe* intr. (r.)　134
**vestirse** *to get dressed* r.　134
**viajar** *to travel* intr.　**197**
**vibrar** *to vibrate* tr./intr. (r.)　10
**viciar** *to corrupt* tr. (r.)　10
**vigilar** *to watch over, look out for* tr./intr. (r.)　10
**vincular** *to relate* tr.　10
**violar** *to violate, rape* tr.　10

**virar** *to turn* tr./intr. (r.)　10
**visitar** *to visit* tr. (r.)　10
**vitorear** *to cheer, applaud* tr.　10
**vivir** *to live* tr./intr. (r.)　**198**
**vocear** *to shout, cry out* tr.　10
**volar** *to fly* tr./intr. (r.)　36
**volcar** *to overturn* tr./intr. (r.)　**199**
**voltear** *to overturn, revolve, turn around* tr./intr. (r.)　10
**volver** *to turn, return, do again* tr./intr. (r.)　**200**
**volverse** *to turn round; become* r.　200
**vomitar** *to vomit* tr./intr.　10
**votar** *to vote, pass, approve* tr./intr.　10

**yacer** *to lie, lie at rest* intr.　47
**yuntar** *to pair, put oxen in harness* tr. (r.)　10

**zaherir** *to blame* tr.　108
**zambullir** *to dive* tr. (r.)　**198**
**zampar** *to hide, stuff, gobble down* tr. (r.)　10
**zanjar** *to dig, surmount* tr. (r.)　10
**zapatear** *to tap/stamp one's feet* tr./intr.　10
**zarpar** *to weigh, set sail, set out* tr./intr.　10
**zonificar** *to divide into zones* tr.　24
**zozobrar** *to be in danger, fail, sink* intr.　10
**zumbar** *to buzz, hum, flutter around* tr./intr.　10
**zumbarse** *to make fun of* r.　116
**zurcir** *to darn, mend* tr. (r.)　187
**zurear** *to coo* intr.　10
**zurrar** *to thrash, beat, dirty* tr. (r.)　10
**zurriagar** *to whip, lash* intr.　30

The following glossary will help you to find some of the most common Spanish verbs, using English as your starting point. It is not intended to be a comprehensive list, so sometimes you will need to refer to a dictionary. If the Spanish verb you want is also listed in the main section of the book (indicated by a number in **bold type**), it is a good idea to check there on how it is used.

**accept** aceptar 10
**achieve** lograr 10, conseguir 48
**add** añadir 133
**advise** aconsejar (*counsel*) 186; avisar (*inform*) (de = *about*) 10
**agree** estar de acuerdo (con = *with*, que = *that*) 99
**allow** permitir 133
**annoy** molestar 10, fastidiar 118
**answer** contestar a 10, responder a 23
**apologize** disculparse (de = *for*, con = *to*) 116
**appear** aparecer; parecer (*seem*) 54
**arrive** llegar 119
**ask** pedir (*request*) 134; preguntar (*inquire, question*) 10
**avoid** evitar 10

**bath** tomar un baño 183; bañarse (*bathe*) 116
**be** ser 166, estar 99
**become** hacerse 26, llegar a ser 119; ponerse (*turn get*) 139
**begin** comenzar (a + infin.) 38, empezar (a + *infin.*) 85, echarse (a + *infin.*) 83
**believe** creer 117
**borrow** pedir prestado (a = *form*) 134

**break** romper 23, quebrar 143
**bring** traer 188
**build** construir 110
**buy** comprar 41

**call** llamar 10; **be called** llamarse 116
**can** poder 138
**carry** llevar 119
**catch** coger (*train, ball, disease*) 35
**celebrate** celebrar 10
**change** cambiar 118
**check** controlar 10
**choose** escoger 35
**clean** limpiar 118
**climb** subir a 173
**close** cerrar 33
**come** venir 194
**complain** quejarse (de = *about*) 116
**cook** cocinar (*prepare food*) 10; cocer (*what food does*) 34
**cost** costar 53
**count** contar 50
**create** crear 10
**cry** llorar 120
**cut** cortar 10

**dance** bailar 10
**decide** decidir(se) (de/en = *about*); (a + *infin.*) 133

descend descender **66**, bajar (de = *from*) **186**
destroy destruir **74**
die morir **127**
direct dirigir **52**
disagree no estar de acuerdo **99**
discover descubrir **133**
discuss discutir **133**
do hacer **106**
draw tirar (*pull*) **10**; dibujar (*a picture*) **186**
dream soñar **172**
dress vestir, vestirse **134**
drink beber **23**
drive conducir **45**
drop dejar caer **186**

earn ganar **10**
eat comer **39**
enjoy gozar de **31**, disfrutar de **10**; divertirse (*have a good time*) **80**
enter entrar **10**
excuse disculpar **10**
expect esperar **10**

fall caer, caerse **26**
fear tener miedo **179**; temer **177**
feel sentir **165**
find encontrar **89**
finish terminar **10**; acabar (de = *to have just…*) **10**
fly volar **36**, ir en avión **114**
follow seguir **48**
forbid prohibir **133**
forget olvidar **10**
forgive disculpar **10**, perdonar **10**

get obtener **179**, conseguir (*obtain*) **48**; buscar **24**, traer (*fetch*) **188**; recibir (*receive*) **133**; sacar (*benefit*) **24**
get down (*from vehicle*) bajar(se) de **186**
get on (*into vehicle*) subir(se) a **173**
get up levantarse **10**, ponerse de pie **139**
give dar **55**
go ir **114**
go away irse **114**, marcharse **116**
greet saludar **10**, dar la bienvenida (*welcome*) **55**
grow crecer **54**, aumentar (*increase*) **10**; cultivar (*plants*) **10**
guess adivinar **10**; acertar (*be right*) **1**

happen pasar **10**
hate aborrecer **54**, odiar **118**
have tener **179**, poseer **117**; tomar (*food*) **183**
have to tener que **179**
have breakfast desayunar **10**
have lunch almorzar **9**
have supper cenar **10**
hear oír **131**
help ayudar **10**
hire alquilar **10**
hit golpear (*a person*) **10**; alcanzar (*a target*) **31**
hold tener **179**
hope esperar **10**
hurry darse prisa **55**
hurt herir (*injure*) **108**; doler (*feel pain*) **81**

imagine imaginar **10**, fijarse **116**
improve mejorar **10**, perfeccionar **10**
insult insultar **10**, ofender **23**
interest interesar **10**
invent inventar **10**

join unirse a (*person*) **133**; participar (en = *in*, con = *with*) (*activity*) **10**
joke bromear **10**
jump saltar **10**

keep guardar (*retain*) **10**; conservar (*preserve*) **10**; quedarse con (*not give back*) **116**
kill matar **10**
kiss besar **10**
know saber (*fact*) **16**; conocer (*person/ place*) **47**

lack carecer de **54**, faltar **10**
laugh reírse (de = *at*) **150**
lead conducir (*take, convey*) **45**; dirigir (*direct*) **52**
learn aprender **23**
leave dejar (*leave behind*) **186**; quedar (*remain*) **10**; salir (*depart*) (de = *from*) **161**
lend prestar **10**
let arrendar (*lease*) **17**; permitir **5** (*allow*) **133**
lie mentir **123**
lie down acostarse **3**
lift alzar **31**, levantar **10**
like querer **144**; gustar (see p. 19)
listen escuchar **10**
live vivir **198**
look mirar (*look at, watch*) **10**; parecer (*seem*) **54**
look after ocuparse de **116**; cuidar de (*care for*) **10**
look for buscar **24**

lose perder **136**
love querer **144**, amar **10**; gustar
mucho, encantar (**see p. 19**)

make hacer **106**
mean querer decir (*signify*) **144**;
pensar (*intend*) **135**
meet encontrar; encontrarse **89**;
reunirse con (*get together*) **133**
mend reparar **10**
mind molestar (*bother*) **10**; cuidar de
(*look after*) **10**; preocuparse
(*worry*) (de/por = *about*) **116**
miss perder (*a train*) **136**; echar de
menos (*a person*) **83**
mix mezclar **10**
must deber **56**

need necesitar **10**; faltar **10**; exigir
(*require*) **84**
need to deber **56**; tener que **179**; hay
que (*from* haber) **104**

offer ofrecer **47**
open abrir **133**
order mandar (*command*) **10**; arreglar
(*tidy*) **10**
organize organizar **10**
ought to tener que **179**
owe deber **56**
own poseer **117**, tener **179**; confesar
(*confess*) **46**

pay pagar **30**
phone llamar (por teléfono) **10**,
telefonear **10**
pick up recoger **35**, levantar **10**;
descolgar (*a phone*) **67**
plan planear **10**; pensar (*intend*) **135**
play jugar a (*a game*) **115**; tocar (*a
musical instrument*) **182**
please dar gusto a **55**, agradar **10**
practise practicar **24**
prefer preferir **140**
pretend fingir **52**, pretender (*claim*) **23**
prevent impedir **111**
promise prometer **23**
pull tirar **10**
push empujar **186**
put poner; ponerse (*put on*) **139**

read leer **117**
realize darse cuanta de **55**
receive recibir **133**
recognize reconocer **47**
recommend recomendar **145**

record grabar (*music*) **10**; registrar **10**
remember recordar **146**, acordarse de
**2**
remind recordar **146**
remove quitar (*take away*) **10**; sacar
(*extract*) **24**
rent alquilar **10**
require necesitar **10**, exigir **84**
reserve reservar **10**
respect respectar **10**
rest descansar **10**
return volver (*go back*) **200**; devolver
(*send back*) **75**
ride montar a caballo (*a horse*) **10**; ir
en bicicleta (*a bike*) **114**
rise levantarse **116**, ponerse en pie
(*stand up*) **139**; subir (*go up,
increase*) **173**
run correr **23**

save conservar (*keep*) **10**; ahorrar
(*money*) **10**; salvar (*rescue*) **10**
say decir **57**
say goodbye despedir (*see off*);
despedirse de **57**
see ver **195**; comprender (*understand*)
**23**
seem parecer **54**
sell vender **193**
send enviar **94**, mandar **10**
serve servir **167**; atender (*in a shop*)
**21**
share partir (*divide*) **133**; compartir
(*have in common*) **133**
shout gritar **10**
show mostrar **62**; demostrar (*prove*)
**62**
shower ducharse **116**
sing cantar **29**
sit down sentarse **164**
sleep dormir; dormirse (*fall alseep*) **82**
smell oler **132**
smoke fumar **10**
speak hablar (+de = *of*) **105**
spend gastar (*money*) **10**; pasar (*time*)
**10**
start empezar (a + *infin.*) **85**,
comenzar (a + *infin.*) **38**; ponerse
en camino (*a journey*) **139**
stay quedarse **116**; permanecer **54**
steal robar **10**
stop parar(se) **10**, detener(se) **179**;
cortar (*supply*) **10**; dejar de (*doing
something*) **186**
study estudiar **118**
suggest sugerir **174**

**suspect** sospechar 10
**swim** nadar 10

**take** tomar **183;** coger (*train*) **35;**
llevar (*lead, carry*) 10
**talk** hablar **105**
**teach** enseñar 10
**tell** decir **57;** contar (*a story*) **50**
**thank** dar las gracias **55,** agradecer **54**
**think** pensar **135;** creer (*believe*) **117**
**throw** echar **83;** lanzar (*a ball*) 31
**touch** tocar **182**
**travel** viajar **197**
**try** intentar (*to do*) 10; probar (*taste,
try on*) **141**
**turn** volver **200,** dar vueltas a **55,**
girar (*change direction*) 10;
cambiar en (*transform into*) 10;
volverse (*to turn round, to
become*) **200**
**turn off** apagar (*light*) **30;** cerrar (*tap*)
**33;** cortar (*gas*) 10
**turn on** encender (*light*) **86;** abrir (*tap,
gas*) **133**

**understand** entender **91,** comprender
**23**
**use** utilizar **31,** usar 10, emplear
(*employ*) 10; servirse (*be of use*)
**167**

**wait** esperar 10
**wake** despertar **71;** despertarse **116**
**walk** andar **11,** pasear 10, caminar **28**
**want** querer **144**
**wash** lavar 10; lavarse **116**
**watch** mirar 10; ver (*TV*) **195**
**wear** llevar 10, poner **139**
**work** trabajar **186**
**worry** preocupar 10, preocuparse **116**
**write** escribir **98**